高等职业院校商务文秘实用技能教材

会议管理实务

姜　磊　编著

中国物资出版社

图书在版编目（CIP）数据

会议管理实务/姜磊编著．—北京：中国物资出版社，2011.8

（高等职业院校商务文秘实用技能教材）

ISBN 978-7-5047-3904-9

Ⅰ.①会… Ⅱ.①姜… Ⅲ.①会议—组织管理学—高等职业教育—教材 Ⅳ.①C931.47

中国版本图书馆 CIP 数据核字（2011）第 149284 号

策划编辑 寇俊玲　　**责任印制** 方朋远

责任编辑 寇俊玲　　**责任校对** 孙会香　梁　凡

出版发行 中国物资出版社

社　　址 北京市丰台区南四环西路 188 号 5 区 20 楼　　**邮政编码** 100070

电　　话 010-52227568（发行部）　　010-52227588 转 307（总编室）

010-68589540（读者服务部）　　010-52227588 转 305（质检部）

网　　址 http://www.clph.cn

经　　销 新华书店

印　　刷 中国农业出版社印刷厂

书　　号 ISBN 978-7-5047-3904-9/C·0127

开　　本 787mm×1092mm　1/16

印　　张 14.5　　**版　　次** 2011 年 8 月第 1 版

字　　数 344 千字　　**印　　次** 2011 年 8 月第 1 次印刷

印　　数 0001—3000 册　　**定　　价** 28.00 元

前　言

2006年11月16日，《教育部关于全面提高高等职业教育教学质量的若干意见》（教高〔2006〕16号）明确提出：

逐步构建专业认证体系，与劳动、人事及相关行业部门密切合作，使有条件的高等职业院校都建立职业技能鉴定机构，开展职业技能鉴定工作，推行“双证书”制度，强化学生职业能力的培养，使有职业资格证书专业的毕业生取得“双证书”的人数达到80%以上。

这个要求既符合高等职业教育的发展规律，也为高等职业教育指明了方向。

推行“双证书”教育，首要的一点是要有一套适合“双证书”教育的教材，也就是说，通过这套教材，要能够使学生顺利通过相应等级的职业资格鉴定，也能够顺利获得相应专业的学历证书。

本教材以《秘书国家职业标准》（2006年版）中的三级秘书职业标准中对会议管理知识和技能的要求为主线，以顺利通过三级秘书考试、顺利获得高职高专毕业证书、从事秘书工作得心应手为目标，坚持“以学生为中心，以操作为重点，边讲边练，讲练结合”的教学理念，博采众长，集思广益，并且经过了多次课堂教学的检验。

本教材采用任务驱动型编写方式编写而成，共计5个大的模块，25项具体任务。按照任务引入、任务分析、知识要点、任务实施、实务思考（案例分析、工作实务、实战演习）的编写模式，比较全面地涵盖了会议基本理论、传统会议的组织与管理、远程会议的组织与管理、有效组织商务会议活动及展会等必需的常用知识点和技能点。

在教材编写过程中，编者特别注重课堂上学生的深入思考和操作技能训练，在每一个章节的最后，编者都参照秘书职业资格鉴定的题型编写了一定数量的思考和练习题，这些题目在力求使学生对教材中的每一个知识点和技能点都融会贯通、熟练掌握的同时，又可使学生巩固所学知识、顺利通过职业资格鉴定，也可用于各教学单位作为本门课程的题库，进行“教考分离”改革。

本教材的建议教学时数为70学时，其中会议基本理论模块16学时，传统会议的组织与管理模块30学时，远程会议的组织与管理模块4学时，有效组织商务会议活动模块16学时，展会模块4学时，使用者可根据自己的实际情况相应增减。

本教材是在编者历次讲稿的基础上编写而成的，其中的内容参考借鉴了大量相关教材、专著、论文和网络资料，有的未能一一注明出处，在此一并表示谢意。

本教材既可供高职高专的文秘专业作为教科书使用，也可供在职的秘书人员学习会议管理相关知识和技能时使用。

由于编者水平有限，本教材的错漏之处恐在所难免，恳请使用本教材的读者提出宝贵意见，以利于本教材的持续改进。

编者联系方式：E-mail：gingerjl@sohu. com　QQ：1368645190。

姜　磊

2011年7月

目 录

模块一　会议基本理论

课题一　会议概述

任务一　会议与商务会议

知识目标

◆ 了解会议与商务会议的内涵。

◆ 掌握会议的目的以及商务会议的特点。

能力目标

◆ 能够结合相关信息判断会议的必要性。

任务引入

一段时间以来，磐基公司总经理江山总是在疲于应付各种会议：公司内部的、公司外部的……要参加的会议把每天的日程挤得满满当当。难怪江山的助理刘元这样说："我们江总啊，不是在开会，就是在去开会的路上。"

会开了不少，效果究竟多好江山却未有太多的感受。所以这也引起了他的困惑：会议是什么？为什么要参加这些会议？开会又是为了什么？

任务分析

解决江山的困惑，首先要了解会议的目的等相关内容。

知识要点

20 世纪 90 年代以来，人类开始逐步进入信息社会，我们不论是以个人还是以群体的方式进行交流的需要都与日俱增。人们越来越多地通过打电话、写短信、发传真、用

E-mail来交流信息、表达感情或者进行商务往来，但是会议这种最为普遍的交流形式并没有退出历史舞台，反而扮演着越来越重要的角色。在今天的世界上，几乎每时每刻都在举行着各种各样的会议，大到各种国际组织、国家机关，小到家庭内部或亲朋邻里，无论是国家之间建立外交关系、进行涉外交涉，还是一个国家、一个组织管理内部事务，对外开展政治、经济、科技、教育或文化方面的合作，亦或人们之间协调关系、交流思想、联络感情、解决矛盾等，无不需要会议活动的帮助。会议活动已深深扎根于人类社会活动的各个领域，成为人类社会活动不可或缺的一种交往方式。从某种角度而言，当今社会是一个时时处处充满会议的社会。其中，许多会议都属于商务会议的范畴。

一、什么是会议

要想了解什么是会议，我们必须首先探讨会议的含义。

（一）什么是会议

1. 会议是群体性的活动

人们在同自然界或社会的交往中，经常会遇到一些个人能力无法实现的目标或愿望，遇到一些必须解决但个人能力又难以解决的矛盾。于是，人们通过集体讨论商议、相互启发、共同制定办法，战胜困难。会议正是为了满足人们的这种社会需要而产生的，并且随着这种社会需要的发展而发展。

2. 会议是目的性很强的活动

无论是人类早期的氏族议事会，还是当代社会的国际性会议，都是为了解决一定的实际矛盾和问题而举行。因而明确会议的目的非常重要，要达到会议自身的目的，一般是通过议题、议程和会议的结果来实现的。它既体现了会议组织者的愿望，也反映了全体与会人员的共同期盼，因而是会议活动最基本的驱动力。当代社会中存在的“议而不决”等现象，既造成了资源的浪费，又不符合会议的本意。

3. 会议是组织有序的活动

会议，最初被称为“围立”，也就是在开会的时候，民众站在会场的四周，并享有发言的权利。这是人类早期议事活动的生动直观的描述。“围立”是一种有组织的活动，当代社会的会议更是如此。即便是所谓的“自发性集会”，也需要有人进行协调才能求得一致。大多数的政府都规定，任何会议，即使是群众集会，也必须按一定的组织原则聚合人众，并应遵守相关的法律，不能自由行事。比如，英国在1817年颁布的《煽动集会法》就明确禁止在距皇宫、议会、法院机关1英里内的街道、旷地、广场举行50人以上的群众集会。1936年英国颁布的《公共秩序法》对游行、集会的时间、地点、条件均作了限制。

会议的组织性和有序性还要通过制定会议的议事规则，建立会议的领导和工作机构，确定会议议程和会务程序等体现。重大的会议活动还应当事先制定会议活动的书面预案。

4. 会议是一种以口头交流为主的多向沟通活动

从会议活动的方式来看，报告、发言、讲话、辩论等口头交流方式是与会人员传递信息、交流思想、表达意志和阐明立场的主要手段，也是会议活动的基本方式。严格来讲，没有口头交流的会议不是真正意义上的会议活动。当然，会议活动也可以辅之以其他手段，比如书面和声像。甚至一些特殊的会议，亦可直接采用书面和声像等方式。

为了达到群策群力的目的，会议必须在与会者之间实现多向沟通而不是单向沟通。随着科技的迅猛发展，人们的沟通方式越来越多，现在人们可以通过 E-mail、多媒体等种种形式进行沟通。但是，群体沟通是任何其他沟通方式都无法替代的。因为这种方式最直接、最直观，这种方式最符合人类原本的沟通习惯。当代越来越多的学者、管理学家把会议解释为“一种会晤的行为或过程”，是“一种通常的、正式的意见交换”，是“一种两人或更多的人对共同关心的事情的商讨”。

（二）会议的目的

1. 集思广益

会议是一个集合的载体。通过会议使不同的人、不同的想法会聚一堂，相互碰撞，从而产生“金点子”。许多高水准的创意就是开会期间不同观念相互碰撞的产物。集思广益的会议目的突出反映在广告公司、媒体公司中，通过举行会议，形成新的构思，并且论证新构思，使其具有可行性。

2. 显示一个组织或一个部门的存在

会议总是在大于一人的情况下发生的，没有不开会的组织或部门，一个组织或部门不召开会议，它的存在价值就会受到质疑。因此，会议能够充分显示一个组织或部门的存在价值。经理或主管为了体现自身的存在价值，更为了巩固自己的地位，也经常会召开一些上下协调会议，以此来强化自己的地位。

3. 发布信息

在会议上，不同的目标团体和大众可以分享各种类型的信息。发布信息通常是专业社团举行会议的主要目的。通过会议还可以向与会人员通报一些决定及新决策，传达来自上级或其他部门的相关信息。

4. 监督员工，协调矛盾

许多公司或部门的常规会议，其主要目的是为了监督、检查员工对工作任务的执行情况，了解员工的工作进度；同时，借助会议这种“集合”的“面对面”的形式，来有效协调上下级以及员工之间的矛盾。

5. 达成协议与解决问题

达成协议与解决问题一般要经历：点明困难所在、发现问题并找出解决的方法、衡量问题的轻重缓急、想出新点子、评议新点子、确定行动纲领这 6 个步骤。通过这 6 个步骤，最终实现协议的产生和问题的解决。

6. 资源共享

利用开会汇集资源，以期相互帮助、共同进步。

7. 激励士气

年初或年底的会议通常具有这一目的性。这种会议是为了使公司上下团结一心、朝着

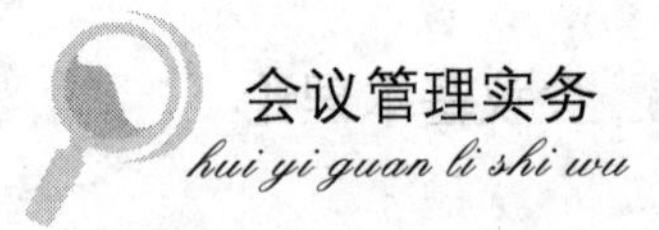

一个方向共同努力，比如为销售人员举行的会议即是如此。

二、什么是商务会议

（一）什么是商务会议

商务会议是会议的一种形式。随着社会的发展，人们对商务会议的理解越来越宽泛，不再局限于企业间的各种会议，而是有着更广的内涵。

美国《财富》杂志认为：以企业为招商对象的"财富论坛"是商务会议，四年一度的轰轰烈烈的奥林匹克运动会和世界杯足球赛是商务会议，以全体社会成员为对象的、不定期举行的三大男高音演唱会也是商务会议。同样，一些规模和影响力都较小、专业性却很强的会议也属于商务会议，如某省市的农副产品交易会、全国名牌大学 MBA 教学研讨会等。

（二）商务会议的特点

在物质文明和精神文明都达到了一定程度的现代社会，商务会议已经成为各国和各企事业单位的基本活动形式之一，其作用日益明显。尽管商务会议表现出形形色色的类型，但是从组织与服务的角度看，它们还是有着许多共同的特点。

1. 合法性

宪法赋予公民自由集会和结社等权力，因此，公民有召集和参与各种商务会议的权利。但是，公民在享有这些权利的同时，还应履行相应的义务，遵守相应的法律规范，在法律允许的范围之内活动。也就是说，任何会议的形式和内容都必须合乎法律和政府的要求，即要有合法性。

合法性是商务会议的重要特点，也是基本的要求。一般而言，商务会议的合法性至少包含以下三个层次的含义：一是与其他任何社会活动一样，商务会议的召开要符合国家的法律法规和政策；二是有些国家专门用法律法规加以规范的会议，如公司股东会、董事会、监事会等，要严格按照法律的规定来进行，至于那些没有专门的法律进行规范的，也要符合法律法规的精神和社会道德、习俗、惯例等；三是商务会议要符合商务组织自已制定的章程、规章和制度。商务会议合法性的内容，主要包括以下几点：

其一，主体要合法。即从事商务会议活动的组织要合法。

其二，会议的内容要合法。

其三，会议的程序要合法。尤其是法律法规和商务组织的规章制度对会议的程序有规定时，一定要按照规定的程序来进行。

2. 经济性

任何活动都要追求一个结果。不同的会议所追求的结果是不一样的：就学术会议而言，对结果的要求不是达成一致性的意见，而是更看重信息的数量、质量和新颖性；政治性会议所达成的决议的评价标准，主要是看决议的社会效益、经济效益和可行性如何。而商务会议追求的结果则是经济效益。

追求经济效益，主要是由商务会议的性质决定的。商务组织存在的目的，就是通过为社会提供财富和服务，来实现经济效益的最大化。因而，任何商务会议，即使表面上或直接的目标仿佛与经济效益无关，但归根结底，其目的还是为了追求经济效益。比如，有的企业举办大型的公益晚会，有的企业出钱出力筹办大型的社会集会，表面看来似乎与企业自身的经济效益挂不上钩，但从本质和长远来看，企业举办此类会议实际上是它的一种公关活动，其目的在于树立良好的企业形象，以利其产品的销售和业务的扩展，因而也是一种逐利的活动。

关于商务会议的经济效益，我们可以从两个方面来理解：其一，商务会议的议题是有关经济效益的。举办一个商务会议，其内容总是直接或间接与如何获取更大的利润相关。因而，商务会议的主题主要是围绕经济议题。其二，不仅议题与经济利益相关，有些商务会议的目的甚至直接是获取利润。因而，会议是否举行、在何时何地举行、使用哪些设备、花费多长时间等，这些会议直接成本方面的因素，往往成为会议组织者所考虑的中心问题。比如一些大型的展览会，组织者要租用会展中心、发布广告、支付工作人员工资等，所以他们要收取参展商的展位费，收回成本，获得赢利；而参展商付出了展位费，又靠什么来赢利呢？在展览期间，会有大量的顾客群出现，包括营销商和普通顾客，参展商的知名度因此而提高，并结识了一批业内朋友或当场签下订单，既有有形的收益，又有无形的收益。

3. 工具性

一般的政治会议，除了要解决一定的实质性议题之外，通常都在某种程度上带有一定的仪式性和象征性。有的政治会议，纯粹是为了展示与会者的某种态度、形象，至于会议的内容本身倒是无关紧要的。因而，政治会议通常具有一定的象征性。我们将这种不是为了解决实质性问题，而是为了表明一种立场、态度或形式的会议称为“象征性会议”。

而有些团体会议，如晚会、俱乐部会、联欢会等，会议的议题本身也是无关紧要的(有的甚至没有明确的议题)，其举行的主要目的是为了联系人员、加深感情。我们将这种会议称为“表意性会议”。

与以上二者不同，商务会议虽然有时候也带有一定的象征性和表意性，但是在绝大多数情况下，商务会议主要是为了解决某项实质性的问题而举行的。

（三）商务会议组织工作的特点

商务会议的特点决定了商务会议的组织工作不仅应遵循其他会议组织工作所必须遵循的共同规律，更呈现出自己独有的特点。主要有：

1. 服务性

商务会议的服务性体现在其最终目的和组织过程中。召开商务会议的最终目的是为其目标群体服务，包括顾客和一般民众。比如企业召开的新产品发布会，向广大顾客介绍产品性能，适应人群以及价格等信息，其目的也是为了服务受众。在组织会议的过程中，从会议的策划到会前的准备，再到会中的组织和会后的评估，都体现出服务性。

商务会议的服务性要求会议的组织者和服务者要把“服务质量”作为整个会务工作的中心。“服务质量”即服务在满足规定和潜在需求方面的特征和特性的总和。换句话说，服务质量就是服务工作能够满足被服务者需求的程度。

2. 事务性

不管是准备会议简报、安排与会者的交通食宿，还是在现场提供服务和记录整理发言，商务会议的很多环节都具有事务性，有的会议甚至特别繁杂琐碎。正是通过这些琐碎的工作，商务会议才能按既定目标有效地进行。组织商务会议必须有宏观把握能力，同时又要有处理具体事务和注意具体细节的能力。既然是事务性很强的工作，会务人员就会经常碰到忙忙碌碌的时候，因此就更应该按照会议日程安排好计划，使得各项工作都有条不紊地进行。

3. 保密性

尽管商务会议可能会涉及很多实体和个人，但是，与其他会议一样，它也涉及一些需要保密的事项。尤其是在商务组织内部举行的某些高层会议或商业组织之间进行的谈判会议，可能会涉及商务组织的发展战略、关键技术、财务、人事、资源分配等重要事项，需要会务的组织者尤其注意保密。至于保密的范围，并不仅仅局限于会议的决议。有时不仅会议的决议要保密，就连会议的议题、程序、与会人员等均需要保密。在非常情况下，有时甚至连会议是否举行都属于保密的范围。

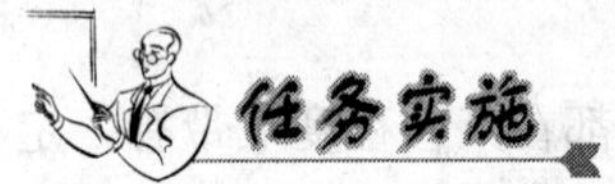

任务实施

通过思考，江山认识到：

第一，会议是各级领导机关实施管理的一种有效方法，是一种有组织、有目的地把众人聚集起来一起商讨问题的社会活动方式。会议在管理工作中的作用尤为突出，主要有集思广益、丰富领导经验、提高领导水平、贯彻群众路线、实现群众参与管理各项事务、便于群众了解情况、增强主人翁意识和责任感、沟通信息、协调关系等作用。

第二，建立会议制度。没有一定的会议制度，无论大小事情都由领导者开会研究，会议将会泛滥成灾。

第三，严格控制会议数量和规格、严格会议审批制度，大力精简会议文件、简报；革除繁文缛节，讲求实效，端正会风；严格财务制度，节约会议经费。

实务思考

一、案例分析：中国第五海——会海

中国有一个另类的海，它比常识中的四个海更震撼国人，它叫——“会海”。

北京一个会，到了省级就要掀起几十个浪头。一浪的“会海”顺势而下，席卷300多个地市、2000多个县区、5万多个乡镇，还有成千上万不同级别的行政部门、数百万个吃

“财政饭”的事业单位和国有企业以及难以计数的非常设机构，层层开会传达，级级发通知、下文件。

据估算，一个单位的领导人，一年中大概有40％的时间参加上级各部门召开的会议，40％的时间在本部门开会，只剩下20％的时间处理日常工作。现任为什么副职越来越多，会议多是原因之一。一位副市长，每月参加会议的时间占去工作时间的70％左右，其中有三分之一的会是可以不去的。

中国的会议真的多了么？据非准确计算，根据《广州日报》的相关报道整理，我国每天召开的各种会议大约有240万个。据美国布斯阿伦和汉密尔顿联合适量咨询公司调查，美国每天大小会议高达2000万个。算起来中国的会才是人家的1/8，若按“人均”计算，只有人家的1/50。为什么大家会感到会议很多，疲于应付呢？在中国，开会的老开会，不开会的老不开会，中国98％的会议是被全部人口的2％开掉的。占人口80％的农村，存在一个和“会海”截然相反的问题——“会荒”。

不仅如此，我国的会议，常常不“正业”，我国的会议有一半以上是非决策性会议，即会议不是解决人们“干什么”和“怎么干”的问题，而是一些象征性、交流性、协调性、“漫谈俱乐部”式会议，甚至还有些被称为“转转会”、“接力会”之类的旅行消遣式会议。

同时，人们还普遍反映我国的会议方式不合理、存在方式过于单一、会议效率低、会议不计成本、浪费大等问题。

思考与分析：

1. 会议的功能是什么？为什么会出现“会海”甚至“会害”的情况？

2. “开会的老开会，不开会的老不开会”的根源是什么？怎样才能从根本上减少领导人会议的数量？

3. 对减少会议数量、提高会议质量、降低会议成本，你有何建议？

二、实战演习

磐基公司有个不成文的规矩：周四晚上开会，参加会议的是公司全体中层以上领导及全体行政人员，会议时间从晚上7：00到9：00。在这个会议上，总经理江山会通报上周的工作情况，宣布下周的工作安排，同时也为各部门之间提供了一个交流的平台。可是秘书王阳却发现每每到了周四，好多同事就开始怨声载道：“又要开会了，又没什么大事!”“那么晚才散会，回家都不安全!”“什么事上班时间不能说，非得弄到个大晚上，还得让全公司都陪着!”

面对公司诸多同事对周四晚间会议的排斥、会议效率不高的现状，江山要求王阳就此情况写一份整改报告。假如你是王阳，你会怎么写？

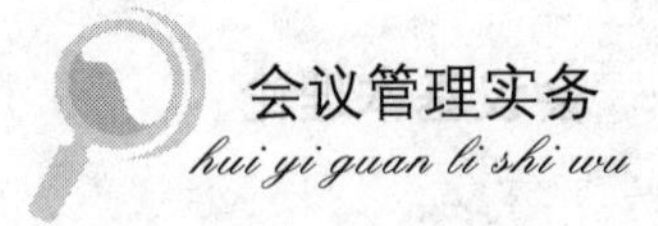

任务二　商务会议的类型

知识目标

◆ 了解商务会议的类型。

能力目标

◆ 能够根据会议目的采用与之相匹配的会议类型。

任务引入

磐基公司某一线生产员工因违反现场操作规程，致使该生产线停产 24 小时。因此时正值生产淡季，考虑到该工人的违规操作未对公司造成太大损失，公司决定对其口头批评教育并不予追究其他责任，总经理江山在随后的中层经理碰头会上简单地通报了此事。这种处理是否妥当?

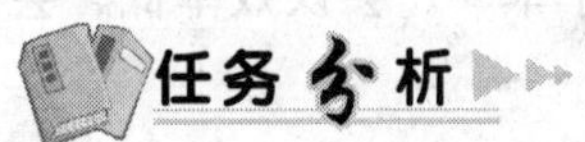

会议因目的不同，其类型也出现了不同。

知识要点

由于许多商务会议同时兼有多种属性，很难确切地将其归入某种类型，所以，为商务会议分类是比较困难的，而且有些分类意义不大。但是，为了更清楚地认识商务会议，对其进行分类仍然是必要的，我们要做的是尽可能地对商务会议做有意义的划分。标准不同，划分出的会议类型也不同。一般而言，我们从如下几个角度对商务会议进行分类。

一、商务会议的类型

(一) 根据商务会议的性质分类

根据商务会议的性质，可以将会议分为正式会议和非正式会议。

1. 正式会议

正式会议是指合乎一般公认标准的或者合乎一定手续的会议。

如果会议规模较大，层次较高或者涉及公司的发展方针、战略时，则需要举行正式会议。董事会会议和股东大会以及需要作出决定的工作会议等一般都属于正式会议，也只有正式会议才能形成决议或作出决定。

正式会议是议事决策、布置工作、沟通信息和统筹协调的有效途径，有决策指挥、组织协调、动员教育和信息交流的作用。正式会议必须按照会议规范的要求召开，要合乎法律程序，有明确的议题，有规范的议程，在会议主席的有效控制下完成全部议程。

2. 非正式会议

非正式会议是相对于正式会议而言的，与正式会议相比，非正式会议在程序规则上没有正式会议复杂，可能是临时召开的“碰头”会，或者是正式会议之前的协商会议。非正式会议通常是用来解决特定的问题，而不是讨论整体性主题。

在商务活动中，非正式会议比正式会议更加经常和普遍。由于规则性不强，非正式会议的氛围通常较为轻松、活跃，有利于各种不同意见的表达；同时，非正式会议的人数较少，与会人员之间有更多的面对面的沟通，信息交流更加频繁、彻底。某些正式会议所不能达到的目标，如交流感情、统一思想、“打预防针”等都能通过非正式会议来实现。

（二）根据与会者所代表的地域范围分类

根据与会者所代表的地域范围，可以将商务会议分为国际性会议、全国性会议和区域性会议。

1. 国际性会议

国际性会议是指会议主体超出了一个国家或地区的会议，与会者来自或代表不同的国家或地区。比如 2001 年在上海举行的 APEC 会议，就有来自 21 个成员国的 6000 余名代表参加。

2. 全国性会议

即与会者来自或代表全国各地和各条战线的会议。比如中国出口商品交易会（广交会），来自全国各地的原材料、机械与工具、电子电器、纺织服装、食品土畜、医药保健品、家具用品等参展商云集于此进行交易，在全国影响很大。

3. 区域性会议

即与会者来自一个国家的同一区域或代表同一区域内若干单位的会议。这里的“区域”，既可以是行政区划，也可以是自然区域或经济合作区域。比如北京市农产品交易会、东北地区工业品博览会等。

（三）根据商务会议的技术手段分类

根据技术手段，可以将商务会议分为传统会议和现代电子会议。

1. 传统会议

传统会议指与会者面对面地围坐在一起召开的会议。这类会议在技术装备上没有特殊的要求，在过去技术水平比较落后时，大多数会议都属于传统会议。现在，一些小型的、面对面的、即时性的会议也属于此类。

2. 现代电子会议

现代电子会议是相对于传统会议而言的，由于通信技术的发展，传递信息的方式越来越多，也越来越快，人们借助计算机技术、声像技术等，不仅使面对面的交流更加形象生动，而且即使是远距离的交流也不成问题。如远程视频会议是指利用广播音响遥控、计算机网络遥控和电视图像遥控等现代化的技术手段进行远距离沟通和交流的会议。视频会议有点像使用电话，除了能看到对方之外，还能看到他们的表情，肢体语言以及他们对你的言谈的反应。你们可以使用同一张数据表或者任何其他电脑上的文件，这就像你跟和你所通话的人在同一房间面对面地工作一样。有些视频会议系统设计成允许好几组不同地方的人参加同一个会议，有些则设计成只允许几个人在他们的桌面上讨论项目。无论怎样，他们都能看到全方位的活动图像，清楚地听到别人所说的话，感觉就像在一起。视频会议用这种方式创造了这样一个环境：更快地定决策，更加强大的团队工作，想法、知识、鼓励能从一个同事传向另外一个同事。此外还有一个更为显著的优点——不用出差。拥有视频会议，你就可能在同一时间出现在不同的地方。

（四）根据商务会议的职权和功能分类

根据职权和功能，可以将商务会议分为法定代表性会议、信息发布性会议、专题工作性会议、谈判商洽性会议等。

1. 法定代表性会议

法定代表性会议的成员具有法定代表资格，会议的议题、议程具有法定性，会议的结果具有法定效力。如股东大会和董事会等。

2. 信息发布性会议

即为发布信息而举行的会议，如新产品发布会等。

3. 专题工作性会议

即围绕某项重要工作进行专题研究讨论，统一思想，明确目标，任务和政策的会议。

4. 谈判商洽性会议

即旨在达成合作事项，签订合同协议的会议，如招商会、订货会和贸易洽谈会等。

上述会议类型是根据一定的标准从不同角度划分的。在实际生活中，各种会议类型可以相互交汇，产生出无数种类的会议。由于会议技术手段的不断更新和人们对会议功能认识的不断扩展，会议的具体种类将会越来越丰富多彩。下面，我们介绍几种常见的商务会议类型。

二、几种常见的商务会议

（一）股东大会

股东大会是公司的权力机构，由全体股东组成。《中华人民共和国公司法》对股东大会作了相关规定。

1. 股东大会行使的职权

（1）决定公司的经营方针和投资计划；

（2）选举和更换董事，决定有关董事的报酬事项；

（3）选举和更换由股东代表出任的监事，决定有关监事的报酬事项；

（4）审议批准董事会的报告；

（5）审议批准监事会或者监事的报告；

（6）审议批准公司的年度财务预算方案，决算方案；

（7）审议批准公司的利润分配方案和弥补亏损方案；

（8）对公司增加或者减少注册资本作出决议；

（9）对发行公司债券作出决议；

（10）对股东向股东以外的人转让出资作出决议；

（11）对公司合并、分立、变更公司形式、解散和清算等事项作出决议；

（12）修改公司章程。

2. 股东大会召开的时机

股东大会应当每年召开一次年会，有下列情形之一的，应当在两个月内召开临时股东大会。

（1）董事人数不足公司法规定的人数或者公司章程所定人数的三分之二时；

（2）公司未弥补的亏损达股本总额的三分之一时；

（3）持有公司股份百分之十以上的股东请求时；

（4）董事会认为必要时；

（5）监事会提议召开时。

3. 股东大会应履行的职责

（1）股东大会对公司增加或者减少注册资本，分立、合并、解散或者变更公司形式作出决议，必须经代表三分之二以上表决权的股东通过。

（2）公司可以修改章程。修改公司章程的决议，必须经代表三分之二以上表决权的股东通过。

（3）股东大会会议由股东按照出资比例行使表决权。

（4）股东大会的首次会议由出资最多的股东召集和主持，依照公司法规定行使职权。

（5）股东大会会议由董事会召集，董事长主持，董事长因特殊原因不能履行职务时，由董事长指定的副董事长或者其他董事主持。

（6）召开股东大会会议，应当于会议召开 15 日以前通知全体股东。

（7）股东大会应当对所议事项的决定做成会议记录，出席会议的股东应当在会议记录上签名。

（二）董事会

董事会是指某些公私合营企业或私人企业、学校、团体等的领导机构。董事会对股东大会负责。召开董事会会议时，董事长负责向管理部门解释董事会所采取的行动，并负责向董事会报告管理计划，董事长办公室需把董事会的决议付诸实施。《中华人民共和国公司法》规定了董事会应有的职权、职责以及董事会的设置办法，下面我们一一加以介绍：

1. 董事会行使的职权

（1）负责召集股东大会，并向股东大会报告工作；

（2）执行股东大会的决议；

（3）决定公司的经营计划和投资方案；

（4）制订公司的年度财务预算方案及决算方案；

（5）制订公司的利润分配方案和弥补亏损方案；

（6）制订公司增加或者减少注册资本的方案以及发行公司债券的方案；

（7）拟订公司合并、分立、解散的方案；

（8）决定公司内部管理机构的设置；

（9）聘任或者解聘公司经理，根据经理的提名聘任或者解聘公司副经理、财务负责人，决定其报酬事项；

（10）制定公司的基本管理制度。

2. 董事会行使的职责

（1）董事会每年度至少召开两次会议，每次会议应当于会议召开 10 日以前通知全体董事。

（2）董事会召开临时会议的可以另定召集董事会的通知方式和通知时限。

（3）董事会会议应由二分之一以上的董事出席方可举行。董事会作出的决议必须经全体董事的过半数通过。

（4）董事会会议应由董事本人出席。董事因故不能出席，可以书面委托其他董事代为出席董事会，委托书中应载明授权范围。董事会应当对会议所议事项的决定做成会议记录，出席会议的董事和记录员应在会议记录上签名。

（5）董事应当对董事会的决议承担责任。董事会的决议违反法律、行政法规或者公司章程，致使公司遭受严重损失的，参与决议的董事对公司负赔偿责任。但经证明在表决时曾表明异议并记载于会议记录的，该董事可以免除责任。

（6）公司根据需要可以由董事会授权董事长在董事会闭会期间行使董事会的部分职权。

（7）公司董事会可以决定由董事会成员兼任经理。

3. 董事会的设置办法

（1）董事会设董事长一人，可以设副董事长一至二人。

（2）董事长和副董事长由董事会以全体董事的过半数选举产生。董事长为公司的法定代表人。

4. 举办董事会会议时，一般分为如下步骤：

（1）准备会议议题。召开董事会要有一定的目的，确定议题是首要环节。董事会会议议题的来源一般是根据有关形势发展进行的分析，并结合本公司工作实际所确定的议题。

（2）准备会议材料。董事会会议的材料包括：董事长讲话，一般由董事长的秘书负责，有时也由筹备处的秘书人员准备；待议文件，主要是指需要在会上讨论、议定的材料；参阅资料，是会议的参考性文件；交流材料，选择交流材料时要注意，既要有成功的、可借鉴的材料，又要兼顾不同方面、从不同侧面进行选择的材料，使其具有更大的代表性。

（3）确定与会人员。会议范围要控制，文秘部门要掌握与会人员的数目和基本情况。

（4）会议议程和时间、地点的安排。一般来说，董事会会议都在公司内部的会议室召开，或者在董事长办公室召开。时间安排上应注意：夏季一般在上午召开为宜，其他季节上午和下午都可以安排。会场一般以圆桌会议的形式布置。

5. 董事会会议的召开和通知方法

一般而言，董事会每年至少召开四次定期会议，包括一次年度业绩会议和一次半年度业绩会议及两次季度业绩会议。董事会每年12月份还要召开年末总结会。

董事会会议可以通过电话、电视电话或书面提案形式召开。至少每半年召开一次所有董事都必须亲自出席的董事会会议。

召开董事会会议，应于会议召开10日以前通知所有董事，以便董事做好会议准备。

董事长根据下列人员的提议，7日内签发召开临时董事会会议通知：

（1）董事长；

（2）三分之一以上的董事；

（3）一半以上的独立董事；

（4）监事会；

（5）公司总裁。

6. 董事会议案的确定

董事会秘书负责征集会议所议事项的草案，对有关资料整理后，列明董事会会议时间、地点和议程，提呈董事长决定。

会议议程草案可由公司董事、监事会、总裁、董事会下设的专业委员会（需经股东在股东大会讨论后）提交。

7. 董事会的会前沟通

将各项能加强董事会对公司业务认识的重要资料及数据及时在会前发放给董事。当四分之一以上董事认为资料不充分或论证不明确时，可联名提出缓开董事会或缓议董事会所议的部分事项，董事会应予采纳。

8. 董事会的出席

董事会会议应当由二分之一以上的董事出席方可举行。董事会会议应由董事本人出席，董事因故不能出席的，可以书面委托其他董事代为出席。

9. 董事会的表决

代为出席会议的董事应当在授权范围内代表委托人行使权力。董事未出席某次董事会会议亦未委托代表出席的，应当视作已放弃在该次会议上的投票权。

董事会作出的决议，有的须由三分之二以上的董事表决方可通过，有的则由全体董事的过半数表决同意通过。董事会会议可采用举手或投票方式表决，每名董事有一票表决权，当反对票和赞成票相等时，董事长有权多投一票。

董事会对公司的关联交易进行表决时，有利害关系的董事不参加表决。如因有关董事回避而无法形成决议，该议案应直接提交股东大会审议。

（三）经理会

经理会是指具有经理身份的人研究和决定企业经营管理事宜的会议。经理会主要落实董事会已确定的企业目标和方针，并通过具体的管理经营活动体现出来。同时，经理会受董事会的控制，在不违背董事会所确定的目标和原则的前提下，有权决定和处理企业管理经营活动中所遇到的一切问题。

经理会一般由负责全面工作的经理以例会的形式召集，也可由任何一名经理或部门领导提议召开，研究决定公司的经营管理方案，制订公司年度经营计划和投资方案，拟订公司内部管理机构设置方案，拟定公司的基本管理制度，制定公司的具体规章等重要工作。

与其他类型的会议不同，经理会议的参加者是各个部门的经理，会议的内容往往是讨论、研究企业在经营管理各方面的事务，因此，提高经理会议的效率就显得尤为重要。下面，我们具体介绍召开经理会议应注意的问题。

1. 会前

会议室的布置是一项重要工作。通常来说，召开经理会议最好采用圆桌。因为圆桌会议是解决问题并能让所有人享有均等与会权利的最佳方式。如果参加会议的人较多，也可以使用U形桌，这样比较方便与会者之间进行沟通。对于没有圆桌或U形桌不得不使用长方形桌开会的人而言，会议主持者最好坐在较长一边中间的位置，这样使得主持人能接触到较多的人，也可以使讨论重心集中。

2. 会中

在会中应该考虑发言时间的分配。有研究表明，造成会议成功的主要因素之一是发言时间的分配比例均衡。由于经理会议是由各个部门经理参加的，人数相对来说不是很多，以下给出一个理想的6人会议的发言时间分配比例，以供参考。

主席——25%；会议记录员——15%；成员甲——15%；成员乙——15%；成员丙——15%；成员丁——15%。

当然，这只是理论上的说法，现实生活中的经理会议是互动的、随机的，我们很难精确计算出某一个人的发言时间，这就需要我们采用一些技巧来控制发言时间，尽量减少与议题无关的争辩与讨论。

有声互动法：某些暗示性的话语或声调可以表示鼓励发言者继续发言还是立即停止。通常，面带微笑地说“不错，继续讲”，“嗯”，“对！我了解”都是对发言者的正面回应；而面无表情地摇头，或是说“哦！是这样吗”则表示发言者应该停下来。

无声互动法：无声互动法主要包括点头、转移视线、微笑、以目光暗示，当然也包括一些肢体动作，如用手敲桌子、改变坐姿、跷腿等。适度地运用这些无声暗示法，对会中控制有显著的效果。

3. 结束会议

许多会议都会超出预定的时间而在与会者不得不离席的情况下才草草结束，这实际上反而降低了会议的效率。因此，召开经理会议应该注意以下两点：

第一，预留出足够的时间做结语。为了避免上述草草收兵的现象，经理会议应该预留出足够的时间做总结。一般来说，一小时的会议，结语时间大概需要五到七分钟。不仅是经理会议，任何会议都应如此，以防与会者忘记已讨论的事项，使会议前功尽弃。

第二，准时结束会议。如果每次主持人都能准时结束会议，久而久之，与会者自然能在预定时间内完成讨论的议题。

（四）团队会议

团队是为了实现某一个特定的目标而建立的一种实体。团队会议以其独特的优越性成为团队沟通情况、联络感情、统一思想、明确工作、讨论问题、制订计划、协调工作、集思广益的一种重要的手段。

1. 团队的主要特点

与传统的商务组织或部门相比，团队具有下述特点：

其一，团队的成立通常针对的是某一项非常规任务，如企业发展新战略的制定、某项改革制度的制定或推行、应急事件的处理、新产品的研发等，因而，创造与应变是团队区别于其他组织或部门的一个重要要求。

其二，团队的成员跨越了既有的组织界限，他们可能来自不同的层级和部门，为了一个新的目标而组合在一起，同时，除了完成团队的任务之外，各成员在原部门担任的职责一般仍由其承担。

其三，团队的高度专业性。团队成员的选取主要是依据其专业需要，并非按照职务、资格或部门，成员之间的知识和能力结构也按照才能互补的原则来设计。

其四，团队的组建基于特定的目标和任务，因而，成员不仅各自要有很强的使命感和奉献精神，而且应该相互信任和合作。

其五，由于以上的原因，成员之间实际上是合作伙伴的关系，不存在上下尊卑，体现在团队的工作风格上，就是成员之间以相互沟通、协商一致的方式来达成共同意见，不依靠层级节制。

其六，为了成员之间的沟通与信任。团队的规模通常较小，成员之间通常能进行面对面的直接沟通。

团队的上述特点决定了团队会议的重要性，会议是团队的主要工作方式。

2. 团队会议的独特性

(1) 共同愿景的重要性。所谓共同愿景，就是团队成员所持有的有关团队未来发展或团队目标或任务的一个蓝图。如前所述，团队成员来自于组织内部的各个层级和部门，因而，在团队的运作中，如何凝聚大家的力量是很重要的事。而愿景就是凝聚团队力量的一个很重要的因素。有了明确的愿景，不仅可以给大家提供一个明确的方向和目标，更能激发大家的努力和潜能。因而，无论是团队建立伊始，还是团队已经比较稳定、成熟，在召开团队会议的时候，组织者都应意识到团队愿景的重要性，运用各种手段对愿景进行描绘、强化，使其深入到每个成员的心灵深处，成为团队成员自身发展蓝图的一部分。

需要注意的是，愿景本身应是团队成员一致同意规划出来的，唯有如此，它才能够为所有的成员所认同、肯定与接受，才能发挥其激励作用。同时，愿景又是一个未来的蓝图，愿景的建立自身要经历一个从错误到正确、从模糊到清晰、从笼统到具体的过程。所有这些，都需要团队成员在团队会议中不断地沟通、再沟通。

因此，总的说来，团队会议与其他商务会议不同的首要一点，就在于不论每一次团队会议的具体议题是什么，愿景沟通永远是其目标之一。

（2）专业权威。如前所述，团队的组成实际上是集组织内部各优秀成员的智慧，来解决组织面临的非常规性问题。而为了做到这一点，不仅要求我们在组建团队时要不拘一格选人才，而且要求我们在团队工作时不要依照等级节制的方式由“领导”作决定，而要本着沟通、协商的精神协商一致。那么，团队决策的依据究竟是什么呢？团队成员彼此之间协商的基础是什么呢？判断成员意见正确与否的标准是什么呢？

答案既不是成员的职位，也不是资格，更非成员的利益，而是专业标准。只有如此，团队才能打破传统的组织结构的局限性，产生前所未有的创造力，解决传统的组织形式所不能解决的问题。

当然，为了防止专业的局限性，不仅在组建团队时要考虑到成员专业背景的多样性，而且在进行团队会议时也要允许不同的专业标准之间相互竞争，以利团队决策的正确性。

（3）平等协商。平等协商是团队的重要特点，也是团队会议的一个基本准则。无论是愿景目标的建立，还是每一次会议议程和议题的确定，或是方案的取舍，都要求团队成员通过平等协商的方式形成一致性意见。

要做到平等协商，首先要做到团队会议成员之间地位的平等。每一位成员都要有充分表达意见的机会，每一位成员的意见都要获得平等的尊重。从这个意义上说，团队会议要做到充分民主。

其次，平等协商的目的是要达成一致性的意见，因而协商是必不可少的。在团队会议中，协商的方式很多，但最主要的还是面对面的直接沟通。这就要求成员不仅要有充分表达自己意见的技能，更要有倾听别人意见的肚量和技巧。

判断团队会议决定的形成是否是平等协商的结果，一条依据就是看各个成员是否真正地肯定、认同和接受该决定。团队会议不是政治会议，不需要压制少数意见的“少数服从多数”的投票；团队会议也不是股东大会，不是谁拥有多少股权就有多少发言权。团队会议所要形成的，是每一位成员都赞同并乐意去执行的正确的决定。

（4）创造力。团队创建的初衷在于突破既有组织、部门和规章制度的局限，提出有创见性的建议，以解决非常规问题。因而，团队会议与一般的商务会议不同，就是要提出具有创新性的见解。要具有创造性，首先需要许多不同领域的知识互相激荡、摩擦，所以团队成员通常应来自不同的背景。但是，仅此还不能保证团队的创造性。在举行团队会议时，我们还要创造一定的氛围，保证创新性意见得以提出。从这一点上看，团队会议有点像“脑力激荡会”。同时，为了保证创新性意见能够成为团队会议的决定，又需要成员之间不断地沟通乃至争论，从这点上看，团队会议又有点像辩论会。

3. 团队会议的类型

根据情况的不同，团队会议可以分为许多种类型。

首先，团队会议可以分为例行会和非例行会。例行会是指那些定期举行的会议，如晨会、周会、双周会、每月会、年度会等。晨会是工作团队每天早晨在开始工作前几分钟的

聚会，主要是为了沟通情况，安排当天的工作次序，提出并解决一些问题。周会则是团队在每周举行的例行会议，用以检查每周的工作成果，讨论未来的工作计划，研究一些重要问题等。非例行会主要指那些不定期开的，用来解决一些非常规性问题和重大问题的会议。

其次，根据会议的形式，团队会议可分为正式会议和非正式会议。正式会议的形式由一定的规则和条例所规定。通常需要一定的人数出席，并事先制定会议的程序，包括议程（即讨论的内容）、回顾（即上次会议以来做了什么事情）、动议（提议采取的行动）、修正（对提议所作的修改）、辩论（一般性的讨论）、选举和投票（采纳或拒绝提案）及会议记录（事情的书面记录）等。相对正式会议而言，非正式会议的主持方式和与会者的行为都要自由得多。一般来说，非正式会议一般也应有讨论问题一览表、负责主持会议的人及一份记录，以记下所作的决定和由谁去跟进事务。

最后，根据会议目的和特点的不同，团队会议还可以分为以下几种类型：第一，告知信息会议。这种会议的召开只是为了传达信息。会议的目的是要求与会者掌握一些信息，如方针和政策等，并进行讨论，以深化对信息的理解，促进贯彻执行。因此，告知性会议不需要形成任何决议，亦无须采取行动。当然，如果只是有事要宣布，只要将有关文件打印出来，分发给有关成员阅读即可，而无须召开会议。第二，建设性会议。这种会议是团队常见的会议。它要求团队成员就某些问题各抒已见，找到对某些问题的解决方案。诸如发展战略研讨会、新产品开发会，各团队为协调各自的工作或为了解决队员之间和工作之间的衔接问题而召开的协调会等就属于这种类型。第三，任务分配会，即团队负责人利用会议这种形式，来部署下个阶段的工作重点及每位成员的职责。由于任务分配是公开的，这将有利于员工之间任务分配的公平性以及员工之间良好的合作关系。

4. 团队会议常出现的问题

开会虽然是团队沟通的主要方式，但若控制得不好，极容易产生负面影响，既达不到开会的目的，又浪费了精力、物力和财力。这种情况虽然是各团队会议极力避免的，但在实际中却经常会发生。为了提高团队会议的效率，我们有必要对会议失败的主要原因作一个总结。

在开完会后，经常会听到诸如以下的一些抱怨，从这些抱怨中可以找到一些会议失败的原因。

(1)“我不明白开这会有什么用处”：这表示会议没有什么明确的目的。

(2)“我去开会，无非是凑个数而已”：这表明开会的结论在开会前早有安排，开会只不过是一种形式而已。

(3)“我所有的主张都遭到批评”：这说明发言者未能获得申辩的公平机会。

(4)“开会时大家都在干自己的事”：这表明并非人人都有机会发表自己的意见。

总的来说，会议失败的原因主要来自以下几个方面：

(1) 管理不善。团队会议要开得卓有成效，就要有方向。通常，会议的方向由某一个人在控制，如果此人举措得当，便能确保会议程序井井有条。因此，如果没有选出一个人来掌握和控制局面，会议就会开得不着边际，漫无目的。此外，如果会议主持不重视会议的控制，或者会议主持不能胜任其工作，会议也会开得杂乱无章。

(2) 缺乏明确的组织架构。开会没有明确的组织架构，会导致以下问题：其一，与会者将无从准备，拿不出所需资料；其二，没有时间限制，与会者个个精疲力竭或随意离开会场；其三，反复讨论同一问题，而其他问题却只字不提；其四，与会者不清楚为什么要开会，事先不知道自己是来干什么的。

(3) 与会者不重视会议。包括：其一，认为会议不重要，干脆不参加会议，或者临时派一个人代替自己开会；其二，会前忘记做好应做的准备工作；其三，开会时不严肃，随便接听电话，或者忘记把开会所需的资料和笔记本带来；其四，该出席的人没有来，不该出席的人出席了会议。

(4) 开会环境差，与会者举止不文明。包括：其一，会场环境太差，周围环境太吵，或者干扰太大，与会者觉得难以集中思想；其二，某些与会者迟到或早退，引起其他与会者不安的情绪；其三，讨论时间过长，会议在进行途中常常被打岔；其四，与会者举止不文明，谁也不听谁的，随意打断别人的发言，无谓地争论，有的则一言不发或者干脆插不上嘴。

(5) 太多不必要的会议。开会固然有很多好处，但是开会成本很大，要花费时间和精力，所以不是在任何时候开会都是最好的方法。在开会前，想想有无必要开此次会议，这是有必要的。

5. 团队会议的管理技巧

(1) 确定出席人数。在确定会议出席人数的时候，应牢记的一句话就是：“少便是多。”两三个人开会常常比十来个人开会的效果要好。出席会议的人数越多，会议就越难控制，而且开会早退的概率就会增加，会议的效果也就大打折扣。对于一个团队会议来说，最理想的人数为4～7人，12人以上的便为太多。因此，在开会之前应尽可能将开会的人数降到最低，除了与主题密切相关的人以外，其余人士一律不邀请参加。当然，有时为了会议更具客观性和权威性，邀请一两个专家也是无可厚非的。

决定由哪些人参加会议，主要是看与会者是否属于以下人员中的任何一类：

①在会上作决策的人物；

②执行会议决定和方案的人物；

③收集与议题相关资料的人员；

④提供特定资料的人员；

⑤提供专业知识，或对会议有一定影响力的人物。

确定出席会议的人数对会议的成功与否有着密切的关系。在开会之前仔细考虑与会者赴会的理由和目的是十分必要的。

(2) 确定开会的地点和场合。开会地点的确定应遵循“就近”原则，即尽可能把会议地点安排在与会者工作或者居住较近的地方，以保障与会者能够及时赶到会场。会场的选择原则是经济实用，即不是太贵，但要有适当的设施及具备一定的条件，如光线好、空气

流通、温度适合等。在座位的排定上应保证每个人都能看见其他人，特别是主持人要处在看得见所有与会者的地方。对于团队会议而言，那种面对面的座位安排比较适合沟通，讨论问题。把座位安排成圆形或方形，让团队成员坐成一圈，可以提高团队会议的效率，同时创造一种团结的气氛。此外，在会议开始前对会议场所进行一些布置也是有必要的，如黑板、粉笔有利于发言者板书，而银幕、投影仪、幻灯设备可以让发言者展示一些跟会议有关的资料，麦克风可以让与会者听清发言。如果与会者听不清发言，也看不到发言者，那么他们就不能集中思想，会议的效果当然要受到影响。

(3) 准备开会。做好开会前的准备工作是开好会的必要条件。会前的准备工作主要包括以下几方面的内容：

①明确会议的功能，确定会议的目标。不同功能的会议需要不同的组织方式，如信息交流会旨在交流信息，因此在材料的准备上要简明扼要；而建设性会议要解决问题，因此要求与会者不仅具有专业知识，更应对有关资料认真评估。明确了会议的功能也就明确了会议的大体方向。要让与会者真正明白自己在会上要做什么，就需要制定会议的目标。一般来说，目标定得越具体、越清楚，会议就越富有成效。而缺乏具体的目标，在会议的召开过程中就会出现各种问题，从而严重影响会议的效率。

②规划会议过程。这主要包括：第一，决定开会的方法。即团队在讨论及决策过程中所采用的方法，如是集中讨论还是分散讨论，在决策的时候是采用共识的方式还是多数决策的方式等。第二，妥善安排时间。即事先给每项议题分配好时间，并规定会议时间的总量。

③资料准备。这包括将和会议有关的文件、资料事先发给与会者，使与会者对会议的议题、目标有所了解。此外，还可以让重要的与会人员收集一些书面资料和解决方案。资料的准备旨在帮助与会者熟悉跟会议有关的材料，可以节约时间，使与会者更能集中精力讨论问题。

(4) 主持好会议。会议能否开好，主持人的责任重大——一个好的主持人犹如一位舵手，他可以把握方向，主持大局，使会议驶向预期的目的港。具体来说，主持人在开会时的工作包括：

①明确会议目标。在会议开始之时向与会者说明会议要讨论的内容，包括开会的目的及要讨论的具体议题，如哪一项要与会者在会上作出决议，哪一项只需与会者提出意见，哪一项必须要在会中报告，让与会者回去思考，哪一项与会者必须赞同等。明确会议的目标可让与会者全神贯注于即将讨论的问题。

②严格控制会议进程。控制会议进程的有效途径是遵守时间。要让每个人都明白会议的迫切性，使之不浪费时间。英国职业心理师凯特·姬南在她的《主持会议》一书中对遵守时间作了以下的建议：

第一，准时开会，即使还有人未到。（如果因为有人迟到就将会议延迟了几十分钟，那么这次等人的人下次也一定会让别人等。）

第二，向大家宣布开会的代价："我们开一小时的会议的代价是 1000 元，也就是每分钟约17元，我希望大家珍惜时间。”

第三，将闹钟放在显眼的位置，并说明闹钟在会议结束前会响，以便与会者掌握时间。

第四，给与会者一个时限考虑意见和建议。“我想现在我们大家都去喝杯咖啡，休息一下，十分钟后带好建议回到会场。”

③引导讨论。在会议进行当中，主持人的另一个职责是指导讨论，防止偏离目标。解决离题的方法是引导和小结，把刚讨论的问题归纳一下，告诉大家下一步怎么按原定计划进行。可以用比较温和的方法，神不知鬼不觉地将会场拉回来：“×××，在继续讨论之前，先总结一下前面的内容。刚才我们研究了……和今后两年的工作。现在我们来谈下一步的工作重点。你谈的问题我们姑且放一放。”当然，指导讨论还意味着让每个人竭尽本分，关心会议的议程，因此主持人应当了解团体内发言时间的自然分配，必要时对讨论进行干预，避免一人“唱独角戏”的情况，使那些想发言而没有机会发言的人，或者那些因为害羞而不敢说话的人有表达自己观点的机会。例如，主持人可以说：“小王，让我们先听听小李的意见好吗?”“小张，你曾负责处理过类似的事情，你当时有何经验呢?”

④促进与会人员达成一致。当会议进行到后半段，主持人就要促使团队作出决议。做到这一点，主持人要及时小结已解决的要点，如说：“让我快速重复一下我们已达成的一致点。就第二项而言，诸位认为最佳的方案是……”这样可以确定一致点，突出分歧点，明确指出待取得一致的地方。再经过一阵各抒已见，主持人可以开始检验大家是否达成了共识：“似乎大家都已经达成了共识，每个人都同意……了吗?”

⑤总结将采取的行动。会议结束前，主持人必须清楚地概括和阐明结论，使到会者明白他们在哪些方面取得了一致，作了哪些决议。此外，主持人还应该保证每个人都明白他们要做的事情，将在何时何地完成。

总而言之，无论会议以何种形式召开，无论它的目的何在，主持人都应该牢记会议的目标，不让任何偏离或敌视的现象妨碍决策。在使人人都参与的情况下，确保会议按既定方向进行。

（五）企业新闻发布会

企业新闻发布会一般比较正式和隆重，需要选择好的时机，做好举办地点的安排，并且做好相关人员的选择。

1. 如何选择好的时机

（1）确认新闻的价值。企业新闻发布会召开之前必须要确认某一消息是否有新闻价值，并明确此新闻为什么此时必须发布，那些无新闻价值的东西不要硬拉上新闻发布会。

召开企业新闻发布会的形式有以下几种：新产品开发，企业创立周年纪念日，企业经营方针的改变，企业首脑或高级管理人员的变更，新工厂的上马或旧工厂的扩建，企业合并，企业的产品获奖，与企业相关的重大责任事故的发生等。

（2）避免与社会重大活动的时间冲突。记者是企业新闻发布会的重要角色，而一般的记者都比较忙，因此企业新闻发布会应选择合适的日期，避免与一些社会上重大的活动和纪念日相冲突。否则，记者们分身乏术，顾不上新闻发布会，将会严重影响发布会的效果。

（3）做好新闻发布会的具体时间安排。新闻发布会一般选在上午10时或下午3时为佳，这样比较方便记者到会。一般的企业新闻发布会，正式发言的时间不要超过1小时，应留有时间让记者提问。

发布会后，一般要为记者准备工作餐，最好的形式是自助餐，进行自助餐的目的在于给记者提供交流和对企业领导人进行深入采访的机会。确定好具体时间后，要提前1～2周向记者发出书面邀请，让记者充分安排好时间。并非所有记者都能到会，因此，为使新闻发布会圆满成功，最好在邀请函上附一回执。

2. 如何做好举办地点的安排

在举办企业新闻发布会时，应考虑安排适合的地点。做好这项工作，需从以下两个方面入手：

（1）会场选址。企业新闻发布会的选址要与所发布的新闻性质相匹配，同时，要考虑到交通状况和新闻发布的硬件等因素，如电话、传真、打字、照明设备等。通常，企业的新闻发布会在宾馆或新闻中心等地举行，主要就是考虑到这些要求的缘故。

（2）会场布置。选定发布会会址以后，还要注意会场的环境布置，灯光、气温和噪声等问题都要考虑周全。一定要选一个富于时代感的公关设计人员来布置会场，使会场既体现企业精神，又使记者及其他来宾产生宾至如归的感觉。会场应设有记者或来宾签到处，签到处最好设在入口或入场通道处。会场的座次安排要分清主次，特别是有贵宾到会的情况下更要注意这一点。在每个记者席上准备有关资料，供记者们深入细致地了解所发消息的全部内容。

3. 如何做好工作人员的选择

（1）选择好会议的主持人和主要发言人。主持人的作用在于把握主题范围，掌握会议进程，控制会场气氛，促成会议的顺利进行。此外，在必要时主持人还承担着消除过分紧张的气氛，化解对立情绪，打破僵局等特殊任务。主要发言人要透彻地掌握本企业的总体状况及各项方针政策，面对新闻记者的各种提问，需要头脑冷静、思维清晰、反应灵敏，具有很强的语言表达能力，措辞精确，语言精练、流畅，发表的意见具有权威性。主要发言人一般由企业主要负责人或部门负责人担任。

（2）选择发布会现场服务人员。现场服务人员要严格挑选，从外貌到自身的修养均要合格，并注意服务人员的性别比例，以便发挥“异性效益”。服务人员的主要工作有如下几点：一是安排与会者签到；二是引导与会者入座；三是准备好必要的视听设备；四是分发宣传材料和礼品；五是安排好餐饮工作；六是安排一名摄影师专门拍摄会场情况，以备将来宣传和纪念之用。

（六）展览会

展览会出现于欧洲工业革命以后，至今已有200多年的历史。“展览会”是指为鼓舞公众兴趣，促进生产，发展贸易，或者为了说明一种或多种生产活动的进展和成就，将艺术品、科学成果或工业制品进行有组织的展览。商务展览会是展览会的一种，其目的主要是通过产品及其图片的展示，扩大产品或企业的知名度，实现交易和投资。

1. 展览会的特点

（1）信息集中。主办者通过自己的工作，把大量的展品集中在一个环境优雅的展厅内集中展示，同时又把大量的观众集中到这里来参观。这样，参展商与客商之间可以在短时间里集中交流信息。如此集中信息的结果是既增大了信息量，又节约了成本。就商业展览会而言，由于展览会的主办者组织了大量的商品，邀请了大量的客商，因而参展商（生产商、经销商）可以在短时间里接触到大量的客商（营销商、生产商），客商也可以在短时间里接触到大量的商品和参展商。这就最大限度地节省了参展商和客商的时间，使他们能在短时间里相互了解、相互接触。一个客商如果想获得同等数量的信息，进行实地考察要比在展览会里花费多几倍的时间；同样，一个参展商在平时工作中接触到众多的客商，也需要他花大量时间和金钱才能得到。而在展览厅内，这一切都变得那样的轻松自然。

（2）产品新颖奇特。新，是展览会的灵魂，没有新，展览会就没有生机，就会失去它应有的吸引力。新，建立在大量创新的基础上。而创新，是人适应环境、战胜环境、创造美好生活的一种本能。展览会是新产品在世界亮相的重要舞台，也是它走向消费者、实现自身价值的起点。在展览会里也可以看到老产品，它们大都是名牌，不排除参展商展示这些产品的目的是寻找新的市场，但是他们更主要的目的是借助于展览会向人们展示企业与产品的形象，巩固客户。“新”作为展览会的灵魂，具有普遍性。但这不是说，世界上所有展览会都要强调新，有些展览强调的是其反面——旧。所有的文物与考古发现展的展品，都是过去时代遗留下来的，都是旧的。但是它们经历了几百年、几千年甚至几万年的社会历史的变迁，显得异常奇特与珍贵。它们反映了古代的文明与进化，是人类认识历史的重要途径。文物，越旧越有价值，越值得展示。文物的旧，是相对于产生它的时代而言的，对从未亲睹其尊容的观众而言，它仍然有“新”的意蕴。

（3）艺术性强。这里不是指展览会建筑的艺术性，而是说展览会自身。为了突出展示产品的形象，展览会的主办者和参展者往往综合运用声、光、色、形以及文字、图像等艺术手段，将展馆、环境、展品布置得惟妙惟肖、美轮美奂。置身于展览馆内，仿佛置身于立体艺术、平面艺术和灯光艺术的海洋里，加之音乐助兴，令人心旷神怡，美不胜收。

（4）展览会与各类“节”的结合。过去，展览就是展览，往往是孤立的。现在则有将展览会与各类经贸、旅游、艺术节相结合的趋势。这一方面是展览会与“节”的内在联系使然，另一方面则反映了主办者对展览会的重视，希望更隆重、更有效地举行。它大大丰富了展览会的内容，提高了展览会的档次，增加了展览会的吸引力。

2. 展览会的类型

关于展览会的分类各有说法，国际博览会联盟把展览会分为三大类。

（1）综合性展览会：包括技术与消费品展览会、技术展览会、消费品展览会等；

（2）专业性展览会：包括农林、饮料食品、纺织服装、建筑装饰、家庭用品装饰、健

康环卫、交通运输、信息通信办公管理、运动娱乐消闲、工贸服务等十大领域的商品及设备等的展览；

（3）消费性展览会：包括艺术品及古董、地方综合展览会等。

在这三大类展览会里，并没有我们常见的投资洽谈类展览会（如订货会等）。投资洽谈类展览会是把商品展览与招商引资紧密结合起来，可以说是中国的一个创新。它是对展览会理念的突破或扩展，是对展览会实践的进一步丰富，也是中国对展览会的一个特殊贡献。

由于西方发达国家的投资渠道多样化，证券业相当发达，许多投资都可以借助于股市进行，所以在西方通行的分类里没有投资洽谈类展览会。而中国则不同，与发达国家的发展差距，使我国各地对资本的需求特别旺盛。各地招商引资活动此起彼伏。正是这一特殊的环境，催生了中国的投资洽谈类展览会。所以，我们在谈到展览会时，一般都会想到它。

订货会，顾名思义，是以交流沟通、形象展示为外在形式，以交易为主要目的的商务会议。通常，订货会的目的主要是为了拉订单。然而，随着厂家营销意识的加强，销售网络的建立以及互联网的发展，这种传统的以交易为目的的订货会之订货功能逐渐退化，并有日趋分解和消弭的趋势。一些厂家亮相订货会，只是以树立品牌形象、展示企业实力为主要任务。

市场经济的发展使得订货会不仅为生产商与营销商之间的订货提供了桥梁，也为商家和顾客等几方面提供了一个信息交换的平台。因此，订货会不应该仅仅满足于订货功能，而应该变为更广义的商务活动，包括商品买卖、商业信息交流、联谊以及研讨等环节。如今在订货会之前先行举办的越来越多的“会前会”（各个厂家独自或几家联合在指定地点以外的场地举办的订货会或联谊会）实际上就是一种商务活动，是对订货会功能不足的补充。

任务实施

磐基公司对于该违规员工的处理方法有失偏颇：

第一，尽管总经理江山在中层经理的碰头会上对该事故进行了通报，但是作为一种非正式会议，这种告知方式不足以引起中层经理的重视，更不要说一线的员工了；

第二，不处罚该员工，这样做无形中对其他的一线员工传递了这样的信号：违规不可怕，反正不处罚。长此以往，后果不堪设想。

实务思考

案例分析：会议类型与会议室风格

因会议室使用紧张，磐基公司市场部上午9点召开的部门会议被秘书王阳安排在了能容纳200人的公司报告厅，而与会的市场部人员不过区区三十余人。未等全体人员落座，市场部经理宋宸决定临时变更会议地点，率领一众员工去了办公楼后的草坪，三十几人席地而坐，侃侃而谈，此次会议竟然取得了意想不到的效果。

点评：

每一次流畅的会议，其会议类型与会议室风格的结合，必然是经过精挑细选。会场本身的设计理念与会议内容相符合的，能烘托整个与会过程的气氛。会议的主要风格又分剧院式、课桌式、中式宴会、鸡尾酒会式、U形台式、圆桌式等，适用于不同场合。

剧院式的会议场所比较少，只有具备强大实力的会展中心或酒店才会提供。在海南业内都知道，最大的会场是博鳌亚洲论坛主会议厅，面积为2592平方米，长宽高分别为54米、48米、11米，能容纳1300人的大型会议。这类会议场所最适合举办新闻发布会、科技研讨会等较为隆重的会议（如图1-1所示）。

图1-1 博鳌亚洲论坛主会议厅

课桌式的会议室所就普遍得多，只要是会议酒店都有，属于中型会议室。一般用于各个组织机构、业界团体会议室，要求大方得体，朴实但不普通，庄重，威严。如图1-2所示。

中式宴会型的会议室使用目的就比较明确得多，一般用于企业年会、员工奖励会议等，以凝聚、团结为主题，气氛也相对轻松、和睦。如图1-3所示。

图 1-2　课桌会议室

图 1-3　中式宴会厅

鸡尾酒会式会议室比较常用于商务会议，以正式、庄重为主，体现与会者的礼仪。其可作为企业联谊、商业洽谈、答谢顾客的极佳方式。如图 1-4 所示。

图 1-4 酒店外场式鸡尾酒会

U 形台式会议室的重点集中在主持人处，主要用于统计工作主持、学术报告等。如图 1-5 所示。

图 1-5 U 形台式会议室

圆桌式会议起源于英国古代亚瑟王时期，其作用是避免一种谈判的对峙形式，显示平等。商业合作或学术讨论以这种方式最为实用。如图 1－6 所示。

图 1－6　圆桌会议室

部门会议应选择在 U 形台式。三十几人的会议在偌大的报告厅召开固然不妥，但市场部经理宋宸的做法也不可盲目效仿。

任务三　商务会议的质量

知识目标

◆ 掌握衡量商务会议质量的标准。

◆ 掌握提高商务会议质量的主要措施。

能力目标

◆ 能够有针对性地消除降低会议质量的不利因素，保护和创造有利于提高会议质量的条件。

任务引入

最近市科协科技处的吴丹有件不小的烦心事：科协精心组织准备的学术会议经常受到相关企业的"冷落"。"企业为什么不参加会议呢?"有这样问题的不仅是吴丹，在山东烟台举办的中国科协第三届学术交流会上，不少来自大学、院所、学会的参会者都表示自己遇到过同样的问题。有时候作为一些会议的组织者，他们为难以邀请参会人而头疼；有时候作为普通学者，他们也为不愿参加一些没有意思的学术会议而烦恼。

任务分析

会议质量的衡量可以在会前、会中、会后分别进行。

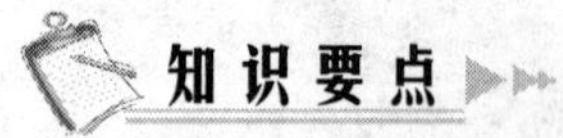

知识要点

一、衡量商务会议质量的标准

衡量商务会议质量的主要标准有：

1. 会前

(1) 会议是否确有召开的客观必要性；

(2) 会议目的和会议风气是否端正；

(3) 会议时机是否已经成熟；

(4) 会议的议题是否明确，会前的沟通是否到位；

(5) 各项准备工作是否已经准备充分，包括软件和硬件。

2. 会中

(1) 会议规模和规格是否适度，决不可小会大开或大会小开，随意升格或降格；

(2) 会议节奏是否紧凑，要尽可能化繁为简，决不短会长开；

(3) 会议是否守法守则，一切应有条不紊地进行；

(4) 主持人和与会者是否掌握了科学的方式方法。

3. 会后

会议是否有正面的实际效益，包括社会效益、经济效益和学术效益。

会议成本核算详见模块二中的任务二：会议经费预算。

二、提高商务会议质量的主要方法和措施

提高商务会议质量的有效方法就是要有针对性地消除那些降低会议质量的不利因素，保护和创造有利于提高质量的因素和条件。其中主要的措施包括：

(1) 严格执行会议审批制度，不合乎条件标准的会议一律不准开，不能开。能小开的决不大开，能短开的决不拖长，能低规格开的决不开成高规格的。

(2) 建立健全并严格实施包括会议规则在内的一整套会议制度，以这些严格的制度约束有关的会议，刹住不良会风。特别是对那些以开会的名义游山玩水、大吃大喝、挥霍国家资财的错误做法应明令禁止，对那些讲排场、搞形式主义、凑日程的会议也应有相应的制裁措施。

(3) 科学、有效、充分地做好会议准备工作。会议承办者应在硬件和软件两方面做好

相应准备，同时，与会者也应明确会议的目的、宗旨、议题，掌握有关文字材料并做好发言准备，不开无准备的会。

（4）严格控制会议人数，不允许无关人员与会。尽可能将人数控制在能有效交流信息、形成法定有效决议即可的最低限度内。

（5）保证会场秩序，禁止无关人员随意入场和与会人员中途退场。

（6）议题应集中，日程要紧凑，尽量缩短时间，保证与会者集中精力。有研究表明，会议连续进行的最佳时间是在 3 小时以内，超过这一限度，会议效果将呈下降趋势。

（7）充分运用现代化技术手段。电话、录音、录像、电脑等设备有助于提高信息传递的效率和质量，能节约时间，缩短会议时间，提高会议效率。

（8）提高会议主持人和与会者的开会水平。对会议主持人应严格要求，使其掌握控制会议进程的技巧和有效主持会议的规则；对与会者，应要求其积极主动地参与会议的各个环节，为会议献计献策，遵守会议规则，配合会议主持人完成会议过程。

（9）以切实可行的制度和措施监督会议决议的执行过程，避免只开会而不管效果的偏向，以保证会议的有效性。

任务实施

有学者认为，如今我国学术交流活动已经进入繁荣期。但现状却是会议的质量往往不尽如人意，其问题主要出现在以下几个方面：

第一，创意来源“简单化”，会议动力“功利化”

多数会议的创意没有经过科学的策划和较为广泛的意见征询，缺乏初步可行性的论证分析，会议召开的原始动力大多出于团体组织的职责要求。还有一些功利化取向严重，因为学术会议注册费的收取没有统一的标准，从不收费到几千元，变化幅度较大，部分会议收费较高，把学术会议办成了“富人俱乐部”，而真正以推动学术交流为目的，把促进科技发展作为原始动力的会议仅占一半左右。

第二，主题设定“空泛化”，议题设置“模糊化”

绝大多数会议都有明确的主题。但是，也有不少会议，为了吸引更多的参会人员，会议的主题模糊，覆盖面过于宽泛；不少会议，其主报告人选随意性较大，有的说来不来，不得不临时调整，使得报告主题不集中；有的主报告人偏离主题，想讲什么讲什么，使人摸不清会议主旨。目前，多数会议能根据主题设置若干议题，一般为 2～4 个，但是也有少数会议没有议题，或议题设置过多，甚至达十几个，使人无所适从。

第三，主要组织者“虚位化”，参会人员“随意化”

我国学术会议在组织委员会和程序委员会成员的遴选上多是考虑其声望，较少考虑他们能否做实质性工作，挂名者较多，未能有效发挥作用。一般说来，在国外召开的高级别国际学术会议，对参会人员学术水平要求较高，而国内召开的学术会议对参会人员的水平不强调，甚至没有要求。分组组长和主持人的选择是影响会议质量的重要因素。当前，分组组长的选择主要考虑的是被选择人的学术地位和行政职务，会议组织能力和主持能力常常被忽略。

第四，开幕嘉宾“领导化”，学术研讨“边缘化”

人们对开幕式嘉宾中的行政领导的出席和发言争议较大。大多数人认为，行政领导出席开幕式有必要，但是其发言时间太长，需要压缩。关于会议日程的时间分配，几乎所有的会议安排都主要由报到、开幕式及主旨演讲、专题演讲、讨论、考察旅游五部分组成。在时间分布上，报到时间、考察旅游时间较长，而讨论时间又太少。我国的学术会议的话语权常被少数人占有，绝大多数参会人员只扮演听众的角色。不少会议仅限于照本宣科（宣读已发给与会者的论文），对问题缺乏深入的讨论，各谈各的调，“交而无流，有会无议，有议无争”的现象比较普遍。

第五，会议监控“薄弱化”，会议总结“单一化”

绝大多数的会议都会整理会议记录，编写会议简报。但是大多数会议结束后都没有针对会议质量的调查和跟踪分析。大多数会议缺乏全面的会议总结，会议主办方往往只进行单一的财务清算，很少有人去总结办会的经验教训，并对会议组织过程中的人员予以奖罚。

根据以上分析可以看出，如何在会议中避免出现上述问题从而提高会议质量是解决问题的根源所在。

一、案例分析：也说会议病

第一，会议多。无论事情大小，一律开会解决；将上级召开的会议内容层层传达，照搬照套；有些会议相互扯皮，议而不决。

第二，会期长。会议日常安排得不紧凑，可谓马拉松式的开会。

第三，规模大。陪会的人多，助手带的多。

第四，规格高。明明是部门会议，却要以政府的名义开；科长参加就能解决的会议，非要拉着处长开。

第五，借着开会吃喝玩乐。不少会议地点选择在旅游胜地，把开会和旅游相结合，假公济私。

第六，准备不充分，会议质量不高。许多会议由于未在会前做充分调查，会议方案不符合实际，发言泛泛而抓不住要点，解决不了问题。

请逐一分析以上六种会议病的病因，并就如何治疗会议病提出解决方案。

二、工作实务

某服装集团为了开拓夏季服装市场，拟召开一个服装展示会，推出一批夏季新款时

装，秘书小李拟了一个实施方案。请根据该方案提供的信息，拟定一份旨在提高会议质量的措施要求。

1. 会议名称："2011××服装集团夏季时装秀"。

2. 参加会议人员：上级主管部门领导2人，行业协会代表3人，全国大中型商场总经理或业务经理以及其他客户约150人，主办方领导及工作人员20名。另请模特公司服装表演队的职业模特若干人。

3. 会议主持人：××集团公司负责销售工作的副总经理。

4. 会议时间：2011年5月18日上午9：30～11：00。

5. 会议程序：来宾签到，发调查表；展示会开幕，上级领导讲话；时装表演；展示活动闭幕，收调查表，发纪念品。

6. 会议文件：会议通知、邀请函、请柬、签到表、产品意见调查表、服装集团产品介绍资料、订货意向书、购销合同。

7. 会址：××服装集团小礼堂。

8. 会场布置：蓝色背景帷幕，中心挂服装品牌标识，上方挂展示会标题横幅。搭设T形服装表演台，安排来宾围绕就座。会场外悬挂大型彩色气球及广告条幅。

9. 会议用品：纸、笔等文具，饮料，照明灯、音响设备、背景音乐资料，足够的椅子，纪念品（每人发××服装集团生产的T恤衫1件）。

10. 会务工作：安排提前来的外地来宾在市中心花园大酒店报到、住宿。安排专车接送来宾。展示会后安排工作午餐。

课题二　会议要素

任务一　会议的管理要素

知识目标

◆ 了解商务会议的七大管理要素。

能力目标

◆ 能够掌握商务会议要素的规范化管理。

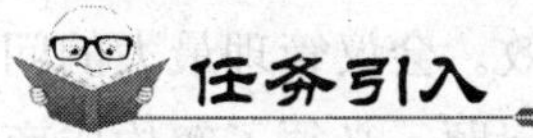

磐基公司收到了由西安世园会北京商务处发出的邀请函，请据此邀请函分析出会议的

管理要素。

2011西安世界园艺博览会邀请函

2011西安世界园艺博览会（简称世园会）由国家林业局、中国贸促会、中国花卉协会、陕西省人民政府主办，由西安市人民政府承办，将于2011年4月至10月在西安浐灞生态区举办。届时将有100个的国内外城市、机构应邀参展，预计参观人数将超过1200万人次，是一届高规格、高层次、具有一定影响力的世界园艺盛会。

世园会以“天人长安、创意自然”为主题，以探索人、城市、自然和谐共生的未来发展模式为理念，将集中展示各地珍稀、特色植物，极富地域特色的园林建筑、尖端先进的生态环保科技和风情民俗，推介园艺、文化旅游方面产品，本届世园会将是一届跨越经济、文化、科技等领域的多元化、综合性、世界级的博览盛会。

本届世园会园址位于西安市浐灞生态区广运潭上。园区总面积418公顷，其中水域面积188公顷；园内展园共有100个，其中园内展园33个，园际展园30个，专类园22个，企业园15个；会期183天，总投资约20亿元。

世园会蕴涵的无限商机，将为各参展方提供众多的宣传机会；为参展各方构筑一个共享资源、共谋发展的平台；将增进国际间经济、文化、旅游各方面的合作交流，搭建多边经贸平台。我们期待着您的支持并诚挚地邀请您参加，期盼着与您一起相聚古都西安，共享收获，共创明天。

2011西安世界园艺博览会北京商务处
联系人：徐婷
电话：010-84238374
传真：010-64270059
E-mail：zitingxu06@gmail. com

任务分析

商务会议由七大管理要素组成，分别是：主办者、承办者、与会者、会议议题、会议时间、会议地点及会议保障。

知识要点

从理论上讲，会议有着非常重要的意义，同时又发挥着诸多功能。但现实中能称得上是成功会议的例子却屈指可数，大多数的会议都不能达到预期的功效。会议管理最大的问题有哪些？我们应该如何杜绝高成本低效率的会议？要想解决这些问题，必须了解构成商务会议的基本要素以及商务会议的组织程序。

一、主办者

会议的主办者是出资举行会议的组织的通称，其任务主要是根据会议的目标和规则制订具体的会议方案并加以实施，为会议活动提供必要的场所、设施和服务，确保会议正常举行。为了保证整个会议的组织性和有序性，主办者是必不可少的。主办者的情况一般分为以下四种：

1. 领导机关主办

从管理的角度看，举行会议是领导机关工作的一种形式。领导机关往往通过会议的形式宣布决定、传达指示、通报情况、布置工作、听取意见等。这时，会议的主办者一般称为会议召集者，同与会者之间具有上下级关系或管理上的相对关系。比如：长城集团公司召开总公司 2005 年年会，长城集团公司下属的各分公司都应来参加年会，就属于这种情况。

2. 发起者主办

一些协作性、交流性的会议，主办者常常由会议活动的发起者担任。比如国际性的学术会议，就是由一个组织发起并主办或由几个组织联合发起并共同主办的。

发起者又叫召集人，会议的召集人和主持人也可以由同一个人担任。《中华人民共和国公司法》第四十八条规定："董事会会议由董事长召集和主持；董事长因特殊原因不能履行职务时，由董事长指定副董事长或者其他董事召集和主持。"

但是，我们并不能因此而得出结论说"会议的召集人完全等同于会议的主持人"。实际上两者的职能有着明显的区别。例如，会议的发起者主要是对会议的过程，尤其是对会议的顺利召开负责，而会议的主持人则必须对会议的全部内容，尤其是要对会议的结果承担责任。

3. 成员轮流主办

一些合作性的经济组织有召开经常性会议或例会（如年会）的制度，每一个成员单位都有主办会议的权利和义务，轮流主办会议可以使每一个成员单位的权利和义务达到平衡。如亚太经济合作组织每年召开的领导人非正式会议，就是由成员国轮流主办的。

4. 经申请主办

一些重大的商务会议，尤其是具有一定政治影响力和经济回报率的国际性会议，需要依据申办竞争程序来确定谁是主办者。比如 2014 年的世界园艺博览会，就是由各会员国提出主办会议的申请，经有关机构审查并通过表决来决定主办者的，最后的表决结果是中国赢得了这次世园会的主办权。

二、承办者

承办者是指具体落实会议组织任务的机构和个人。

一般而言，会议的主办者就是承办者，但有时也有区分。比如前面提到的 2014 年的世界园艺博览会的主办者是中国，但具体承办者则是中国的青岛。承办者要对主办者负责。有时主办者也会指定一个人或一个组织负责该会的组织工作。

1. 承办者的来源和类型

承办者既可以来自主办者内部也可以来自主办者外部。如果一位内部承办者受命承办会议，他可能在筹备和正式开会期间临时增加一个不同于原来本职的职务。外部承办者通常是会议或相关行业中的专业人士或组织。目前这种会议承办服务公司如雨后春笋般茁壮成长起来。

（1）私营承包商。私营承包商直接向客户提供策划服务，也被叫做独立会议策划人。他们离开原来所在的协会和公司，成立自己的办事处进行独立会议策划。由于这类人经验丰富，所以与其合作十分方便。

（2）协会管理公司。协会管理公司为那些没有聘任专职策划人的协会工作。多数情况下，这些公司的雇员经协会董事会同意，对会议进行管理并且策划会议及其他活动。这类公司经常为两个或者更多的协会提供管理服务。

（3）目的地管理公司。目的地管理公司主要在举办城市提供会议服务。这类公司的服务项目包括订房、预定餐厅、安排机场接送车辆、娱乐项目、技术服务（电视会议、视听演示等）以及会议代表及配偶的特别活动。有些目的地管理公司的活动属于"幕后操作"，因为他们熟悉举办所在地的城市状况，可以提供关于目的地的详细信息，既有供应商的信息，又有会议附加活动的信息（如特别观光旅游等）。

（4）旅行社。旅行社的业务扩展早已超出了人们的想象，现在你随意进入任何一个旅行社的网站，都能在其首页看到"会议组织与服务"专栏。旅行社从传统的销售包价旅游、交通以及客房服务延伸到向公司类客户提供会议策划与组织服务。这种转变是因为旅行社能够随时掌握航空公司价格结构的变化以及线路的变化，许多公司会议策划人现在开始转向旅行代理人，以便进行从交通、客房到会议室的各种安排工作。

2. 承办者的必备素质

会议的承办者要负责各种各样的工作，而且筹划一次会议往往需要较长时间，因而需要充沛的精力。同时，承办者还要有出色的书面和口头沟通能力，具备良好的人际关系，并且具有创造力，讲究秩序，从容不迫，有条不紊。美国会议专家安·J. 博姆（Ann J. Boehme）在《成功的会务组织》一书中描述了会议承办者应具备的最重要、最基本的技能：

（1）善于与人共事。

（2）善于注意细节。

（3）善于解决问题。

（4）善于与人协商。

（5）能够管理会议财务事宜。

（6）熟悉酒店运作。

（7）能够安排恰到好处的菜谱。

（8）能够熟练地与视听服务公司打交道。

（9）能够熟练操作电脑。

（10）熟悉国际旅行。

（11）能妥善招待贵宾和国外客人。

（12）可以带队出国并且熟知各种礼仪。

（13）行事果断，执著。

会议承办者的工作和具体任务包括：

（1）制订计划，确定必须要做的事项以满足会议的需要并达到会议确定的目标。

（2）制定会议议程（会议程序）。

（3）了解可供使用的场所和设施情况。

（4）选择或提议合适的场所。

（5）检查并比较各项设施。

（6）安排交通事宜。

（7）协调会务工作人员的活动。

（8）招收、培训会务人员和广告人员。

（9）制定可行预算或按既定预算安排有关工作。

（10）确定各项工作的时间安排。

（11）视察选定的场所和设施。

（12）安排旅行事项，就酒店合同进行协商。

（13）与各有关方面进行洽谈（运输公司、接站服务公司、导游、特殊服务公司、视听服务公司等）。

（14）确定印刷公司。

（15）确定邮局和速递公司。

（16）安排食品、饮料等有关事宜。

（17）讨价还价。

（18）同会议发言者和各位贵宾进行联系。

三、与会者

与会者即参加会议的对象，通常又称为会议成员。与会者是会议活动的主体，因而是会议活动成功与否的重要因素。与会者的数量是决定会议规模的主要因素，参加商务会议的人数越多，表明该会议的规模越大。会议成员一般可以分为四种资格，资格不同，其在会议中的权利和义务也不同。

1. 正式成员

正式成员是被正式邀请或者被正式要求参加会议并具有在相应的会议上发言、参加讨论、行使表决权的人员。法定性会议的正式成员参加会议的权利受法律法规和有关议事规则的保障，同时正式成员也必须履行相关的义务。

正式成员享有以下权利：

(1) 正式成员有发言、动议、提案权和参加讨论的权利。

(2) 正式成员有会议表决权。

(3) 正式成员有选举权。

正式成员应履行的义务是：

(1) 正式成员有按照会议通知的要求做好参加会议的各项准备工作的义务。

(2) 正式成员有遵守会议规则、服从会议决议的义务，应该出席而未出席者，其义务不应当减免。

(3) 正式成员有共同维护会场秩序的义务，在主席发言及议案付诸表决时，不应该离开会场。

2. 列席成员

列席成员即不具有正式资格，有一定的发言权但无表决权和选举权的会议成员。有些会议的议题涉及有关部门的管理权限和日常工作，为了及时、准确地了解情况，沟通信息，需要邀请其负责人列席有关会议。当然，是否需要列席成员参加会议、哪些对象应当作为列席成员、列席成员参加会议中的哪些活动，均应由会议的组织者根据会议内容的实际需要来确定。列席成员的人数一般不超过正式成员。

列席成员享有以下权利：

(1) 列席成员具有参加本单位有关问题的讨论、发言的权利。

(2) 列席成员具有会议临时赋予的其他权利。

列席成员应履行的义务：

(1) 列席成员有遵守会议规则的义务。

(2) 列席成员有礼貌发言及解答相关询问的义务。

(3) 列席成员有保守会议机密的义务。

3. 工作人员

工作人员包括承担会议议事、讨论发言记录的会议记录人，来自机构内部和专业会议机构的技术人员和经营管理人员以及来自会场和会议设施所在地的有关服务人员。他们分别承担着会议筹备工作、会议材料准备和记录工作以及会间事务性工作。

会议记录是一项专业技术工作，应该由训练有素的秘书人员担任，而不应该随便邀请一名与会人员临时兼任记录工作。

会议记录人的产生方式包括：

(1) 会议主席指定。

(2) 会议选举产生。

(3) 根据有关组织的章程规定，或者根据惯例指定由本机构的秘书人员担任。

会议记录人应尽的职责有：

(1) 会议记录人应该提前介入会议，了解会议的议题和出席会议的人员，为记录工作做好准备。

(2) 会议记录人必须如实记录会议内容，而不能根据自己的理解决定记录内容的取舍。

（3）会议记录人在会议结束时应主动向大会主席提交会议记录，供其审核。

4. 嘉宾

嘉宾即由会议的主办者根据会议的需要而专门邀请的成员，如上级机关的领导人、来宾、社会知名人士等。会议常常借助嘉宾的知名度来扩大影响，尤其是商务会议，所以，嘉宾应该受到特殊的对待。关于嘉宾，还有一些需要单独说明的问题：

（1）嘉宾的确定。那些在受众看来重要的人就是嘉宾，于是一些知名度极高的人自然将成为嘉宾。如果嘉宾人选难以确定，应由会议主办者和承办者共同商讨确定。

（2）专人负责联络嘉宾。尽管承办者很想和嘉宾亲密接触，但由于其事务繁杂，没有时间和嘉宾联络，通常指定一名可靠的会议工作人员专门负责招待嘉宾，这个人不一定从秘书处或策划委员会选择，但必须与承办者经常保持联系。事实证明，嘉宾也比较认可这种方式。

（3）保密措施。并不是所有的嘉宾都要求保密，但是我们在这里关注的是那些有此要求的嘉宾。

（4）严防引起骚乱或受到恐怖袭击。在受到邀请的时候，嘉宾可能不会引起骚乱或受到恐怖袭击，但是在会议举行的过程中，情况可能发生变化。会议承办者可能想邀请某个有争议的人物，即使他知道对方可能带来骚乱。对此，承办者应与主办者一同商议决定。

（5）启动安全程序。一些会议场所，如大型酒店等，已经具有为贵宾提供安全保护的经验。在这种情况下，最好的办法就是把保安工作交给会议场所，因为他们有这方面的经验和人手。当然，会议的承办者在任何时候都应该调查清楚会场的各种安全措施，并设置专人负责与当地和全国的警察系统保持联络。

（6）彻底搜寻相关的房间。对房间进行电子分析，以发现可能存在的炸弹和类似的毁灭性装置。在房间彻底搜寻之后和贵宾到来之前的一段时间内，不能让任何人进入该房间及搜寻过的空间。这就意味着该房间要闲置一到两天，耗费一定的成本。

（7）控制人员进入嘉宾房间。即使没有进行过彻底搜寻，控制相关房间及区域的人员进入也是必须的。与会者进入这些区域之前要出示名卡或其他身份识别标志，或经过金属探测器的检查。这些措施都需要一定时间的准备，因此应在会议策划中考虑到这一点。

四、会议议题

举行会议首先要明确为什么而“议”和“议”什么。为什么而“议”是明确目标，“议”什么是明确议题。

会议的议题是根据会议目标确定并付诸会议讨论或解决的具体问题，是会议活动的必备要素。

1. 会议议题的作用

（1）准确具体地体现会议目标，为会议目标服务。每一次商务会议都有具体的目标，盲目的会议会造成人力、物力和财力的浪费。会议的目标有主次轻重之分，会议的议题与会议目标的主次轻重是直接相关的。中心议题必须体现中心目标或主要目标，不能准确反映目标或者与目标无关的议题必须坚决舍弃。

（2）引导和制约会议的发言。议题作为会议交流的中心往往引导和制约着会议代表的报告和演讲。好的议题能够激发与会者的灵感，起到集思广益的作用；含糊不清的议题则会造成沟通困难，从而影响会议的质量。

2. 会议议题的审核

会议议题的审核一定要从严，一般而言，应遵循以下几条原则：

（1）"一支笔"原则。在一个单位，批准开会的权力只能交给一位主管领导人，或者将此权力集中在一位主要领导人的手中。其目的是用来防止出现多人、多头审批议题的现象发生。

（2）唯一性原则。唯一性原则规定了会议审核批准的思路，强调只有在有关的规章要求必须通过会议形式来解决问题的时候，以及在采用其他简便的方式和途径都难以奏效的情况下，为了达到解决问题的目的，才考虑选择开会。

（3）计划原则。除非是应对紧急情况，否则，一般会议都要提前申报计划。大型的、跨地区召开的会议要有年度计划；其他会议要按照规定提前若干时间制订计划，申请经费。

（4）可行原则。可行原则即会议要素清楚，预案基本可行，会议经费有所保证。否则，不应该批准开会。

3. 会议议题的传达

开会之前一定要将会议议题传达给与会人员。要想提高会议的效率，更好地实现会议的民主，就应使与会者提前了解会议的议题，这样可以做到：与会者有知情权，便于与会者做好相关准备，防止出现操纵会议的现象，有利于会议目标的实现，有利于推动会议的进程，提高会议的效率。

五、会议时间

会议时间指会议的起止时间和时间跨度。商务会议时间的确定与会议规模、会议的复杂程度以及议题的时效有关。确定会议时间要弄清下列术语：

1. 会期

会期的概念有两方面的含义：一是指会议从正式开始到结束的时间跨度。会期同会议的效率直接相关，效率越高，则会期越短。会期应在会议通知中注明。二是指周期性会议召开的固定时间。

现实中很多商务会议不能很好地控制会期，往往会造成会期拉长的现象。要想实现会期的控制，首先要找出会期拉长的原因，然后对症下药，找出症结，消除或减少这些因素。根据实践总结，导致会期拉长的因素主要有：

（1）会议准备不充分，乃至出现会议时段的空置和浪费。

（2）议程安排拖沓，没有严格计算和控制发言时间。

（3）不适当的会外活动。

(4) 意义不大的讨论。

(5) 会议地点选择不当，导致会期隐性拉长。

2. 会议周期

会议周期是指同一性质和同一系列的两次会议之间的时间跨度。比如，世界杯足球赛每四年举行一次，也就是说，举行世界杯足球赛的周期是四年。

六、会议地点

会议地点是指举行会议活动的场所。会议活动的群体性特征决定了会议信息传递的当面性和实时性，因此，传统的会议形式都是把与会者召集起来进行面对面的信息传递和沟通。随着科学技术的发展，现代会议的手段也日新月异，出现了许多新的形式，如电话会议、电视电话会议、视频会议等，会议地点的观念也随之发生了很大的变化。现代商务会议的地点可以分成若干个会场，会场也不一定要设在单位和宾馆里，凡是有电话机、电视机和计算机终端的地方，都可以成为分会场，这就使商务会议的举行更为灵活、方便和快捷，从而大大提高会议的效率。关于会议地点的选择与相关问题，在本书的第五章“会议管理工作”中有详细论述。这里简单介绍一下主会场和分会场的概念。

1. 主会场

主会场分为两种情况：一种是会议活动的主要场所，相对于其他会议场馆（如会议的新闻中心，秘书处所在地以及与会者和工作人员住宿的宾馆等）而言，会议的主要环节（如开幕式、闭幕式等）都安排在此；另一种情况是相对于分会场而言。过去，由于条件所限，有些大规模的商务会议无法在一个会场召开，只能分别设主会场和分会场。现代化的远程商务会议一般都需设主会场和分会场，当然，主会场作为中心会场，出席会议的主要领导、嘉宾、主持人都应在此。

2. 分会场

与设置主会场的情况相应，分会场的设置主要是为了解决主会场的容量不足问题以及现代远程会议的需要。分会场一般设在参加单位内，或者就近设立分会场，以方便与会者到会，节省时间和交通费用。分会场必须配备负责人。在主会场和分会场之间，应该用广播、电视、电话、电脑等通信设施相连接。

七、会议保障

要召开高效率的商务会议，必须有严格的会议规则和相应的会议经费作保障。

1. 会议规则

会议规则又称会议的组织规则，是会议组织活动的指导原则和行为规范。它规定了会议的召开、组成、议事程序等方面的准则。

具体而言，会议规则应当包括召开会议的条件、会期、会议的人员组成、有关机构、会议议程、讨论发言、表决、会议记录等。

制定并认真遵行会议规则有助于会议的合法、有效。有了会议规则，会议的组织就有了明确的指导思想和准则，可以有效规范与会各方的行为，维护各方面的合法权益，减少各类争执，避免议而不决、决而不行，为会议的质量和效率提供保障。

制定会议规则应当注意：

(1) 会议规则本身必须“合法”，从内容到形式都不能与法律法规以及其他效用等级高的制度规定相抵触。

(2) 应区分会议的性质，结合具体情况和实际需要决定具体内容。

(3) 使会议规则文字化、文件化、规范化。

(4) 要规定对特殊情况下暂时停止执行既定规则的必要条件的限制，同时要规定出新的暂时实行的规则的产生办法。

(5) 繁简要得当，规则要具体和具有可操作性。

2. 会议经费

提高会议质量、控制会议数量，关键是转变管理机制，管好会议经费，对会议进行成本核算和控制。

2011 西安世界园艺博览会的管理要素分别是：

主办者：国家林业局、中国贸促会、中国花卉协会、陕西省人民政府。

承办者：西安市人民政府。

与会者：各参展方。

会议议题：世园会以“天人长安、创意自然”为主题，以探索人、城市、自然和谐共生的未来发展模式为理念，将集中展示各地珍稀、特色植物，极富地域特色的园林建筑、尖端先进的生态环保科技和风情民俗，推介园艺、文化旅游方面产品。

会议时间：2011 年 4 月至 10 月。

会议地点：西安浐灞生态区。

会议保障：政府搭建平台，社会各方强强联手协作。

一、案例分析

案例一：欧洲议会的“会址战”

欧洲议会是欧洲共同体的监督和咨询机构，是第一个国际性议会。可是它的会址在哪儿呢？谁也难一语说清。因为欧共体在成立之初只作过临时规定：常设秘书处在卢森堡，议会的各个委员会和议会党团设在比利时的布鲁塞尔，而开全体会议则须到法国的斯特拉

斯堡市。所以多年来，议员先生们不得不在3个城市之间穿梭奔忙。每月举行会议时，议员们便从欧洲各个角落云集斯特拉斯堡。以卢森堡为基地的上千名翻译、秘书、技术人员及资料人员，则拖带着数以吨计的文件和办公用品，浩浩荡荡奔赴斯市，活像一场“大迁徙”。会议结束后，大家又各奔东西，按着逆方向回到自己的国家。

显然，长此下去是不行的。不少人强烈希望能有一个固定的会址。但选在何处，意见很难统一。有的说：“到布鲁塞尔去!”理由是布市与外界的交通方便，而且执委会和部长理事会以及各国常驻记者都在那儿；有的则认为斯特拉斯堡好，因为这里设施齐全，而且是法—西德和解的象征。

1988年年底，欧洲议会政治委员会通过一项提案，主张议会特别全会改到布鲁塞尔召开。这一下，法国慌了手脚，因为此案一旦通过，斯市在多年的“会址战”中将丧失优势。于是，在1989年1月大会就提案表决的前夕，法国欧洲事务部长克勒松女士和法国总理专门任命的“斯特拉斯堡先生”特来斯市游说，试图扭转局面。密特朗总统也披挂上阵，破例地在斯特拉斯堡发表了新年祝辞，辞中他还意味深长地将斯市称为“欧洲的首都”。

不过，议员们还是通过了上述提案。比利时人心急手快，赶紧把推土机开进了布鲁塞尔未来欧洲议员聚会的大厦工地。法国舆论哀叹“吃了败仗”。为了扭转劣势，法国正在采取积极措施，力争保住斯市的“欧洲首都”的地位。看来，“会址战”短期内还难见分晓。

思考与分析：欧洲议会的会址争执为何多年议而不决?

案例二：磐基公司准备在暑假召开一个各部门负责人的培训会议，经理让秘书王阳选择一个会议地点，王阳经过仔细考虑，预定了位于市郊风景区的一家酒店，价格相对便宜，而且风景宜人。经理及参加培训的人员都很满意。

点评：由于该会议的参加者都是本单位人员，可一起驱车前往，所以郊外是比较理想的选择，不但价位适中，而且位于风景区，可使与会者身心放松。

二、工作实务

磐基公司委托海天旅行社负责磐基全国客户联谊暨新产品发布会的相关的事宜，请依据下面给出的会议承办代理合同范本草拟一份与海天旅行社签订的合同。

会议承办代理合同（范文）

甲方：

乙方：

经友好协商，甲乙双方就乙方承办/代理甲方之__________会议事宜达成如下协议，双方共同遵守执行。

一、甲方主办的__________会议全部交由乙方承办。会议地点是__________。会议时间_____年_____月_____日至_____年_____月_____日。主会场是__________。

二、乙方提供如下会议服务：

1. 礼仪及接待

2. 会议交通
3. 会场布置
4. 会议餐饮安排
5. 会议秩序维持
6. 会议秘书服务
7. 会议代表住宿安排
8. 会务考察安排及夜间娱乐支持
9. 返程票务服务及站场接送
10. 财务协助

■ 各项服务分叙如下

1. 礼仪及接待

乙方提供______名礼仪小姐，汽车站、火车站、机场分别安排______名礼仪，设立标识（甲方提供企业或行业标识，乙方制作），引导甲方人员报道及安排商务车辆前往下榻酒店。在下榻酒店大堂设立专用接待台（乙方负责设立），乙方提供______名工作人员协助甲方会务组人员进行代表签到、房间安排、发放会议指南（甲乙双方共同拟定）、告知代表会议注意事项，编制会议名录。礼仪工作时间为______月______日______时至______月______日______时，下榻酒店接待人员工作时间为______月______日______时至______月______日______时，乙方提供一条接待热线电话，热线电话开通 □国内长途 □国际长途，费用按酒店商务电话收费，记入甲方会议支出，除非甲方工作人员许可，乙方人员不得使用热线电话。

2. 会议名录制作要求为

开本______，______色印刷，内文纸张为______纸，封面为______纸，制作______份，单价为______元，交货时间为______月______日前。会议名录资料要求在______月______日前以______格式上传给______网站。

3. 会议发言材料制作

开本______，______色印刷，内文纸张为______纸，封面为______纸，制作______份，单价为______元，交货时间为______月______日前。

■ 会议交通

1. 站场接送

根据实际需要，乙方必须于______月______日______时至______月______日______时安排______辆______座空调巴士，7 座面包车______辆，5 座轿车______辆至______机场（汽车站、火车站）。按照先到集合，统一运输的方式，安排与会代表前往下榻酒店。双方同意所有费用按运输趟次结算。如果由于甲方原因使得预订的车辆空驶，甲方按照大巴______元、面包车______元、轿车______元结算。所有交通工具的运行命令由甲方发出，并在行驶单上签字。

送站场费用同上述约定。双方应在______月______日前，确认需要送站场的名单。甲方应于本协议签署前告知乙方此部分费用的分摊方法（会务组支付或者个人支付），甲方确认：

下列人员由会务组承担送站场费用，除此之外，均由个人承担。

或者：甲方确认，所有与会人员的送站场费用由会务组承担；或者全部与会人员的送站场费用均由个人承担。

甲方确认：需要会议期间提前送离的人员有，具体时间是______月______日______时，乘用车标准为______座______车。

2. 会务交通

乙方必须于______月______日______时至______月______日______时安排______辆______座空调巴士，7座面包车______辆，5座轿车______辆至______酒店，用于接送会务人员至会场。甲方（或者乙方）负责通知并集合需要乘坐商务用车之人员。用车行程为（往返/单程，选择）。

于______月______日______时至______月______日______时安排______辆______座空调巴士，7座面包车______辆，5座轿车______辆至______酒店，用于接送会务人员至晚会/宴会现场（地点为：____________）。用车行程为（往返/单程，选择）。

乙方于______月______日______时至______月______日______时提供______吨货车______辆，负责运输会议材料，行程为______至______。包括装卸，费用合计为______元。

■ 会场布置

乙方应在______月______日前预订______会场，并于______月______日______点前按甲方要求完成布置：

1. 主席台。要求鲜花______盆，______色地毯，绒布主持台，主席台设______席位，背景为__________材料，投影帘要求（______×______），投影仪要求______流明，配备激光指示笔（或者伸缩式教鞭）、有线/无线麦克风______个。主席台配置茶水杯（或者瓶装矿泉水），一侧放置饮水机（配瓶装矿泉水时可不用饮水机），主席台配备电工一名，会务服务小姐一名。双方确认：投影仪为（甲方自带，乙方提供甲方租赁，第三方提供），当甲方自带时，乙方仅有义务提供技术支持，不负责保证仪器正常工作；双方确认，投影仪租赁价格为______元/天，茶水提供及服务人员支持包含在会场租赁成本中。

2. 会场布置。乙方必须于______月______日______点前完成会场布置——U形、课堂式、围桌形、剧院式等供选择，安排席位不少于______个，其中前排布置需要______，各排间距不得小于______厘米；在会场安排固定摄影点______个，需要提供饮水机______台，提供小型会晤室______个，会晤室摆设桌椅不得少于______套。会场悬挂横幅______条，内容为____________。会场内/外提供资料/样品展示台______个。双方确认：展示台为全新制作/租赁，规格

______×______×______，单价为______元/个。饮水机由乙方免费提供，饮用水由甲方提供（乙方可代办）。

3. 氛围支持。乙方应在______月______日______点前完成______个气球条幅悬挂，条幅内容为（______________）规格是______米×______米，拱形气模______个，规格是______×______，会场内/外摆放花篮______个。同时在______月______日______×______×报纸预订______×______×版面发布相关信息（内容甲方提供）。会场布置与氛围支持费用总计为：______元。

4. 同声翻译系统。乙方必须于______月______日______前调试好同声翻译系统，提供______声道翻译（语种为__________），______月______日______前甲方应将发言大致领域及特点告诉口译员，并告诉口译员发言者国别与大致语言习惯。乙方提供的口译人员必须在______月______日______前熟悉所需翻译的专业领域，作同声翻译时，错误率不得超过2%。甲方发言者语速不得超过______节字/分钟。同声翻译支持费用总计为：____________元。

■ 餐饮安排

双方确认，会议期间与会人员就餐地点为____________酒店____________餐厅及____________餐厅。其中中餐就餐人数不少于______人次，西餐就餐人数不少于______人次，穆斯林餐不少于______人次。早餐餐标为______元/人，正餐（中餐及晚餐）餐标为______元/人，宴会餐餐标为______元/人，早餐、正餐及宴会餐（包括西餐及穆斯林餐）食物见附件（菜谱）。会议提供的餐饮不含酒水（或者含酒水），时间是______月______日______餐至______月______日______餐止，其中______月______日______餐为宴会餐。会议人员凭____________证件（或者餐卡）就餐。早餐形式为自助餐（或者团餐），正餐为围桌式（或者自助餐）团餐，具体就餐时间由乙方制作水牌告知甲方与会人员。商务考察旅程用餐另计。

■ 宴会餐/商务酒会要求

时间：______月______日______时至______月______日______时

规模：

内容：

（1）自助餐/围桌宴会

（2）演讲系统

（3）娱乐节目

（4）服务/交通

餐饮费用总计为：______元。

■ 其他服务安排

■ 会议秩序维持

为便于保密及会议正常举行，双方确认______月______日至______月______日____________会议室设立______位工作人员，工作人员由甲方/乙方负责指定/委派，主要职责是核查进入会场人员身份。进入会场人员一律凭________证件进入。此项服务费用________元/免费。

■ 会议秘书服务

双方确认，会议期间乙方为甲方提供如下服务：

（1）速记员________名，工作时间为________。

（2）翻译员________名，工作时间为________。其中英文________名，日文________名，德文________名。

（3）会务勤杂人员________名，工作时间为________。

（4）保健医生________名，工作时间为________。

（5）摄影师________名，工作时间为________。录制媒介为________，规格为________，后期编辑由乙方/甲方完成。

（6）旅行顾问________名，工作时间为________。

（7）签约司仪（礼仪）________名，工作时间为________。

（8）其他——指示牌制作，________块，内容________，放置地点________。

以上会议秘书服务费用共计________元。

■ 会务考察安排及夜间娱乐安排

1. 会务考察双方确认，会议期间甲方与会人员进行商务考察，线路及行程如下：

线路 1

D1：

D2：

人数：________人

线路 2

D1：

D2：

人数：

总人数为：________人

车辆要求：

乙方提供旅行责任保险、专业导游、陪同

费用：

2. 夜间娱乐安排。

双方确认，如果会议期间甲方人员举办各类酒会或者联谊会，则乙方将负责代理安排。此部分费用由甲方统一支付或者由参加人员直接支付。

具体方案见附件。

■ 返程票务服务及站场接送

双方确认，甲方人员返程事宜由会务组织统一安排/与会人员自行支付。乙方提供返程票务代理服务（在签到会场酒店大堂提供咨询及预定处，时间为________月________日________时至________月________日时）：

1. 机票：明折明扣，不收取服务费，免费送票至下榻酒店；

2. 火车票：票面价格，每位收取40元服务费，免费送票至下榻酒店；

3. 高速巴士：票面价格，免服务费，免费送票至下榻酒店；

4. 船票：票面价格，免服务费，免费送票至下榻酒店。

乙方提供站场欢送服务（时间________月________日________时至________月________日________时）。

■ 住宿安排

双方确认，甲方预订客房数共计________间，其中________饭店________级标准间________间（________元/间），商务套间________间（________元/间），行政套间________间（________元/间）；________饭店________级标准间________间（________元/间），商务套间________间（________元/间），行政套间________间（________元/间）。

基于与会人数有一定的机动性，双方约定乙方预留________间客房至________月________日________时，其中标间________间，套房________间。截至________月________日________时甲方实际用房如果低于预订，则按预订客房数量结算，超过的按实际结算（在预订总量的10%范围内），乙方承诺超过部分按预订价格计算。________月________日________时以后按实际用房计算。

所有用房时间为________月________日至________月________日________时。超过________月________日________时，如果甲方人员需要继续使用客房，可提前通知乙方，乙方可以与酒店交涉，尽量（但不保证）按协议价格结算。

双方确认，乙方必须在________月________日________时前获得酒店预定房间钥匙牌，按甲方指定名录登记分派房间，同时完成入住登记。

■ 财务咨询

■ 财务协助（此条款为非一次性收取会务费用组织机构适用）

双方确认，甲方与会人员签到时，乙方提供________名财务人员协助甲方收取会务费用，提供验钞设备，并协助甲方人员统计核实相关应收费用。

■ 其他协助

乙方在自有网络上发布会议预告信息，制作回执表单，供甲方相关人员下载填制，同时指派固定人员统计回执信息，定期向甲方报告。此项服务免费提供。

三、双方确认，以上预定及服务属于不可撤销约定。自双方签字、盖章且甲方按本条款支付预订金之日起协议立即生效。甲方于协议生效后________个工作日内支付人民币________元作为预订金。

■ 变更及核算原则

1. 甲方确认，除非发生以下几种情况，否则甲方不存在撤销或变更本协议理由。如

果撤销或变更，乙方将有权要求甲方支付撤销或变更给乙方造成的预期损失：

◇ 战争或政治事件；

◇ 甲方进入破产程序；

◇ 甲方实体进入重组变更程序；

◇ 由于政策或法律变化导致会议不可能举行。

2. 甲方可以在预定的期间内变更会议时间，但变更通知必须于预定期限前______天抵达乙方，乙方接到甲方通知后应在______个工作日内以（□传真 □电邮 □公函）方式回执确认，甲方在接到乙方确认文件后即表示甲乙双方就会议时间的变更达成一致，双方间的协议除会议日期外，其余不作变更。

3. 乙方服务的变更。除非发生如下情形，否则乙方无权变更服务。

◇ 乙方签约的下游服务商出现法律规定的破产、停业或者其他人力不可抗拒的服务中止事件，同时乙方更换的下游服务商不能满足甲方要求；

◇ 会议地点出现重大自然灾害（包括急性传染病）；

◇ 会议地点出现重大政治事件（包括政府征用会议场所）。

如果不是由于上述原因，乙方要求变更服务，将赔偿甲方由于服务变更而导致的预期损失。出现本条款所列事项时，乙方应该在第一时间内以书面形式通报甲方，并在甲方收到通知后作出变更预案供甲方选择。乙方保证变更的服务应当不低于原来协议水准。

基于友好合作的精神，所有变更事宜双方同意协商解决。同时双方约定：

◇ 甲方变更或取消会议应当在协议生效后会议正式举办前____个工作日前通知乙方，除乙方已经支付的成本外（在甲方的预付款项中抵扣，不足部分乙方有权要求甲方补足，多余部分乙方同意返还甲方），乙方放弃预定收益的索赔；

◇ 甲方变更或取消会议的决定如果在会议前______日通知乙方，甲方应赔付乙方预期利益的______%，并不退回预付金；

◇ 甲方变更或取消会议的决定如果在会议前______日通知乙方，甲方应赔付乙方预期利益的100%，并不退回预付金；

◇ 乙方由于非本条款原因要求改变服务或者取消的，于会议举办前______日通知甲方的，必须全额退还甲方预付款；

◇ 乙方由于非本条款原因要求改变服务或者取消的，于会议举办前______日通知甲方的，除退还甲方预付款外，还必须赔付甲方本协议总金额的______%；如在______日前通知甲方，乙方必须全额赔付。

4. 双方约定，本协议规定的服务及费用核算原则如下：

◇ 住宿、餐饮及车辆按协议标准结算，基于可以理解的原因，允许实际费用总量下浮5%，即如果甲方需要的服务低于预定的95%，按95%结算；高于95%的，按实际服务费用结算。

◇ 除协议规定的服务总量以外，乙方同意按协议标准提供服务预留空间，但不超过总量的5%（指各单项服务）。甲方如果需要超过预定的服务，在5%范围内可享受协议标准，超过部分乙方尽量但不保证提供协议标准服务。

◇双方确认，所有服务费用在________月________日前由甲乙双方核算认可，甲方保证一次性将款项支付给乙方。如果超过约定期限，乙方有权要求甲方支付滞纳金，标准为总量的0.5%，按日计算。

5. 仲裁。双方约定，如果对本协议执行出现争议，将首先协商解决；如果协商不能解决，双方将申请仲裁解决，仲裁地点为________。

6. 生效。本协议自双方共同签章且甲方提供规定的预订金后生效。

任务二 会议的主持

知识目标

◆ 了解会议主持人的基本素养要求。

能力目标

◆ 能够掌握会议主持的基本技巧。

任务引入

磐基公司目前已与国内150多家厂商建立了直接的业务关系，以互惠互利为合作之本。为进一步加强工商合作，磐基公司决定召开商品供货商业务恳谈会，邀请年供货1000万元以上的30家企业老总莅临共谋发展，同时为磐基大厦商场开业剪彩。剪彩后，30家厂商的老总还将举行购物签名活动。

总经理江山将恳谈会及剪彩仪式的主持工作交给了助理刘元。

任务分析

成功的会议离不开成功的主持。主持会议的技能既源于主持人的领导能力和主持经验，也来自主持人的综合素养。会风、会议效率均与会议的主持密切相关。

知识要点

一、会议主持人的角色要求

1. 会议主持人的角色

有人说："会议的主持人有如乐队的指挥。"这句话只说对一半。会议的主持人固然有

如乐队的指挥那样具有举足轻重的作用，但是担当会议的主持人却比担当乐队的指挥更加困难，因为前者在主持会议过程中需要扮演多种角色，而后者在主持演奏过程中则始终扮演同一角色。现将主持人在各种会议中所扮演的角色阐释如下：

（1）提供信息。在这一类会议中，主持人所扮演的角色是信息的提供者。主持人不但要令与会者了解信息的内容，而且要避免使他们对信息产生误解或曲解。为了达到这个目的，主持人应尽量避免以单向说教的方式垄断整个会议，而最好是能留出一些时间（比方说10%的时间）解答与会者的疑问。在这种情况下，主持人又扮演了解说者的角色。

（2）培育训练。在这一类会议中，主持人所扮演的角色是传道、授业、解惑的教师。主持人的参与程度要视课程的性质以及与会者对课程的熟悉程度而定。例如课程本身颇为深奥，而且与会者对该课程相当陌生，则主持人的参与程度要高达会议总时间的75%～90%。但若课程本身很适合采取专案讨论或角色扮演等方式进行，那么即使与会者对该课程不甚了解，主持人的参与程度大概可以降低到会议总体时间的50%左右。再如与会者对课程相当熟悉，而且课程本身又适合广泛的讨论，则主持人的参与程度甚至可以减至会议总时间的20%。

（3）宣传政策。在这一类会议中，主持人为使与会者按受新政策，他首先必须扮演提供者的角色，将他所要宣传的政策作一番叙述。其次，他必须扮演媒介的角色，鼓励与会者对他所提供的政策发生兴趣。再次，他必须扮演解说者的角色，对与会者的任何疑问提供解答。最后，他必须扮演说服者的角色，设法使与会者心悦诚服地接受方针政策。在这一类会议中，主持人的参与程度大致以占会议总时间的50%～70%较为恰当。

（4）解决问题。在这一类会议中，主持人最重要的任务在于领导与会者探索问题最佳解决途径。他通常需要做到下列五件事：阐释问题的内涵、问题发生的背景以及解决问题的重要性。以解说者角色，鼓励所有与会者参与问题解决；以控制者角色，将会议导入实现目标途径，以避免时间浪费以及无谓的意见冲突；以与会者角色（即脱离主持人身份而成为与会者之一），提出自己的见解；回复主持人身份，归结会议的成果及指明未来方向。在这一类会议中，主持人的参与程度大概介于会议总时间的40%～60%较为理想。

（5）收集信息。在这一类会议中，主持人除了扮演陈述者与媒介两种角色，以阐明会议目标及鼓励与会者提供信息外，最重要的便是扮演聆听者角色，以便收集与会者所提供的信息。因此，主持人的参与程度应以不超过会议总时间的20%较为理想。

由以上阐释可知，主持人在不同的会议中需要扮演不同的角色，甚至在同一个会议中，也要扮演多种不同的角色。

因此，除非主持人能够恰如其分地扮演各种角色以及适当地从事角色转换，否则他将难以实现会议目标。任何一种会议极少为单一目标而召开，它通常是为实现多种目标而召开的。在这种情况下，主持人所需扮演的角色将要更多，角色转换自然更加频繁。

2. 会议主持人素质

在任何一场会议中，主持人均要扮演多种角色以及从事多次的角色转换。由此可知，要成为优秀的会议主持人并不是一件容易的事。现在，看看一位卓越的主持人所应具备的素质：

(1) 思考清晰敏锐。尽管主持人没有必要成为参加会议的人群中思考最清晰敏锐的人，但若想获得与会者的尊敬，他的思考至少应比大多数的与会者更加清晰敏锐。只要主持人能在会议之前多做准备，则他的思考能力一定可以大大提高。

(2) 善于言辞表达。主持人对语言应具有高度的掌握能力，以便将自己的思想观念准确、无误地表达出来。他必须能够以语言推动讨论、疏导与会者的思维方向以及在会议的各个阶段总结所取得的成果。

(3) 良好的分析能力。主持人必须懂得如何澄清问题，透视问题的每一个层面，指出每一种见解的利弊得失以及分辨事情的轻重缓急。

(4) 抱着对事不对人的态度。主持人必须使每一位与会者的意见都能得到其他与会者的关注。即使主持人本人对某些与会者的某些观点有所偏爱或厌恶，他都不应以自己的个人好恶影响他对事情的判断。当他想提出个人观点时，他必须告诉与会者他是站在个人立场发言，而并非以主持人的身份说话。

(5) 公正。主持人在会议中绝对不应有袒护的行为，因为他的这种行为不但阻碍进一步的讨论，而且将使与会者（甚至包括被袒护者在内）对他失去信心。

(6) 耐性。有些与会者在发表意见时往往词不达意，另一些与会者则可能在群众面前因感到胆怯而回避发言。面对这一类的与会者，主持人应主动提供协助与鼓励，要做到这一点，主持人需要具有高度的耐性。

(7) 能灵活地应付“挑刺”人物。与会者之中，难免会有少数“挑刺”人物，诸如有高度偏见者、喜爱垄断发言者、火气特别大者等。主持人必须能够在不冒犯他们的前提下，有效地应付他们。

(8) 沉着并自我约束。为了激励与会者信心，主持人除了应表现热诚与果敢的态度之外，还必须保持沉着坚定并自我约束。他应避免在幕前过度地暴露自己。比如不应放荡不羁地发表自己的意见、垄断发言或理论说教等。

(9) 具有幽默感。幽默感对消除紧张气氛以及令会议顺利进行具有很大的作用。主持人在运用时应特别注意避免轻浮或浅薄的话语。

二、主持人如何打破会场的僵局

如果说成功的会议有什么秘诀的话，那就是自由而公开的讨论。训斥或指令对现代的员工都是没用的。几乎每个下属人员都希望有机会自由提问和讨论组织内部的重大事件的决策内容，相互交流切磋彼此的思想。

有成效的小组讨论和“漫谈”的区别，可以归结为会议主持人的统驭能力的大小。圆桌会议的成功或失败完全取决于会议主持人本身。

1. 提问有利于打破会议僵局

在会议中，发问的最主要目的是在于启开话匣，以利沟通进行。一旦沟通网络被开启，主持人便可借发问来实现下列八种目的：

（1）收集资料。“你可否概要地谈一谈此次你在东南亚考察市场的所见所闻?”

（2）透视对话者动机意向。“哪些因素促使你决定放弃此次的晋升机会?”

（3）提供资料。“你晓不晓得公司对所有编制内的员工均提供子女教育津贴?”

（4）鼓励意见参与。“你对构想中的作息时间变动持什么样的看法?”

（5）确定自己对对话者的话语及感受的理解程度。“让我总结一下你对这个问题的看法……我这个总结是否与你的看法一致?”

（6）鼓动对话者对某一问题进行思考。“你认为扩大行销网在当前是不是一种明智的举措?”

（7）测定意见是否趋于一致。“这次加工资的幅度与你期待中的幅度有无差距?”

（8）言归正传。“由于加班费的调整带出了许多有关问题的讨论，不知各位对我先前所提及的加班费调整幅度还有什么意见?”

2. 对领导人的提示

一般都认为：领导人的工作就是在会议中组织、激发和引导会议的思考和进程。在某些方面，非正式的圆桌讨论把最大的责任放在了会议主持人肩上。由于讨论的质量取决于与会者态度的相互影响，所以会议领导人必须既敏感又灵活。他必须能适应讨论问题多变的要求以及每个人的性格。虽然没有可以作为模式的实际做法，但领导讨论的能力一般可以应用以下原则和技巧得到改进：

（1）做好准备，会议主持人应对讨论主题的背景有充分的了解。

（2）事先思考，以便发现常见的可能出现的问题和反对者可能采取的论点。

（3）通过事先计划来防止干扰。假如打到办公室的电话必须接，就要考虑在另外的地方开会；要检查材料和视听设备，以保证一切顺利。

（4）评估你的听众，不可低估他们的才智，也不可高估他们知识的丰富程度。

（5）了解与会者中的每一个人，充分考虑与每个具有特殊个性的与会者的交流方式。

（6）为了让与会者感觉轻松，你应表现为小组的一员，而不是做有威胁性的局外人。幽默和插话能起作用，但当这种情况达到一定程度时，会议领导人应向小组及时提醒会议的目的。

（7）和听众一起平等合作，避免操纵人们。

（8）用通俗的语言讲话，不要总想表现得高人一等。

（9）明确会议的目的。假如会议的宗旨是解决问题，则应用简洁而精确的话陈述问题，以使与会者确切了解会议内容。要正视和处理争论的焦点，避免争论白热化，个个面红耳赤。

（10）引导会议按规定的议程进行，始终要围绕中心议题展开。

（11）要遏制操纵会议的任何倾向。实际经验表明，任何人谈话超过时间的20%，就意味着失效。

（12）避免材料不足，如果缺少的资料对讨论本身确实是必不可少的，在紧急情况下，可以考虑暂时休会。

（13）不断核对回馈的信息，要问一下："这些有道理吗?"要确知与会者正以和你相同的目的行动。

（14）既讲述又表演，选用直观器材。用黑板记录小组成员的论点。这样可以避免离题，也可以帮助你归纳和做出结论。

（15）鼓励小组的全体成员参加讨论。

（16）鼓励在友好协作的基础上进行生机勃勃的讨论。

（17）扮演公平的调解人来缓和激烈的争论，或引导其他与会者加入讨论，以使争论主角冷静下来，或者宣布一段极短暂的休息，要创造性地利用不同意见。

（18）在还有其他观点需要聆听时，要限制某一个观点的发表时间。

（19）随时提防注意力的分散，保持会议活跃。假如与会者开始烦躁不安，要设法让他们参加行动。

（20）要有节制地使用直接问句，这种问句会产生一种学校教室的气氛，而阻碍自由表达的气氛。直接问句可以介绍一个特殊观点，中止离开正题的讨论，使漫不经心或腼腆的人介入讨论，缩短冗长独白。领导人意识到有某些意见与已经发表的观点相反的时候，应设法激发辩论。

（21）要有耐心，要记住交流意见是需要时间的，当想法新奇或是有许多言外之意有待探索时，尤为如此。

（22）要预先考虑到对与会者可能提出的意见的抵制。

（23）在任何会议闭幕以前，要做出总结，归纳会议成果或着手行动。

3. 应该避免的一些问题

当会议不能实现与会者的期望时，指责通常会指向会议的领导。常见的情况是领导方式有毛病即领导人垄断会议或其他原因。领导人如果能学会如下的避免事项，则可以更有效地领导：

（1）避免使与会者为难。你也许想责备某一个人，但是这种行动会使得所有的与会者产生自卫态度。

（2）避免代替小组思考。有些领导人往往想走在小组的前头，做总结或回答问题，而不是鼓励讨论。

（3）避免以错误的方式叙述事情。领导人粗心大意或添加色彩的陈述容易造成小组的对立。平淡地陈述意见容易抑制讨论。

（4）避免透露领导人认为能接受的答案或解决办法。

（5）避免把讨论从中心目的引发离题议论。要委婉地要求小组成员井井有条地走向会议的目的。当人们从事于细节性讨论时，最好用提问把他们引回到正题。

（6）避免傲慢地对待关键问题或与会者。不同的人以不同的形式吸收信息，要核查回馈的信息，以确定会议的成效。

（7）避免尚未得出结论或者尚未开始积极行动就休会。要使结论为大家共同理解并且即将付诸于行动。

三、会场控制

最好的控制便是避免丧失控制。主持人控制会议的最佳举措，便是预防各种问题的发生。一旦无法避免问题的发生，则主持人应讲求正确的对付办法。

1. 与会者发难

（1）原因。

对会议目标或讨论主题不清楚。

过度关心某些问题或基于某些迫切的需要而在无意中离题。

（2）预防。

澄清会议的目标与讨论的主题。

（3）补救。

主持人应具高度的敏感性以分辨离题的发言。

主持人以未能澄清会议目标或讨论主题而当众致歉。举例来说，主持人应宣称："你的发言有点偏离主题，那一定是因为我没有将会议目标或讨论主题诉说清楚。容许我再把会议目标及目前的讨论主题复诵一次……"

主持人可以技巧地问发言离题者，他的发言究竟与讨论主题或会议目标有何关系。运用这种技巧的时候，主持人在态度、措辞、语气及面部表情上，均应刻意避免令离题的与会者感到主持人是在讽刺他或挖苦他。主持人可以技巧地将离题者的言述挡在一边。譬如主持人可这么说："刚刚你提到的这个问题显然非常重要，但是它跟我们的会议目标及讨论主题似乎并没有太大关系。假如你不介意，我希望将它留待会后再详谈。"

2. 与会者分心

（1）原因。

对会议目标及讨论主题不清楚。

感到沉闷无聊。

会议中所涉及的某些问题或意见触发他们交谈。

外界环境干扰。

对会议内容缺乏兴趣。

（2）预防。

澄清会议的目标与讨论的主题。

令与会者感到会议有益及有趣。

慎选会议时间及地点。

（3）补救。

尽管主持人能够确定与会者的交谈与讨论中的主题毫无关系，但主持人都应先假定他们的交谈与讨论中的主题有关，然后问交谈者愿不愿意说出他们的看法，以便令其他与会者也能分享他们的看法。

作短暂的停顿，甚或稍作休息。

如多数的与会者都分心，则暂停会议，等造成分心的原因消失了再续会。

如少数的与会者分心，则主持人可不予理会，亦可就本身的发言作短暂的停顿。

3. 与会者争议

（1）原因。

对会议目标或讨论主题不清楚。

对会议过程中的某些问题具有不同的看法或感受。

凭借会议互相发泄相互间的不满，甚至借会议相互挑衅。

（2）预防。

澄清会议的目标与讨论的主题，以避免离题的争论。

事先强调这样的观念："真正重要的是：什么是对的，而非谁是对的。"这个观念有助于避免题内的争论。

（3）补救。

倘若争论是离题的，则立刻制止，并复述会议的目标与讨论的主题。

倘若争论是题内的，则：①先强调"什么是对的"远比"谁是对的"更加重要，然后将注意力集中在论点本身，不再理会人物本身。②征求沉默的与会者的意见。③主持人显示自己的个人观点或个人立场。

4. 与会者拒绝参与

（1）原因。

怯场。

感到气氛不对。

不喜欢主持人对待某些与会者的态度——如令某些与会者感到难堪。

会议不具实效。

（2）预防。

创造和谐的气氛。

切莫令参与意见的人感到难堪。

令会议具实效。

（3）补救。

倘若与会者因感到沉闷而拒绝参与，则主持人应鼓动其兴趣。

倘若与会者因怯场而拒绝参与，则主持人应设法排除该种心理障碍。

倘若与会者人数众多，则采取分组讨论方式进行。主持人可将与会者分成若干组，每组以不超过六人为原则。每组选定一位组长主持议案的讨论，每组另选定一位成员负责讨论结果的记录工作。分组讨论结束之后，由各组指派一位成员，代表该组向全体与会者报告讨论成果。按此种方式进行，与会者拒绝参与讨论的现象将一扫而空。因为：

①分组讨论时人数较少，与会者怯场的程度可大幅降低。

②各组要轮流向全体报告讨论成果，这含有竞争的成分在内。因此在荣誉感的鼓动下，各组成员将会比较认真地进行议案的讨论。

③代表各组发言的人的心理负担可以大大减轻，因为他所发表的意见无论是好还是坏，是成熟还是不成熟，都不是他本人的意见，而是整组人的意见。

5. 与会者情绪变化

(1) 原因。

会议逾时。

与会者有其他事要办。

会议不具实效。

(2) 预防。

设定会议的结束时间，并准时结束。

如会议可能无法按预定时间结束，则事先言明。

选择符合与会者希望的会议时间。

让会议具有实效。

(3) 补救。

稳定与会者的情绪。

四、会议主持的几点技巧

商务会议主持人在会议上开始讲话时是否受到与会者欢迎，第一步将取决于与会者对主持人的初步印象。这个印象取决于很多因素，如：会议主持人是否做好充分准备，眼睛是否闪亮而活泼，声音是否悦耳动听，脸部表情是否生动，对周围的反应是否机智灵活，是否能用简明扼要的语言陈述自己的观点。下列秘诀有助于主持人建立一个受人欢迎的形象：

1. 商务会议主持人要果断而自信

在会议开始前，会议主持人可以先用几秒钟的时间面带微笑地审视一下会场的与会者，表情友好真诚，这样做可以起到两个作用：第一是当主持人望着与会者时，台下的无数双眼睛也会同时聚集到主持人身上，他们也都在观察着要演讲的主持人。在即将开始演讲的一刹那，与会者将会对主持人的精神、热情、知识、学识、声音、目光接触以及身体语言等各方面做出评价，最后形成对主持人的初步印象。第二是可以给自己留一点空间。在扫视会场时，可以让自己在瞬间中调节情绪，更好地发挥自己的主持才能。

2. 准时宣布会议开始

会议是否准时开始是与会者最为关注的问题，很多主持人不能准时开会，令与会者不满。有的主持人认为推迟会议，责任不在自己，他们的理由是："责任不在我，因为还有人没准备好，要等他们。"这种自我开脱并不是理由。要真的面临这种情况时，比如，临时出现了某人的演讲稿需要改或是演讲的人迟到了等问题时，主持人可以向与会者微笑数秒钟，表示自己和他们一样，也在期待着早点把信息传递给他们。如果能由主持人来指出演说后会有答疑时间，可以利用开会前的这段时间声明，请与会者在那时提问。

3. 开场出奇制胜

会议气氛是否轻松愉快决定于支持人的开场白。在会议开始的时候，主持人为了同与

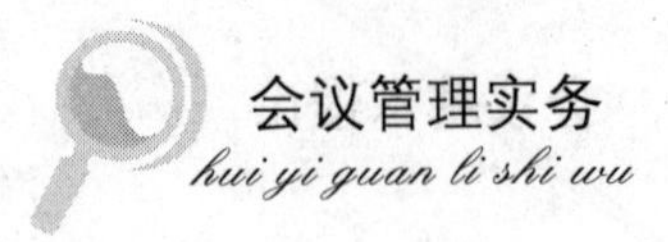

会者拉近距离，可以先介绍一下自己的情况，也可以让与会者互相介绍，以便于他们能互相认识。有时，为了缓和会议的严肃气氛，让与会者轻松一下，最好能有个简洁、贴切而幽默的开场白。

（1）如果当前的会议与以前的会议内容有关，主持人可以简要地概述一下上次会议的结论。但是别忘记这次会议的重点，不要让自己的谈话离题万里。

（2）要明确地说明这次会议所要讨论的主题或要解决的问题。

（3）在指出此次会议的目的时，应该声明已安排了紧凑的会议事项。

4. 集中精力解决问题和提出行动计划

当主持人告诉与会者应该采取什么措施时，应使用合理的方法，启发他们思考解决的办法以及应采取的行动。也可以在提出问题的解决办法后向与会者做出解释，向他们提供一些解决问题所必需的信息。

5. 注意自己的语速

语速影响表达效果。主持人在主持会议时，要不时地变换说话的速度，保持适度的停顿。因为一个人无论准备多么充分，都会有想不起自己所要强调的重点，或者一时想不起所要说的问题的时候。这种情况下，主持人就可以停顿片刻，整理思绪，认真回忆。主持人不要忘记让自己的讲话充满乐观情绪，并且详细地阐述自己的观点或计划。

6. 让与会者具有参与意识

主持人为了使自己的主持更成功，不妨让与会者多说自己的观点，增强他们的参与意识。一次成功的主持意味着让与会者也能参与到所讨论的问题中来。主持人要明白，与听众沟通得越少，自己得到的支持也就越少，对与会者的了解就越少，取得的成功也就越小。

任务实施

刘元分别从以下几个方面对主持工作进行了准备：

（1）恳谈会的目的是为了联谊各界客商，氛围轻松，而剪彩仪式则正式隆重，二者有一定的差异，刘元分别准备了两套服装——恳谈会着职业休闲装，剪彩仪式着职业正装。

（2）提前串词彩排，引导会议的进程。

（3）充分考虑到会议中可能出现的情况，以备应对方案。

一、案例分析：一次失败的会议主持

今天（2011.2.13）公司补开去年的年终总结大会，这是我们公司第一次在宾馆里召开年终会议。会议的主持人是我，这是我们公司成立以来的第一次比较隆重的正式会议，而我也是第一次做这种正式会议的主持人。

平时觉得自己蛮能扯的，所以我也就没有特意为这个会议的主持工作做相应的准备，我只是觉得尽量按照以前别人怎么主持会议的路数去做就是了。致开幕词的时候居然有点紧张，说话没有了往日瞎扯时的那种顺畅。原本计划 10 分钟的开幕词我只说了 3 分钟就草草收场了。

我原本觉得主持人的工作其实就是把每个人的发言有机地连贯起来，起一个承上启下的作用就行了，所以我在每一个人发言前会讲一点东西来引出他们的讲话，有时也对前面发言的人所说的内容做了一个总结。没想到我后来越来越能说，而我们有几个同事却是不善于言辞的（如我们华北区域和上海区域的总经理以及维保部的经理），三言两语就结束了他们的演说。这就导致了好几次我这个主持人说话的时间甚至超过了他们的讲话时间。后来我估计了一下，我今天的发言时间加起来可能超过 40 分钟，而连老板今天发表演说的时间估计也不过 40 分钟。可是当时我没意识到这个问题，甚至于我还觉得自己表现不错。但是会议结束后，老板对我说，其实我说的很多话应该以我自己本来的身份而不是主持人的身份来说。一句话惊醒梦中人，今天我其实把会议主持人的角色演砸了，我把整个会议变成了我的一场脱口秀，而其他原本应该是主角的同人们却成为了我这场秀中的配角。失败！

好在我这个人从来不怕失败，我觉得只要吸取失败的教训并加以改正就好了。如果我日后的主持不会再像今天这么霸道，那么今天的失败就有意义了。

以上内容是一位员工在主持会议之后写的一篇日记，你从中得到什么启示？

二、工作实务

在总经理助理刘元的精心准备下，上午的业务恳谈会议在友好、热情的气氛中开始。由于大家相互间都很熟悉，又有一段时间没有见面，因此会议开始很长一段时间大家都在相互问好，谈论对近期国家大事的看法。期间还有很多传接电话。作为会议主持人刘元，很想控制会议的进程，但她不知道怎样说。

事后，江山批评了刘元，认为本次会议没有达到预期的效果。

实务要求：

1. 模拟演示正确处理会间找公司老总和会议代表的来电。

2. 针对会议出现以下情况，模拟演示协助会议召集人控制会议进程。

（1）与会者偏离议程；

（2）会议决定片面；

（3）与会者沉默，没有气氛；

（4）会议决定与现行政策或规定相抵触。

模块二 传统会议的组织与管理

课题一 会前服务工作

任务一 会议筹备方案

知识目标

◆ 了解会议筹备方案的内容。

◆ 熟悉会议筹备各环节的注意事项。

能力目标

◆ 能够制作会议筹备方案。

任务引入

磐基公司决定于2010年年底召开年度全国销售商表彰大会，以表彰先进、规划2011年工作。参加表彰大会的有公司邀请的省市的有关领导、公司董事会成员、全国各分公司的领导、全国销售代理商代表以及公司著名的高层管理人员和科技人员等。会议由秘书王阳协助总经理组织筹划。总经理让王阳写出会议具体的议程安排。

任务分析

会议议程应根据到会主要领导的情况，确定会议主持人；根据会议的主题，确定会议发言人；围绕会议主题，确定讨论题目和方式；根据会议目的，安排主要领导做会议总结。

知识要点

一、会议通知

会议通知的内容包括名称、时间、地点、与会人员、议题及要求等。会议通知的种类

有书信式和柬帖式。会议通知的发送形式有正式通知和非正式通知。会议通知的方式有书面、口头、电话、邮件。

二、会议通知的制作

例 1：

×××同志：

兹定于 11 月 26 日（星期五）下午 2：30，在集团公司二楼会议室召开部门经理会议，讨论明年公司发展计划，请按时出席。

总经理办公室

2010 年 11 月 19 日

例 2：大中型会议的正式通知（信函型）

×××同志：

兹定于 2010 年 11 月 15 日至 19 日在湖北武汉江汉大学召开全国高等院校秘书学教学经验交流会暨中国高等院校秘书学教学研究会第一次年会，请届时参加。

注意事项如下：

(1) 报到时间：2010 年 11 月 14 日。

研究会会长、副会长、秘书长、副秘书长于 11 月 13 日提前来汉，商讨会议有关事项。

(2) 11 月 14 日大会筹备处在武昌火车站、汉口火车站、长航 17 码头设有接待站；如乘坐飞机来汉者，请乘坐机场交通车至中国民航汉口售票处，此处同时设有接待站。提前或逾期来汉者，请乘坐××路公共汽车至终点站×××。

(3) 各校自编教材可提供样本五册以上，大会准备进行教材陈列、交流活动。

教学研究会秘书处

2010 年 10 月 10 日

例 3：大中型会议通知（公告型）

关于举办“并购重组国际高峰论坛”的通知

经国务院批准，国务院国有资产监督管理委员会（以下简称国资委）与联合国发展组织（UNIDO，以下简称联合国工发组织）将于 2008 年 11 月 19 至 20 日在京共同举办“并购重组国际高峰论坛”。

本次论坛以“并购重组——融合全球经济的桥梁”为主题，以高水准专业知识、高层次参会代表、高质量会议成果为组织原则，紧扣世界中国并购重组领域的重大问题，为中外双方就并购重组的战略、趋势、方法、途径、立法、监管、制度改革等问题提供广泛交流的平台。

论坛将由国资委主任李荣融和联合国工发组织总干事卡洛斯·马加里尼奥斯担任主席，并邀请部分近年来在并购重组领域较活跃的国内外知名公司和中介机构的董事长或总裁、联合国工发组织等国际组织的高级官员、我国政府部门和有关机构的高层人士、并购重组领域的专家学者等约500名代表参会。届时拟邀请国务院领导同志出席论坛的有关活动。

现就有关事项通知如下：

一、日程安排

11月19日上午：举行开幕式和主论坛（人民大会堂剧场）

11月19日下午：同时举行三个分论坛（人民大会堂广西厅、吉林厅、海南厅）

11月19日晚：欢迎晚宴（钓鱼台国宾馆）

11月20日上午：同时举行三个分论坛（人民大会堂广西厅、吉林厅、海南厅）

11月20日下午：举行电视论坛（中央电视台演播厅）

二、报名办法

报名办法一：将填妥的参会登记表（见附件）于11月10日前传真至国资委外事局。

联系人：辜嫦、王德智

电话：010－6319 3533、010－6319 2304

传真：010－6319 3625

报名办法二：登陆论坛网站 www.masummit.org，在网上在线填写参会登记表。

三、费用

每位参会代表需交纳会议注册费4100元人民币（含会议资料，两次人民大会堂午餐、一次钓鱼台国宾馆晚宴）。

国资委办公厅

二〇〇八年十一月四日

三、会议组织流程（如图2－1所示）

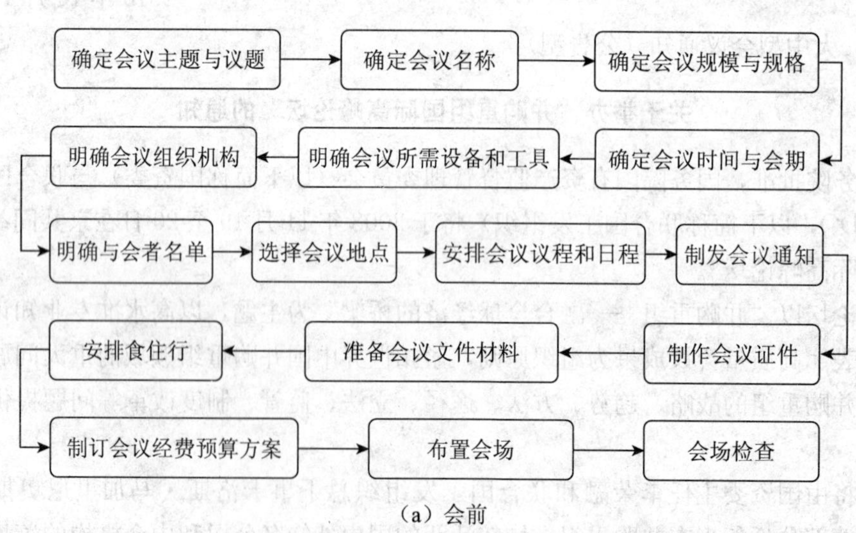

（a）会前

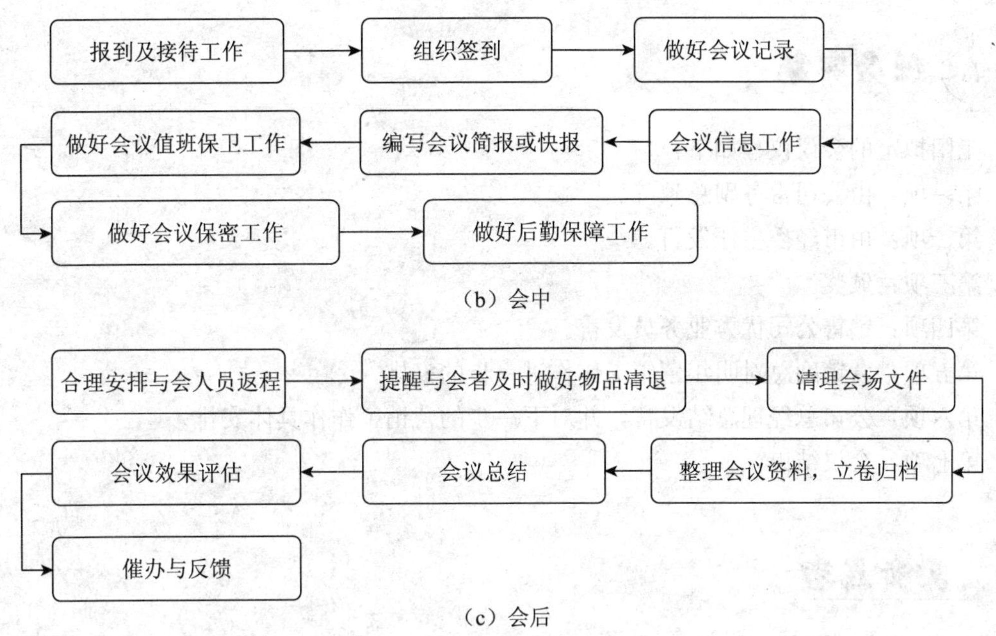

（b）会中

（c）会后

图 2－1　会议组织流程

四、会议议程与日程

会议日程是指会议在一定时间内的具体安排。会议议程是对会议所要通过的文件、所要解决的问题的概略安排，并冠以序号将其清晰地表达出来。

例 1：某公司销售会议议程

（1）推选销售部经理的人选。

（2）年度销售活动的总结。

（3）有关销售问题的发言。

（4）下年度销售目标。

（5）销售人员的招聘和重组。

例 2：关于某股份有限责任公司股东大会日程安排（如表 2－1 所示）

表 2－1　　大会日程安排

日期	时间	内容安排	地点	主持	参加人	备注
3月9日	9：00	报到	花园酒店大会议厅	李总	××××	
	9：30	会议开始，张董致开幕词	大会议厅	张董	全体股民	
	9：40	李总作年度经营报告	大会议厅	张董	全体股民	
	11：00	年度决算表	大会议厅	总会计师	全体股民	
	11：30	大会结束				

任务实施

王阳拟定的会议议程如下：

第一项：由公司常务副总致辞。

第二项：由市经委主任发言。

第三项：颁奖。

第四项：销售公司优秀业务员发言。

第五项：营销副总对明年营销工作作进一步的安排。

第六项：公司总经理总结发言，并对下一步的营销工作作具体安排。

第七项：会议结束。

实务思考

一、案例分析

案例一：小刘的录音机

一次重要的报告会，办公室安排秘书小刘负责会议的录音工作。小刘将无线话筒和录音机磁带安排好以后，还事先调试了一番，觉得效果不错，就放心地做其他的事情去了。会议结束后，主任要小刘把录音整理出来。小刘打开录音机，前几分钟听起来还不错，但越听越不清晰了，到后来竟然完全是一片噪声。报告自然是没有整理出来，小刘应怎样总结教训呢？

思考与分析：

1. 以上这个案例中的问题是会前准备工作准备不足所致。

2. 请谈谈对于会议活动的细节安排应注意哪些问题。

案例二：被唱响的国际歌

一次某地党代表大会的开幕式上，会务人员未能按大会主持人宣布的程序播放国际歌，虽得到补救，但终是一件憾事，并受到批评。

事情发生的过程是这样的，会务组会前起草的“大会开幕式程序（送审稿）”中列有“奏（或播放）国际歌”一项。大会秘书处一位负责人审稿时，拟把此项放在大会闭幕式进行，于是把此项目在开幕式的程序中删掉了。后来大会秘书处主要负责人定稿时，又把该项圈了回来。会务组的同志凭印象只记住已删掉奏国际歌的程序，而对后来又被圈了回来一事未予注意，因此对于主持人在大会上宣布“奏国际歌”时无法奏出，一时形成了冷场。幸好会务组长急中生智，立即上台挥拍领唱，这样才圆了场。会后领导同志指出这一事故该给予批评，要从中吸取教训。但在关键时刻能得到及时补救，这是好的，这一点值得表扬。

思考与分析：本案例中，会务准备方面存在哪些问题?

二、工作实务

实务一：中迅显示器有限公司是我国主要的电脑显示器生产基地之一，去年实现销售额8亿元人民币，产品30%出口海外，并不断保持产量连年递增的势头，质量管理也达到了同行业的先进水平。为适应生产规模的进一步扩大，去年年底，该公司又扩建了1万平方米厂房，增加了3条国际先进的生产流水线，使显示器年生产能力达到了100万台。

产量增加了，销售必须跟进。目前，中迅显示器有限公司在全国设有300多个代理商，为了让代理商更多地了解公司的发展，同时展示其即将推向市场的新产品的优势及性能，研究如何扩大产品销售等问题，公司领导决定8月8日至10日在上海市召开一次全国代理商会议，由公司总经理介绍企业的基本概况及发展远景；研发部经理介绍、演示新产品的性能、核心技术及测试结果；生产部总监介绍目前企业的生产能力及生产情况；销售部总监介绍公司产品的销售情况；公司主管副总经理就下一步销售策略、销售政策及开展销售竞赛评比等事项做专题发言。同时，选择东北、华北、华南三位销售代表介绍各自的经验，最后表彰50家优秀代理商。会议期间，还要组织与会代表参观企业，利用一个晚上的时间举办一场联欢晚会，安排代表游览上海市内的几个景点。

为保证会议的成功举办，公司还决定会议地点安排在上海国际会议中心，食宿也在上海国际会议中心。同时各部门抽调10人组成大会筹备处，由张副经理负责。具体工作包括准备会议所需文件、材料，寄发会议通知，接待，安排食宿，布置会场，联系上海国际会议中心及旅游景点，预订返程车、船、机票，邀请新闻媒体，组织联欢晚会，购置礼品等。总经理还特别强调，要在保证会议隆重、热烈、节俭的前提下，尽量让代表们吃好、住好、玩好。

根据公司领导的意见，张副经理立即从各部门抽调了10位同志成立了大会筹备处，并召开了会务工作会议，对会议准备工作进行了部署和分工。

实务要求：

1. 为中迅显示器有限公司代理商会议拟订一份会议方案。

2. 根据会议的规模、层次和主题，会议筹备处应具体划分哪几个小组展开准备工作。

3. 以筹备处的名义提交一份本次会议经费预算方案报总经理审批。

4. 请根据会议的内容制作一份会议日程表（要有日期、时间、内容安排、地点、参加人、负责人、备注等项）。

5. 请根据会议内容拟写一份会议通知。

6. 制作一份会议签到单。

实务二：磐基公司要召开2010年公司年会，会期是2010年12月22日至25日，与会人员是公司部门经理以上的管理人员，共计58人。会议上要讨论通过2010年的决算报告和2011年的预算报告，并研究2011年公司总体发展战略和公司新的销售策略。请为此次会议拟写一个筹备方案。

三、实战演习

学院将于 2010 年 12 月 7 日举行一次大型招聘会，邀请了全省数百家企业前来学校进行现场招聘。请拟写一份会议筹备方案。

任务二 会议经费预算

知识目标

◆ 理解会议成本含义及测算公式。

◆ 了解会议经费预算方案的内容。

◆ 掌握会议经费管理的方法。

能力目标

◆ 能够测算会议成本。

◆ 能够做出经费预算方案。

◆ 能够有效管理会议经费。

任务引入

磐基公司公司定于 2011 年 1 月 15 日在磐基大厦一楼会议室召开新产品发布会。与会人员预计 200 人，现请秘书王阳就会议所需各项经费提出预算。

任务分析

会议经费预算通常包括文件资料费、邮电通信费用、会议设备和用品费、会议场所租用费、会议办公费、会议宣传交际费、会议住宿补贴费、会议伙食补贴、会议交通费、会议期间的各项活动如需使用车辆等交通工具，其费用也应列入预算。

知识要点

一、会议成本的含义及测算公式

1. 会议成本的概念

会议成本是指与会人员及服务人员花费在会议期间的时间量价值，相当于工作量价值及其经费开支的总和，即时间成本、效率损失成本和直接会议成本。

2. 会议成本的类型

会议作为工作手段的一种，也和其他行为方式一样有它的成本。

一个是直接会议成本。这种成本也可以称为会议花费，这些花费包括与会者到达会场的旅行费用、会议期间的住宿、交通等费用、会场的租金、相关文件资料的费用，等等。这些花费都比较直观、清晰，也比较容易预估和统计。

另外一个是时间成本。它由与会者的会议准备时间、到达会场的旅行时间以及会议工作人员（包括会议秘书）的时间和与会者的人数等几个相关因素组成。有时，这种时间成本可能由于各种因素，比如与会人员的准备时间太长且零碎等，造成难以统计和计算，我们可以把它转化为金钱成本。金钱成本由与会者人数和与会者的平均工资构成。

还有一个是损失成本。这个成本是由于与会者参加会议，离开原来的工作岗位造成的生产、管理、市场反应的滞后等产生的损失。这个成本比较隐蔽，很多时候会被忽略掉，但它形成的结果又实实在在地摆在眼前。比如公司的周例会，可能有不少参加周例会的人有这样的经历，开会时心不在焉，因为还在想着某个客户的电话或许马上就要打进来了，前台或者秘书不一定处理得好，会跑单。

3. 会议成本计算方法

$$会议成本=2A\times B\times T$$

式中，A 为每小时与会者平均工资的 3 倍；B 为参加会议的人数；T 为召开会议的时间。A 为与会者平均工资的 3 倍是由于劳动产值远比工资高，乘以 2 是因为开会要使经常性的工作中断而造成损失，这些还只是直接成本。如果再将会议无效或错误决策造成的损失间接成本都计入其中，成本就将高昂得多。由此看出，召开会议是要付出代价的。

二、会议经费预算的内容（如表 2－2 所示）

表 2－2　　**会议经费预算表**

序号	名　称	内　容
1	文件资料费	包括文件资料、文件袋、证件票卡的印刷、制作等开支
2	邮电通信费用	如发会议通知，就会议事项发电报、传真、电传或打电话进行联络等费用；若召开电视、电话等远程会议，则使用有关会议设备系统的费用也应计算在内
3	会议设备和用品费	如各种会议设备的购置和租用费用
4	会议场所租用费	如会议室、大会会场的租金，会场布置等所需要的费用
5	会议办公费	如会议所需办公用品的支出费用，会场布置等所需要的费用
6	会议宣传交际费	如现场录像的费用，与有关协作各方交际的费用
7	会议住宿补贴费	一般情况下住宿费是由与会人员自理一部分，由会议主办者补贴一部分；也有主办单位全部承担的情况（如果无住宿要求，应明确与会人员完全自理，则预算中可不列此项）
8	会议伙食补贴	通常由主办单位对会议伙食补贴一部分，由与会者承担一部分

续 表

序号	名 称	内 容
9	会议交通费	即参会人员交通往返的费用，如果由会议主办单位承担，则应列入预算
10	会议期间的各项活动	如需使用车辆等交通工具，其费用也应列入预算
11	其他开支	包括各种不可预见的临时性开支

注：在编制会议经费时，需要考虑费用的明细及多询问几家供应商，了解行情，以体现节约办会的精神。

三、会议经费的管理

作为会议的主办方，应该合理控制会议成本，对会议经费作妥善的管理。在管理经费的过程中，主办方应注意：

（1）对会议类别进行严格界定。会议要遵循“先审批，后开会”的会议审批制度，严格按照会议类别召开会议。

（2）会议的会期和规模从严控制。会议要以“高效、务实”为原则，尽量减低会议成本。

（3）细化会议费开支范围和标准。会议主办单位尽量减少或不组织会议代表游览与会议无关的参观。

（4）明确会议经费来源。任何单位和个人有权拒绝参加要求与会人员食宿费用自理的各种会议。

王阳根据总经理要求，拟定了一份会议预算表，如表 2－3 所示。

表 2－3　　会议预算表

项 目	支 出	合 计
场地租用费	5000 元/天（2 天）	10000 元
摄像设备租用费	2000 元/天（2 台）	4000 元
聘请专家咨询费	5000 元/天（2 人）	10000 元
宴请费用	2000 元/桌（10 桌 2 餐）	40000 元
资料费	5 元/份（2000 份）	10000 元
纪念品	500 元/份（50 人）	25000 元
总 计		95000 元

二〇一一年一月二日

一、案例分析

案例一：王阳的预算表

根据表 2－3 王阳制作的会议预算表，还有哪些因素考虑得不够全面，你以为还有可以修改完善的地方吗？

案例二：生产部经理的会议创新

磐基公司生产部经理经常通过召集会议来解决问题和处理工作，同时他自己又必须参加很多上司主持召开的会议。他感觉整天忙于各种会议，无暇处理更重要的事务，还造成了工作上的被动。为此下决心改进会议。

过去，他每召集一次会议，不管会议内容是什么，总是要求下属所有的负责人来开会。结果，会议规模很大。每位参加者为了表示对会议的重视，大都提一个问题，而多数问题都与会议议题无关，这就难免使会议时间拖得很长。究竟怎样确定与会人员的范围才合理呢？经过认真分析研究，他找到一个两全其美的办法。这就是：会前，先分发一份会议须知单，内容大都为：某月某日某点，在某会议室，讨论某问题，已邀请有关领导参加讨论，如你认为需要了解有关情况或愿意参加讨论，届时出席。未到会者，我们将于会后立即送上会议讨论纪要，供你参考并提出意见。

思考与分析：你对本案例中这位生产部经理的做法有何评价？

二、实战演习

学院要组织召开一次“学代会”，会期两天，期间还邀请了专家来校讲学，会议经费 2 万元。请你拟定一份经费预算。

任务三　制发会议通知

知识目标

- 掌握会议通知的主要内容、回执的格式和主要内容。
- 了解制发会议通知的注意事项。

能力目标

- 能够拟写内容齐备、格式准确的带回执的会议通知。

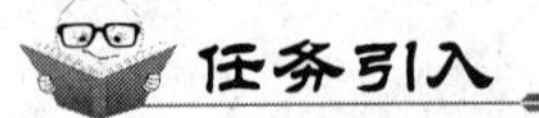

任务引入

磐基公司总经理江山要求秘书王阳拟写一条关于公司人员编制和工作绩效评估的会议通知，并向公司各部门主管发送。

任务分析

会议通知必须具备六要素（也称之为“六个清楚”）：会名、会期、开始时间（月、日、星期，上、下午或晚上几时）、地点、参加会议人员范围、筹办会议的联系人方式。拟定好会议通知之后，务必要将通知内容传达给每一位与会人员。

知识要点

一、会议通知的内容

1. 标题

有完全式和省略式两种。

①完全式包括发文机关、事由、文种。

②省略式，例如《关于××的通知》。

通知内容简单的，只写“通知”两字，这也是省略式的一种。

2. 正文

有的正文比较简单，只讲明为什么发布或批转这一文件，有哪些原则要求，主要的具体内容应看所附文件。有的正文写多几句，借题发挥，补充强调有关要求，或作出指示，布置相应的工作。也就是要遵照执行、贯彻落实的具体内容在附件里，而不是在批转的通知中。批转通知只是一个载体。

二、会议通知的发送

1. 发送形式

①正式通知

为了规范公司的管理及运作，除了非正式会议和每日例会之外的所有会议，均应正式打印会议通知，再通过书面形式或电子邮件传递到有关人员，以示正规和郑重。

②非正式通知

非正式会议，可采用非正式通知，如先发传真或打电话，随后再寄备忘录或信函。也可先发电子邮件，再通过电话或回复电子邮件确认。

一些会议（如股东会议）在发送通知时应按规定的会议规则行事。发通知的同时应附

上一份代理委托书。其他类型的会议如无法出席，也应在必要时授权代理，以保证通过决议时有所需的法定人数。

2. 发送内容

①如果有预备议程，事先需准备的材料或其他需让与会者事先了解的情况，应随会议通知寄发一份。

②需要回复的会议通知或预备通知还可夹入一张明信片，上面注明本公司地址、邮编、电话、发信人姓名，以便对方有时间考虑并能及时回复。

③可将会中使用的有关票证（入场券、代表证、汽车通行证、座次号、编组名单、就餐证和乘车证等）与会议通知一并发出。

④如果某些与会者对会议地址不熟悉，应附加一份说明或回执单，要求与会者通知具体的到达和返程日期，并标明到达会址的汽车、火车等交通工具线路。

三、会议通知的格式

会议通知的格式多种多样，这里介绍常用的两种格式：便函式和卡片式。（见例1、例2）

例1：便函式

会议通知

致：各部门经理

发自：总经理秘书王阳

日期：2010年7月15日

主题：部门经理的圆桌会议通知

2010年7月25日上午11：00，在海天大酒店会议室举行全体部门经理的圆桌会议。下午12：15分将有午餐供应。假如您不能参加请在7月24日之前打电话87690096告知。附上一份议事日程。除此之外，您还能得到一张令人满意的旅行指导地图和一份便于在宾馆旁停放车辆的说明。

我很高兴地欢迎您们都来出席我们团体的这个重要的计划会议。

附件：议事日程

　　　地图

例2：卡片式

部门经理会议

目的：讨论公司下一年度市场营销计划

时间：2011年1月29日上午9：00

地点：公司第一会议室

如您无法出席，请于1月28日前电话告知王阳。电话号码是87690096。

部分会议需与通知一起寄出相关的回执。会议回执的样式如下（见例3）：

例 3：

会议通知邀请函

尊敬的客户：

为了进一步加强与贵公司的协作关系，听取客户对我公司产品和服务的意见，我公司拟于 2011 年 8 月 15 日上午 9：00 至下午 5：00 在王朝大酒店召开客户咨询联谊会。敬请回复及光临。

附：会议日程/路线图

回　执

请于 7 月 30 日以前将回执寄至：青岛市磐基大厦磐基公司行政部王阳先生，邮编：276001 电话：87690096

□ 我公司参加此次会议，参加人数：

□ 我公司不能参加此次会议

姓名：　　　　　公司：

四、发送会议通知的注意事项

（1）明确会议通知发送对象。在发送通知前一定要明确被通知的部门和人员范围。对所有与会人员应逐一落实。如果搞错通知对象，使应参加会议的人员未能收到通知，就会影响到会议的有效性，使一些会议无法达到所需的法定人数，还会使一些应参加会议的人产生误会。而不应通知的人员通知了，就会影响其正常工作，甚至造成尴尬的局面。

（2）落实发送的回复确认环节。一些重要的会议通知有时会因组织渠道不畅、传递方式不当，或者是其他因素的干扰，使通知不能准确及时地传递到与会者，作为会议通知的发送人，应及时发现问题，可以通过电话、口头询问以及回复电子邮件确认等方式检查通知发放是否落实。

（3）对书面会议通知的地址、邮编一定要填写正确。装信封和邮寄时应注意不要错装、漏装或漏寄。通知的封筒应醒目标出“会议通知”字样。

（4）对于经常参加某类会议的部分人员，可用计算机打印出标签或准备多套邮寄标签，以免重复打印，对于计算机中保存的地址要注意随情况不断变化而不断更新。

（5）检查所有的通知中是否已附上了会议日程，然后再封口。某些客户不熟悉会议的确切地点，应附上一张简明的交通路线图。

王阳拟写的会议通知如下：

会议通知

致：各部门经理

发自：秘书王阳

定于10月17日（星期四）下午1：30在公司会议室召开会议，讨论公司人员编制和工作绩效评估问题。此次会议内容重要，请有关人员务必准时出席。您能否参加，请于10月15日（星期二）之前打电话告知秘书王阳。电话号码：××××0096。

一、案例分析

案例一：下面这则会议通知有几处错误？请找出并更正。

通　知

研究决定，本星期六下午召开销售代表会议，收集对销售情况的意见。望按时参加会议。

此致

敬礼

办公室

3月1日

案例二：粗心秘书的会议通知

某机关定于某月某日在单位礼堂召开总结表彰大会，发了请柬邀请有关部门的领导光临，在请柬上把开会的时间、地点写得一清二楚。接到请柬的几位部门领导很积极，提前来到礼堂开会。一看会场布置不像是开表彰会的样子，经询问礼堂负责人才知道，今天上午礼堂开报告会，某机关的总结表彰会改换地点了。几位领导同志感到莫名其妙，个个都很生气，改地点了为什么不重新通知？一气之下，都回家去了。

事后，会议主办机关的领导才解释说，因秘书人员工作粗心，在发请柬之前还没有与礼堂负责人取得联系，一相情愿地认为不会有问题，便把会议地点写在请柬上，等开会的前一天下午去联系，才知得礼堂早已租给别的单位用了，只好临时改换会议地点。

但由于邀请单位和人员较多，来不及一一通知，结果造成了上述失误。尽管领导登门道歉，但造成的不良影响也难以消除。

思考与分析：这个案例告诉秘书在会议准备时应注意什么问题？

二、实战演习

背景说明：你是磐基公司秘书王阳，下面是总经理江山需要你完成的几项任务。

我们将在7月15日召开全国销售商的表彰会议，请你列出发送会议通知应注意的问题，并拟写一份带回执的会议通知。

总经理　江山

2010年5月22日

任务四　会场的选择与布置

知识目标

◆ 掌握会场选择的原则和座次安排的原则。

◆ 掌握会场布置和主席台布置的原则与方法。

能力目标

◆ 能够正确地选择与布置会场。

◆ 能够安排好会场的座次。

任务引入

磐基公司是一家中外合资企业，主要生产家电产品，公司资产雄厚，员工近2000人，著名科技人员和高层管理人员云集。公司在全国各大中城市设有众多分公司和销售代理商。最近几年，公司推出了一系列新产品，占领了国内10%以上的家电市场，在国外的影响也很大。2008年，公司加大管理和研发力度，在电脑、手机、电视等多个项目上研制生产出新型、新款产品，国内市场份额达15%。2010年年底公司召开年度全国销售商表彰大会，以表彰先进、规划2011年工作。参加表彰大会的有公司邀请的省市的有关领导、同行业兄弟单位的代表、公司董事会成员、全国各分公司的领导、全国销售代理商代表以及公司高层管理人员和科技人员等。

会议时间：2010年12月23日至24日，两天

2010年	12月23日	上午9：00～11：00	表彰先进个人和先进集体
		下午14：30～17：00	2011年工作部署
	12月24日	上午9：00～11：00	会议分组讨论
		下午14：30～16：00	参观新型、新款家电产品的生产线

地点：青岛

与会人数：1500 人左右

受表彰人数：40 人左右

任务分析

选择与布置会场，首先要弄清会议的内容、会议的时间、与会的领导与嘉宾、与会代表的人数；其次要掌握好会场选择和座次安排的原则，学会会场布置的原则与方法；最后，作为职业秘书，选择会场一定要经过领导审批，布置好会场后一定要进行会前检查。

知识要点

会场的选择与布置是会议前期重要的准备工作，会议地点和大小是否合适、设施是否齐全、会场的布置是否合理、会场营造的气氛是否与会议的主题内容一致，都将对会议效果产生直接的影响。所以，组织会议的秘书人员必须重视会场的选择与布置，尤其是一些重大的会议，更是要注重会场的选择与布置。

一、会场选择的原则与注意事项

会场的选择要根据会议的规模、性质和需要来确定。大型会议一般选择在会堂、礼堂、会展中心、体育场馆举行，中小型会议一般选择在会议室、会客厅举行。具体来说，选择场地一定要综合考虑五大因素，重要会议地点的选择还要注意考虑其政治影响和经济效果。

1. 场地的规模要大小适宜
2. 场租成本要合理
3. 场地设备要配备良好
4. 应有足够的停车场地
5. 交通要便利

与会代表需集中住宿的会议，场地选择在会展中心或宾馆举行的会议，作为秘书一定要注意签订协议，《协议》是会务组与会展中心或宾馆合作的基础，要细致、全面、对等，防止漏洞。协议内容一般包括：

1. 会议日期
2. 住房标准及费用
3. 场地安排及费用
4. 餐饮及费用
5. 甲方对乙方的规定
6. 乙方对甲方的规定
7. 如何结算

二、会场布置的方法

（一）会场形式的布置（如表 2-4 所示）

表 2-4　　会场布置的形式

会场格局	常见会场形式	适用会议	优　点
相对式	大小方形、半圆形	大中型的报告会、总结表彰会、代表大会等	会场场面开阔、较有气势，会场气氛严肃庄重
全围式	圆形、椭圆形、多边形、长方形、正方形	小型会议及座谈会、协调会等类型的会议	容易形成融洽和合作的气氛，体现平等和相互尊重的精神，便于与会代表充分交流思想、沟通感情
半围式	马蹄形、桥型、T字形	中小型的工作会议，桥型布局适用于咨询、述职、考评和听证等会议	介于相对式与全围式之间，既突出了主席台的地位，又增加了融洽的气氛
分散式	方桌型、U字形、圆桌型	规模较大的联欢会、茶话会、团拜会等	一定程度上突出了领导和嘉宾的地位，又给与会代表提供了多个谈话、交流的中心，会议气氛更加轻松、和谐

（二）主席台的布置

主席台是会议参加者注目的地方，也是会场的中心，因此是会场布置的重点。一般要在主席台上方悬挂会标，天幕悬挂会徽或红旗以及其他艺术造型，主席台下和讲台上摆放鲜花，主席台上放置座位台签。

会标：红色横幅，一般用艺术字标出会议名称。

会徽：体现或象征会议精神的图案性标志。一种是以本组织的徽志作为会徽，如国徽、党徽等；另一种是向社会广泛征集。

重要的代表大会、报告会需在主席台设置专门的讲台。讲台可设在中央，位置应低于主席台，以免报告人挡住领导人的视线；也可设在主席台的右侧；较大的会场也可在主席台两侧均设置讲台。如图 2-2 所示。

（三）会场环境布置

不同的会议要求有不同的环境。一般说来，人大会要求庄严隆重，党代会要求朴素大方，庆祝会要求热烈喜庆，追悼会要求庄重肃穆，座谈会要求和谐融洽，纪念会要求隆重典雅，日常工作会议则简单实用即可。

会场四周和会场口，可以悬挂横幅标语、宣传画、迎宾牌、广告、彩色气球等，也可摆放鲜花，烘托会场热烈隆重的气氛。如图 2-3 所示。

图 2-2　主席台的布置

图片来源：http：//www. rednet. cn

图 2-3　会场环境布置

图片来源：http：//www. rednet. cn

三、座次的安排及注意事项

（一）主席台的座次安排

1. 国内会议主席台的座次安排

按照职务的高低和选举的结果安排座次，职务最高者居中，按先左后右（主席台的朝向为准）、前高后低的顺序依次排列。

2. 国际性会议主席台的座次安排

主办方身份最高者居中，其他来宾按照国际礼宾次序先右后左向两边排列，这一点与国内会议排法正好相反。

3. 主持人座次安排

主持人既可在前排边座入座，也可按照职位高低顺序就坐。

注意：主席台座次排好后，要把主席团座次图表贴在休息室门口，并在主席台上摆放座位台签，以便领导对号入座。

（二）与会代表的座次安排

为了保证与会代表顺利地对号入座，保证会议和活动井然有序地进行，中大型会议必须会前安排与会代表的座次。排列座次的方法主要有三种，可以根据需要选择合适的方法。

1. 横排法

把每个代表团、单位、小组的座席从前向后排成纵向一列，按团顺序从左到右横向排列座次。排列依据按照参加会议的代表团名称笔画、汉语拼音字母顺序，或约定俗成的排列顺序。国际性会议往往按照与会国家英文名称的第一个字母顺序。这种排法要注意先排出正式代表，后排出列席代表。

2. 竖排法

按照既定的次序把参会的各个代表团、单位、小组的座席排成横向的一行，再按团顺序从前到后依次纵向排列，选择这种方法也应注意将正式代表或成员排在前，职位高者排在前，列席成员、职位低者排在后。

3. 左右排法

这种排列方法的要领是，把每个参会的代表团、小组、单位的座席安排成纵向的列，再以会场的中心为基点，将顺序在前的排在中间位置，然后先左后右，一左一右向两侧横向交错扩展排列座次。

选择这种方法时应注意人数。如果代表团、小组、单位数量为单数，排在第一位的成员应居中；如果代表团、小组、单位数量为双数，那么排在第一、第二位的两位成员应居中，以保持两边人数的均衡。

注意：无论采用何种排法，座次安排好后，秘书一定要事先划好座位区域，在会场大门贴指示牌、座位图，或者在与会代表的出席证上注明座位号，以便与会代表顺利入座。

四、会前的检查

为保证会议的顺利进行，会前要对会场布置进行检查，俗称“踩点”。检查的注意内容包括：会场布置是否与会议议题相适应，会标是否端正醒目，主席台是否按照议定次序摆放，领导人台签是否妥当，旗帜、鲜花等烘托气氛的装饰物是否放置得体，音响、照明、通信、录音、录像、通风、安全保卫等设备、措施是否完善。大型会议还应该检查场地划分是否合适，以及进场、退场路线的安排。

2010 年磐基公司年终总结大会会场选择与布置可按照如下步骤进行：

1. 选择会场

根据会议的规模和性质，综合考虑会场选择的五大因素，会场应选择能够容纳 2000 人的大型会议场所，如会展中心、大会堂或宾馆的大型会议室。

年终总结大会一般是半天，最多一天。在签订协议时，应包括场地租借费用、餐饮安排、休息室（两个标准间）的费用、对方提供的服务以及如何结算等。

2. 会场的布置

会议是年终总结兼表彰大会，会场布置要热烈、隆重而不失庄严。

（1）会场布局

采用礼堂型或教室型布局，如图 2－4 和图 2－5 所示：

图 2－4　礼堂型

图 2-5 教室型

（2）主席台的布置

讲台：设置在主席台右侧，上面摆放鲜花。

会标：磐基公司 2010 年年终总结暨表彰大会。

天幕：中央悬挂公司徽标，两侧摆放旗帜。

主席台：台下簇拥鲜花，台上铺浅黄色台布，摆放领导人台签。

（3）会场四周布置

在会场四周和会场口，悬挂横幅标语、迎宾牌、花篮等，烘托会场热烈隆重的气氛。

3. 会议座次安排

（1）主席台座次安排

作为总结大会，主席台一般只布置一排，主管部门领导与公司董事会成员坐主席台上。座次安排上，主管部门领导居中，按照先左后右排序。

（2）与会人员座次

选用左右排法，按照公司惯用的部门顺序，以中心为基点，一左一右向两侧横向交错排列。安排具体座次时一定要注意：

①2000 人的大型会议，事先一定要划好区域，贴上标识牌、指示牌、座位台签，使与会人员顺利入座。

②作为表彰、总结类型大会上，应将被表彰、受奖励对象安排在前几排，最好贴上座位台签。

③要注意分清上、下座，部门经理和骨干应安排在各部门的前几排。

一、案例分析

案例一：沃尔玛百货有限公司首次全球董事会会议在中国深圳召开

思考与分析：董事长沃而顿为什么不选择在公司总部美国而要选择在中国召开，会议地点的选择所造成的政治影响和经济效果。

案例二：一片混乱的颁奖仪式

在某企业召开的年度表彰大会上，颁奖仪式正在进行。由于颁奖人次多，而且受奖人没有按照领奖顺序在前排就坐，领导手拿奖品奖状却找不到领奖的人，领奖的人上台后，不知道谁给自己颁奖。一时间，主席台上有人在交换位置，有人在交换奖品，一片混乱中表彰会应有的庄严、隆重、热烈的气氛大受影响。

思考与分析：主席台为什么会一片混乱，应该怎样解决这个问题。

二、工作实务

菁菁饲料工业总公司是一家国有老企业，年产200万吨“龙”牌系列全价饲料，工艺设备先进，技术力量雄厚，饲料产品系列配套，特别是公司采用国际先进配方后，生产的“龙”牌系列全价饲料含有畜禽生长所必需的各种维生素、氨基酸、微量元素、抗菌素及营养素，具有营养全、饲料省、长得快、防疾病等特点，为不同品种、不同生长阶段的畜禽提供充足的营养物质。产品经公司下属的大壮猪场试验饲养，外贸出口猪优良品质率名列全国前茅，产品还被认定为全国优质产品。

再过一个月，就是企业成立50周年。为此，公司决定举办一系列纪念活动，一方面回顾总结企业50年来走过的历程，继承和发扬当年艰苦创业的优良传统和精神；另一方面是研究确定下一步企业发展战略，寻求新的发展机遇。在系列纪念活动中，安排了4次会议：

(1) 庆典大会。邀请市领导、行业协会领导、新闻记者、有关专家、客户代表、退休老职工，以及企业员工代表约300人出席。根据会议方案，主席台将安排3位市领导、2位行业领导、2位专家、1位客户代表、1位退休老职工和企业总经理、副总经理共11人就座。

(2) 报告会。请2位专家讲授饲料行业的发展状况、新技术及国外发展现状等。会议规模为100人。

(3) 企业发展战略研讨会。邀请研究院所、高等院校及行业机构的专家、学者以及金融界人士20人，与15名企业中层以上领导干部共同研讨企业下一步的发展战略，请专家为企业把脉，为企业开出处方。

(4) 劳动模范座谈会。拟邀请企业内各级劳动模范11人，与企业4位党政领导及工会主席进行座谈，回顾创业历程，听取劳模对企业发展的意见和建议。

本着节俭办会的原则，根据公司的安排，4次会议的会场布置均由公司秘书小武负责。

实务要求：

1. 实训分小组进行，每个小组确定一名负责人。

2. 每个小组在四个会场中任选一个会场进行仿真布置。

要按真实会场布置的要求进行实训，并达到：

1. 布置庆典大会会场要热烈、隆重。

2. 布置报告会会场要庄重、美观。

3. 布置研讨会会场要庄重、舒适。

4. 布置座谈会会场要轻松、和缓。

三、实战演习

学院将于 2008 年 10 月 18 日召开第五届学代会，会场安排在学院大礼堂。开幕式后将分系进行小组讨论，学院共有五个系：经济贸易系、会计管理系、人文旅游系、电子控制系、信息技术系。

1. 选择好分会场。

2. 做出主、分会场布置方案，并将方案做成 ppt 演示文档。

任务五　会议检查工作

知识目标

◆ 掌握会议成本检查的要求。

◆ 掌握会议服务人员的具体要求。

◆ 掌握会议安排检查的具体要求。

能力目标

◆ 能够按要求对会议各项安排进行检查。

任务引入

磐基公司作为“全国家电行业高峰论坛”的发起人之一，承办了本次会议。离会议还有两周的时间，总经理江山要求助理刘元对会议相关方面进行查验。

任务分析

会议检查主要说明的是在正式会议召开前，应对与会议相关的主要方面进行查验，以保证会议的成功举行。

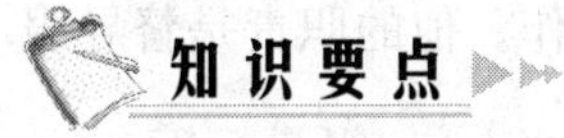

一、成本检查

“开会浪费时间”是一种经常听到的说法，而在快速发展的当今社会，“时间就是金钱”的观念也已经深入人心。会议成本检查就是对会议成本进行必要的评估，保证会议的成本——效益。

成本检查要实现两个目的：一是通过对时间和费用的关注，真正强调的是“召开这次会议是否真的必要，不开会能否解决这些问题”等；二是在会议不可避免的前提下，通过成本检查提醒与会各方，要减少时间的浪费，很简单，那就是保证会议目标清晰并被所有与会者不断牢记，而且会议应一直围绕它展开。

二、会议服务人员检查

（一）商务会议主办方针对大中型会议通常会设置会议筹备机构

一般来说，会议筹备机构包括几个小组：

会务组——负责会务组织、会场布置、会议接待签到等会议的组织与协调工作。

秘书组——负责拟写会议方案，准备各种会议文件和资料，做好会议记录，编写会议纪要、简报等。

接待组——负责生活服务、交通疏导、医疗服务等工作。

宣传组——负责会议的录音录像、娱乐活动、照相服务和对外宣传报道。

财务组——负责会议经费的统筹使用和收费、付账工作。

保卫组——负责防火、防盗、人身安全和财务安全、保密工作。

会前应检查各组人员分工是否明确，是否能熟知本人岗位职责，同时又能互相协调配合工作。

（二）商务会议承办方是饭店时，饭店会议服务部的人员编制应依据饭店的规模、入住饭店的会议团体规模、会议团体所占入住率以及会议室的数量和大小而制定

现以承办会议为主的大型饭店为例，简要介绍会议服务人员的名称和职责：

会议服务总监——在管理会议客户的各个方面督导、培训并协助会议服务人员工作。他通常由销售或市场营销总监（这里指的是饭店中对会议进行营销的销售或市场营销总监）领导；在大型饭店，他由总经理直接领导。

会议服务经理——根据会议服务总监的分派向会议团体提供服务，他是被指定团体的主要联络人。在大饭店通常有数个会议服务经理。他们计划、协调所有同会议团队有关的准备工作，以保证会议的成功举办，同时负责向饭店各部门确认并传达客户的需求，从而保证饭店对特定团队自始至终提供恰当的服务。

会议协调员——会议服务部的基层人员。他的基本职责是接待小型会议团体并协助会议服务经理工作。

楼层经理——负责所有会议室和宴会活动的准备工作和布置工作。他的职责是督导服务人员，保证会议活动中的要求得到落实。

服务人员——负责所有会议室和宴会厅的布置。

展览服务总监——在需要使用饭店的展览设施时，与会议团体的展览紧密配合。在拥有大量展览空间的饭店才设有这种职位。

会议活动文员——根据会议活动簿预订单登记活动项目的唯一人员，负责确保会议活动簿的准确性。他要协助销售人员、宴会筹办人员和各位会议服务经理的工作。

会议服务秘书——履行秘书职责，包括为会议服务部打印信件、明细单和会议活动单。

上述会议服务人员的设置和检查针对的是大型会议，在会议的主办方和承办方不是同一机构的前提下，会议承办饭店应根据会议需要设定服务人员，但不论服务人员数量的多少，都应对其工作职责进行明确的分工，并与主办方人员密切配合，才能保证会议的成功举办。

三、会议安排检查

很明显，要确保会议的成功举办，承办方必须处理好无数细微的事情。会议安排检查可以有效防止饭店员工忽略重要事项，并有利于饭店承办会议所需的一些特别服务项目。

对会议安排进行检查，承办饭店应该有一份全面的会务管理清单，以使其服务人员对整个会议过程有一个全面的了解。会务管理清单主要包括以下内容：

（一）出席人数

预计会议出席总人数，包括邀请的宾客。对于宾客应注意：

（1）是否已邀请地方要人并收到回函。

（2）随邀请函赠送入场券。

（3）安排发言者及当地要人的交通往返。

（4）是否已提醒每位发言者做好发言准备。

（5）安排迎接贵宾入场。

（二）日期

（1）团队到会日期。

（2）团队离会日期。

（3）最后订客数目确定期限。

（三）食宿

（1）大约所需客房数，包括单人间、双人间、套房。

（2）与会者的客房入住价格。

（3）客房预订确认：与会代表房间、团队主席或主办机构秘书房间。

（4）客房预订复印文件。

（5）检查房间（小费）。

(6) 会议接待室的价格。

(7) 预订会议接待室客人的姓名、地址和电话。

(8) 酒吧、小吃部等的开放时间及日期。

(9) 确定宴会时间，选好宴请场所，确定菜单，排定座次。

(10) 客户在饮食上特殊要求的满足。

(四) 报到

(1) 报到时间。

(2) 登记表，确定其内容和份数。

(3) 登记桌，确定其数量和大小。

(4) 填表桌，确定其数量和大小。

(5) 填表说明，须张贴在易于填表人查询的位置。

(6) 座椅。

(7) 烟灰缸。

(8) 打字机，确定其数量及型号。

(9) 工作人员——饭店或会务机构人员。

(10) 水瓶、水杯。

(11) 照明设施。

(12) 布告牌，确定其数量及大小。

(13) 标牌。

(14) 便笺、钢笔、铅笔以及其他文具。

(15) 收银柜，确定其数量及大小。

(16) 文件柜，确定其数量及大小。

(17) 保险柜。

(18) 工作人员是否到位，是否熟悉报到程序。

(19) 收取支票的指导原则。

(20) 退款规定。

(21) 代表证上的内容。

(22) 客人及贵宾的接待。

(23) 节目。

(24) 单程票销售。

(25) 应急客房供应。

(26) 接待处。

(27) 废纸篓。

(28) 登记处应有人能作出原则性决定。

(29) 登记结束时核对款额。

(30) 为在报到处工作结束后前来登记入住的与会代表安排住宿。

（五）设备及设施

（1）饭店提供的设备名单及使用价格。

（2）登记处、会议接待室、旅行社、接待处、“非会议代表请勿入内”等的标志。

（3）置于贵宾席上的专用便笺。

（4）照明设备——聚光灯、泛光灯，以及其操作人员。

（5）舞台——面积大小。

（6）黑板、磁板、会标背板。

（7）图表架及板架。

（8）有照明的演讲台、演讲提示机、小木槌或响板。

（9）扩音设备——麦克风，型号及数量。

（10）录音设备，以及其操作人员。

（11）幻灯设备，灯光控制，以及其操作人员。

（12）花卉及植物。

（13）电唱机和唱片。

（14）打印服务。

（15）停车及修车设施。

（16）装饰品——检验其是否符合消防要求。

（17）特殊设备、额外服务及其总体价格协议书。

（18）电话、广播和电视（闭路电视）。

（19）实况转播及操作费用。

（20）摄影师、速记员。

（21）旗帜、横幅标语。

（六）会议

1. 会议前检查事项

（1）提供会场平面示意图；

（2）每次会议的正确日期和时间；

（3）每次会议的会议室，其租金数额；

（4）会务筹委会总部；

（5）每次会议的座位总数、座位安排及演讲台、演讲桌的大小；

（6）错开会议的时间安排，保证交通，包括电梯服务的顺畅；

（7）每次会议所需的设备（按照事先确定的设备和设施列表核对）；

（8）其他特殊要求。

2. 即将开会前检查事项

（1）确保会议室已开放并配备了工作人员；

（2）座位已按要求摆放；

（3）会场座位充足；

(4) 制冷、加热系统运转正常；
(5) 扩音设备正常运转，话筒齐备；
(6) 录音设备正常运转；
(7) 演讲台就绪，照明设施良好；
(8) 响板、模具齐备；
(9) 讲台上的水瓶、水杯、水；
(10) 入口处警卫值勤；
(11) 烟灰缸、火柴、衣架；
(12) 投影仪、屏幕、支架就绪，放映员待命；
(13) 演讲提示机正常运转；
(14) 笔、笔记本、纸页；
(15) 图表支架、板架、黑板，相关设施就绪；
(16) 标记、旗帜、横幅；
(17) 照明设施齐备；
(18) 特殊花卉、植物齐备；
(19)（若会议室不易找寻时）指向标记齐备；
(20)（若临时更改会议室时）通知已在显要位置张贴；
(21) 速记员、摄影师到会；
(22) 其他特殊设施准备齐全。

（七）展览（如会议需要展示产品）

(1) 展览数目及平面示意图。
(2) 展览开放时间。
(3) 开展日期。
(4) 闭展日期。
(5) 展览地点。
(6) 参展商名称。
(7) 日租金。
(8) 指向标记。
(9) 劳务收费。
(10) 电工及木工服务。
(11) 电力、能源、供水、排污一条龙服务。
(12) 电费。
(13) 屏风、背景幕布。
(14) 托运货箱的存放。
(15) 保安措施。

（八）新闻宣传

（1）新闻中心、打字机、电话。
（2）是否建立了强有力的宣传委员会。
（3）是否应亲自拜访报社主编、广播及电视节目编导。
（4）是否应准备一个综合性的旨在增加入会人数的宣传性节目。
（5）是否应准备有新闻价值的出版物。
（6）为主办机构安排摄影，并为公共宣传做准备。
（7）预先印制发言稿。
（九）其他
（1）招待会、宴会、演出、特别活动等播放录音或者现场演奏。
（2）表演者与乐团的预演。
（3）乐队或乐团的乐谱架。
（4）是否为男女老幼都安排了精彩的娱乐节目。
（5）是否安排有临时照看小孩者。
（6）是否安排了观光游览。
（7）是否提供租车服务。

磐基公司承办的“全国家电行业高峰论坛”检查工作可以从以下几个方面展开：

1. 出席人数情况；
2. 与会人员的抵离日期；
3. 与会人员的食宿安排；
4. 报到相关事宜；
5. 会议相关的设备及设施；
6. 会议前的场地及相关检查等。

一、案例分析：租赁的放映机

波扬公司准备在本市的黎明大厦召开大型的新产品订货会。参加的有本单位、外单位的人员。总经理让秘书部门负责安排，会上要放映资料电影，进行产品操作演示。而公司没有放映机。租借放映机的任务交给了总经理秘书刘小姐。会议召开的时间是 8 月 9 日上午 10：00，而资料放映的时间是 10：15。刘小姐打电话给租赁公司，要求租赁公司在 9 日上午 9：45 必须准时把放映机送到黎明大厦的会议厅。

9 日上午，会议开幕前，波扬公司的秘书们正在紧张地做着最后的准备工作。刘小姐一看表，呀，已经 9：50 了，放映机还没有送到。刘小姐马上打电话去问，对方回答机器已送出。眼看着各地来宾已陆续进场，刘小姐心急如焚……

思考与分析：

1. 假如你是刘小姐，对接下来可能发生的各种情况，应该如何处理？

2. 假如放映机在 10：10 还未送到，你将马上向总经理报告还是擅自决定调整会议议程？

3. 向总经理报告后，你还应该做些什么？

4. 召开大型会议前各种准备工作，包括影像、电子类装置应提前多少时间安排？

二、工作实务

请根据下面录像脚本中的情节，指出秘书高叶在工作表现中的正确与错误之处。

角色分配：

高叶：天地公司秘书

刘君：天地公司秘书

方平：行政部经理

王芳：生产部经理助理

刘明：营销部经理助理

初萌：天地公司秘书

天地公司秘书高叶正在进行会议协调（正在打电话）

高：生产部吗？明天上午的公司年终总结表彰大会，你们部门应该到会 200 人，不知你们是否已经通知了有关人员？还有你们的表彰名单，怎么还没有报上来？

王：高秘书，我们经理说最近一段时间生产任务太忙，恐怕抽不出那么多人来参加会议。还有，我们生产部人数那么多，才给我们 10 个受表彰的名额，太不公平了。能否再增加几个？

高：你们反映的情况，我立刻向总经理汇报。但是，现在时间这么紧张，恐怕你们还要尽量抽调人员参加会议。关于表彰名额，经请示领导会给你们一个答复。过一会我们再联系。

王：我们等你的消息。再见。

高（再打电话）：喂，是行政部吗？明天上午公司召开年终总结大会，中午将有 500 人就餐。不知你们是否已经和公司餐厅打过招呼了？还有，明天来开会的人员较多，停车问题你们是否已做了安排？

方：我们已经按照总经理的要求，做了安排，并特别在公司北门附近开辟了一个临时停车场。同时，也跟有关的水电交通部门打了招呼。

高：谢谢，如出现新的情况请尽快告知。再见。

高秘书继续在电脑上罗列会前需要检查的项目（电脑屏幕显示），如表 2－5 所示。

表 2－5　　会前需要检查的项目

检查项目	负责人	完成情况（√）
发送会议通知		√
会议地点		√
会议议程		√
会议方案		√
会场布置		

（自语）会场布置还是个大事，先开个小会。

小会会场：高叶办公室，参加人员有秘书初萌，钟苗等 5 人。

会议现场

高：刚才我们大家已经进行了一个关于会场布置的讨论，根据大家的意见，由我负责会场布置的总体协调，初萌负责会场的有关标识的准备和张贴，钟苗负责主席台的布置，刘秘书负责会场的有关设备调适和检查，郭秘书负责贵宾室和接待处的布置。

初：那么，大会 600 人是不是需要分一些区域？

钟：600 人没有必要再划分区域吧。

初：可是大会入场的时候可能会比较混乱。

高：还是应该按部分划出几个大的区域。这样，可以要求各部门整队入场，集中就座。可以分别从东、西偏门和正门入场。大家看还有什么问题？如果没有问题，我们各自分头准备吧。

大会会场：会议会标已悬挂好。主席台上摆放着名签和绿色植物，主席台铺着白布，受表彰人员座位区贴着标识。高叶等一行 5 人进行会前的检查。途经路线没有任何指示标志。接待处的标识在角落里，非常不明显。

高（指着会标）：会标的字体是否应该做成黑体字？否则挂起来看呢，字显得有些小气。

钟：当时也没有请示有关领导，现在再改恐怕来不及了。

高：那也只能就这样了。主席台的名签摆放的顺序恐怕不太合适，公司领导应该和受表彰成员的代表相间而坐。请你最好拿出一个座次顺序，请总经理过一下目。初秘书，与会议有关的标识都张贴好了吗？贵宾室里不要忘了张贴一份主席台座次表。（高秘书从受表彰人员座位区域走过，下意识看了一下标识，但未意识到受表彰人员的座位顺序也应固定下来。）

刘：会场的扩音设备和照明设备我都进行了检查。

高：这次因有市领导参加，要将录音录像设备准备好。这项工作做了吗？

刘：还没来得及做。

高：请尽快检查一下录音录像设备。

郭：贵宾室需不需要摆放一些鲜花?

高：应该摆上几盘花，这次公司请了周副市长前来出席会议，气氛应该隆重些。还有贵宾室的茶具、毛巾、烟灰缸一定要事先准备好。大家把不完善的地方再准备一下。下午总经理会来做最后的检查。

下午，高秘书正在给钟秘书和初秘书交代工作。

高：刚才我陪总经理检查了会场，总经理指出了我们工作中的几点疏漏

(请指出会场布置中有哪几点疏漏)

判断下列做法是否正确；

1. 在会议协调中，高秘书注意了与会议有关的各方的协调。例如，食宿、交通、会场的设备和水、电管理部门的协调。

2. 在会议协调中，遇到参会代表、受表彰人员名额等问题。高秘书能够耐心倾听并及时做好信息的上传下达。

3. 高秘书电脑上所罗列的会场需要检查的项目内容不完整、不齐全。

4. 在大会前的小型筹备会中作为主管秘书，高叶能够认真倾听，正确地使用点头示意、目光接触。

5. 在讨论到适当时机时，能够抓住时机及时总结。确认结论，并适时转入其他的议题或工作。

6. 会标的字体和大小不合适，这应该事先给具体的工作人员以明确的提示，特别是对工作经验不多的初级秘书，指导要具体，发现了错误要坚决地纠正，不能凑合。

7. 主席台的名签应该采取公司领导、嘉宾和受奖人员相间而坐的形式。周副市长应居中，然后是公司领导、受奖人员穿插排列。

8. 应事先将主席台的座次顺序排列出来，并报请上司审核，再行摆放。

9. 邀请了嘉宾和外单位有关人员参加会议。在贵宾室最好张贴一张主席台座次表，以便领导和嘉宾依序入座。

10. 贵宾室事先也要做好布置，准备好茶具、毛巾、鲜花等会议用品。

11. 注意了有关录音、录像的事先准备和事先调适。

12. 未能当场试一下扩音器等设备，检查会场布置不能只是听下属的汇报。

总经理在检查会场布置之后，会指出如下几点不足：

①高秘书也未发现作为表彰庆典的会议，主席台的布置要热烈隆重，主席台上应铺红色或绿色的台布，不应用白色的。

②受表彰人员座位区域，应按照领奖的顺序编排座次，并将座次名单贴在每一座位的椅背上。

③主席台除了绿色植物外，应摆放一些鲜花，以烘托气氛。

④已发现会标字体不合适，应及时布置有关人员予以纠正和弥补，但高秘书未能当机

立断。

⑤接待处标识不明显，到接待处途经路线没有相关的指示标识。

课题二　会中服务工作

任务一　接站报到工作

知识目标

◆ 掌握接站工作的程序、接站的工具准备。

◆ 掌握引导与会代表报到的程序与注意事项。

能力目标

◆ 能够按要求接站。

◆ 能够按要求签到。

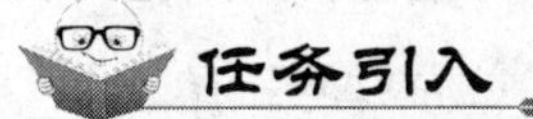

任务引入

磐基公司 2010 年度全国代理商表彰大会由秘书王阳协助总经理江山组织筹划，并做好相关的会中的接站报到工作。

任务分析

要做好相关的接站报到工作，首先要弄清会议的内容、会议的时间、与会的领导与嘉宾、与会代表的人数；其次要掌握接站工作的程序、接站的工具准备，了解引导与会代表报到的程序与注意事项；最后，作为职业秘书，接站报到工作要做到有条不紊，任何细节的疏忽都会影响到会议的效果和本企业的形象。

知识要点

会议的接站报到工作是会议中期重要的工作，会议工作人员的言谈举止，能否使与会人员在接站和报到地点得到及时、热情、友好的接待，是否了解本次表彰大会的概况，对会议的效果都会产生直接的影响。所以，组织会议的秘书人员必须重视会议的接站报到工作，尤其是一些重大的会议，更是要注重会议的接站报到工作。

一、接站工作

接站工作的主要步骤如下：

（1）要有统一的指挥调度系统，掌握与会代表的名单以及飞机、火车、轮船的班次及抵达的准确时间，将其编制成一目了然的表格，并要掌握与会代表的联络方式，拟定《会议代表接站安排表》，注明代表姓名、单位、职务、联系方式、车次/航班、到达（出发）时间、随行人数、接站司机和车号、接站工作人员、接站领导、接站出发地点和时间。将表格提前发放到接站的工作人员和接站领导手中，由接站的工作人员负责联系。（如表 2－6 所示）。

表 2－6　　会议代表接站安排表

姓名	性别	单位	职务	民族	联系方式	车次/航班	出发时间	到达时间	随行人数	接站司机	接站车号	接站工作人员	接站领导	接站出发时间	接站出发地点

（2）要备有足够的车辆和接站人员，接站人员每人要有一份与会代表抵达的准确时间表，按分工的线路和时间去接。

（3）对于自备交通工具的外地与会人员，要事先通过发传真或打电话的形式告知到达报到地点的详细路线图。

（4）在车站、码头、机场设置接待站，并制作醒目的接站牌（如图 2－6 所示）或接站条幅，如“磐基公司接待处”如图 2－7 所示。

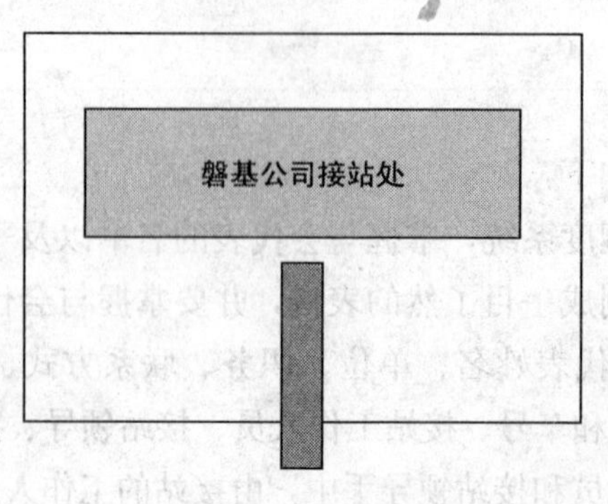

图 2-6　接站牌

磐 基 公 司 接 待 处

图 2-7　接站条幅

二、接站的工具准备

先准备好车辆和会议代表到达接站回执（见表 2-7、表 2-8），带好接待计划、会议代表接站安排表、手提式扩音器、工作证、胸卡、醒目的接站条幅和接站牌等接站标识物品，还要有一张急救电话号码表，应包含主要航空公司、出租车公司和会议有关方的电话号码。

表 2-7　　会议代表到达接站回执

<table>
<tr><th>姓名</th><th>性别</th><th>年龄</th><th>职务</th><th>民族</th><th colspan="3">电话</th></tr>
<tr><td></td><td></td><td></td><td></td><td></td><td colspan="3"></td></tr>
<tr><td></td><td></td><td></td><td></td><td></td><td colspan="3"></td></tr>
<tr><td></td><td></td><td></td><td></td><td></td><td colspan="3"></td></tr>
<tr><td></td><td></td><td></td><td></td><td></td><td colspan="3"></td></tr>
<tr><td></td><td></td><td></td><td></td><td></td><td colspan="3"></td></tr>
<tr><td>单位名称</td><td colspan="7"></td></tr>
<tr><td rowspan="2">到达青岛时间</td><td colspan="3" rowspan="2">12月　日　时　分</td><td>航班号</td><td rowspan="2"></td><td rowspan="2">始发城市</td><td rowspan="2"></td></tr>
<tr><td>车次</td></tr>
<tr><td colspan="4">自行驾车前往青岛市（在［　］内划√）</td><td colspan="4">［　］</td></tr>
</table>

注：请在 12 月 20 日前将此回执传真至青岛市磐基公司秘书处。

联系电话：0532-87690096　　传真：0532-87690096

单位盖章：

表 2-8　会议接站回执

单位			
接站人数	人	联系人姓名	
联系人手机			
到达	12 月 22 日　　航班　　时　　分抵青岛 12 月 22 日　　车次　　时　　分抵青岛		
返程方式	12 月　　日　　车次青岛—　　张 12 月　　日　　航班青岛—　　张		

注：请务必于 12 月 20 日前传真至青岛市磐基公司秘书处。

联系电话：0532－87690096 传真：0532－87690096

单位盖章：

三、引导与会代表报到

报到是指与会人员在到达会议所在地时所办理的登记注册手续。热情迎接与会人员、现场运作、合理安排工作人员和良好的交通安排是会议报到和现场管理顺利进行的组成部分。第一印象很重要，现场报到是大家露面的时候，前来报到的与会人员都是有备而来的，每个代表都应该得到最热情周到的服务。欢迎与会者并帮助他们进行报到是会议殷勤待客的重要表现。

（一）引导与会代表报到的注意事项如表 2－9 所示

表 2－9

报到的注意事项	负责人	联系方式	处理结果	备　注
查验有效证件				
报到小组成员业务要熟练				
报到人员的分配要合理				
指示牌要醒目				
备好会议报到须知				
食宿安排要留有余地				
其他事项				

（二）引导与会代表报到的程序如下

（1）在报到处的周围设立醒目的引导牌和标识牌，标明报到的具体位置。

（2）接待人员将预先准备好的文件袋（包括有关会议文件和会议材料、会场座次图、代表证、工作证、出席证等证件、餐券、住宿房间号码、文具等）发给报到人员，必要时引导与会代表去所住宿的房间并简要介绍周围的情况和开会的要求。

（3）向每位代表发放《会议指南》，《会议指南》包括会议日程、会议文件、食宿、乘车安排、座席安排、发言顺序、作息时间、代表名单、宾馆服务、注意事项等，要尽可能详细、清楚，使与会代表一目了然。

《会议指南》的主要内容：

①会议日程安排，包括会议代表自报到之日起到会议闭幕止每日上午、下午及晚上的具体安排。

②住房安排，包括会议代表单位、姓名、职务、住房号及电话，是女性代表、少数民族代表的需注明。

③会议分组名单，包括会议代表总人数，各小组人数，各小组组成单位及部门名称，小组成员名单，小组召集人、联络员、会场。

④会议秘书处的组成，包括会务小组成员名单、住房号及电话。

⑤会议注意事项、作息时间表等。

（4）随时统计需订返程票的会议代表，会议期间，根据预定返程票回执（见表 2－10）和与会人员的需要安排专人负责飞机票、车票、船票的订票工作，直到外地与会人员全部离开。

表 2－10　　预订返程票回执

姓名	性别	联系电话	到达地点	返程时间	返程方式	车次/航班	软/硬卧/座	数量（张）

注：1. 请加盖单位公章。

2. 请务必将此回执于 2010 年 12 月 20 日之前用快件或传真方式发给青岛磐基公司秘书处。

电话：0532－87690096　　传真：0532－87690096

（5）随时统计报到人数以备领导查询，答复会议代表咨询。

（6）报到结束后，汇总有关情况报告会议秘书长，要特别注意代表变更情况和因故不能及时报到代表的情况。

总之，会务工作人员在引导参会人员报到并发放证件、文件、材料、安排食宿之后，还应掌握报到情况，及时催促有关单位按时报到。对于未按时报到的单位要问明原因，并及时向组委会领导报告报到情况，向会务组提供报到名单。

四、做好签到工作

签到是指与会人员进入正式会场时向会议组织者表示入场的一种手续，会务组组织会议签到，可以及时准确地掌握到会人数，也可有效地保证会议安全，某些会议如党代会、人民代表大会对到会人数要求较严，必须达到法定人数才能进行选举和表决。有些会议不用签到，与会人员可凭会议通知、出席证、列席证或入场券进入正式会场，一些小型的内部会议可由秘书直接在名单上划掉。

常用的签到方式有：

（1）簿式签到，与会人员可在会议记录簿或签到簿上签名，这种签到方法相对简单，仅仅是名录登记，适合小型会议。（签到簿见表 2－11）

表 2－11　　会议签到簿

与会人员编号	姓名	性别	职务	民族	单位	通讯地址	电话	电子邮箱	邮编

（2）签到证（卡）签到，与会人员进入会场时，将会前发给的写着自己姓名的签到证（卡）交给工作人员，这种签到方法适合人数较多的大、中型会议，可以有效地避免因等候签到而造成的拥挤现象。

（3）电子签到卡签到，这种签到方法适合大型会议或者展览，会议签到系统是为了实现各政府、机关、企事业单位召开会议时签到的数据采集、数据统计和信息查询过程的自动化，实现会议管理的自动化而专门研制的。该系统采用了目前最先进的非接触 RFID 技术，与会人员只需通过会议签到机区域，便可快速同时完成多人会议签到的操作。它方便了参会人员的出席签到、会议管理人员的统计和查询，为有效地掌握、管理参会人员出入和出席情况提供了轻松的解决方案。

通常情况下，会议的签到与住宿安排连在一起。大型会议如果想在签到过程不出现混乱，必要的流程及准备是必须的——回执统计表、签到表格、引导及协助人员、住宿宾馆准确的房间数量及房间号、房间分配表、钥匙、标明入住者姓名及房号的小信封（内装客房钥匙，通常酒店可以提供）、入住酒店相对明显的路径指示、会议须知、会议详细日程、考察线路及参观方式、酒店功能的说明及付费标准、返程预定及确认、会务交通使用方式及付费标准等。如果可能，尽量使用计算机进行签到。如果人员较多，规模较大，最好使用专门的会议签到系统，尤其是租赁使用，能兼顾到方便性和节省成本的目的。一般情况下，签到服务人员应该不少于6人，工作时间应该根据会议参与人员抵达时间合理分配。如果事先将回执的项目设计得很周全，那么对于签到及入住安排会有很大帮助。

入场完毕，会议工作人员要根据签到迅速统计到会人数，并将应到人数、实到人数和缺席人数报告会议主持人。

2010年磐基公司年终表彰大会的接站报到工作可按照如下步骤进行：

一、接站工作

此次表彰大会的与会人员共1500人左右，会议的规模较大，属大型会议，应成立专门的接待组负责接站工作。接站人员应在30人左右，他们应训练有素，对待与会人员应自始至终态度谦和、彬彬有礼、服务到位，对与会人员咨询的问题要尽可能地给予明确、具体的回答。

根据工作需要和接待计划的安排，这些接站人员应分别分批次地被派往火车站、机场、码头，并准备好车辆，带上会议代表接站安排表、手提式扩音器、桌椅、工作证、胸卡、醒目的接站条幅和接站牌等接站标识物品，还要有一张急救电话号码表，表内应包含主要航空公司、出租车公司和会议有关方的电话号码。

2010年度表彰大会接站工作安排（12月22日）

领导小组：

组长：行政部经理

副组长：行政部副经理

组员：秘书王阳、刘飞等28人

（一）集中报到时间：12月22日一天

（二）接站（行政部副经理负责）

1. 火车站

(1) 白天接站：12月22日（早6：30～18：00）车辆安排：接站车六辆（要有接站牌和条幅），12月20日前落实。接站人员：行政部副经理等12人（4男、8女）。

(2) 夜间接站：12月22日（晚18：00～24：00）车辆安排：接站车四辆（要有接站牌和条幅），由秘书王阳带领8人（4男、4女）。

备品：桌椅、条幅、接站牌、矿泉水四箱。

2. 机场（行政部经理负责）

(1) 白天接站：12月22日（早7：30～18：00）车辆安排：接站车四辆（要有接站

牌和条幅），12 月 20 日前落实。接站人员：行政部经理等 8 人（3 男、5 女）。

(2) 夜间接站：12 月 22 日（晚 18：00～23：00）车辆安排：接站车两辆（要有接站牌和条幅），由秘书刘飞带领 4 人（2 男、2 女）。

备品：桌椅、条幅、接站牌、矿泉水两箱。

二、报到工作

会议是年终表彰大会，邀请了众多省市领导和业内同行代表，规模较大，报到工作应准备充分，尽量做到井井有条，具体做法如下：

1. 在报到处的周围设立醒目的引导牌和标识牌，标明报到的具体位置。

2. 接待人员将预先准备好的文件袋（包括有关会议文件和会议材料、会场座次图、代表证、工作证、出席证等证件、餐券、住宿房间号码、文具等）发给报到人员，必要时引导与会代表去所住宿的房间并简要介绍周围的情况和开会的要求。

3. 向每位代表发放《会议指南》，《会议指南》包括会议日程、会议文件、食宿、乘车安排、座席安排、发言顺序、作息时间、代表名单、宾馆服务、注意事项等，要尽可能详细、清楚，使与会代表一目了然。

4. 随时统计需订返程票的会议代表，会议期间，根据预定返程票回执和与会人员的需要安排专人负责飞机票、车票、船票的订票工作，直到外地与会人员全部离开。

5. 随时统计报到人数以备领导查询，答复会议代表咨询。

6. 报到结束后，汇总有关情况报告会议秘书长，要特别注意代表变更情况和因故不能及时报到代表的情况。

三、签到工作

此次表彰大会的规模较大，属大型会议，所以与会人员签到时最好使用电子签到卡签到，这要求会议秘书处提前根据与会人员的信息，在会前制作好电子签到卡。这样，与会人员进入会场时，用磁卡插入（接触式）专用机，或靠近（非接触式）签到机，与此相连的电脑就会自动记录和显示与会者的姓名、性别、年龄、单位、职务、代表的性质、组别、代表证编号等信息。此外，电子签到机在与会人员签到结束后还能立即统计出出席人数和缺席人数，并能随时调出这些与会人员的相关信息。

由于购买电子签到机费用昂贵，而且也不经常使用，所以可以临时租用技术先进的电子签到机更为经济实用。

一、案例分析

案例一：不好找的接站处

志诚公司定于 2008 年 3 月 4 日至 5 日在北京召开为期两天的新产品推广会，邀请了国内外十几家合作公司的管理人员，技术人员近百人参加。秘书高叶负责安排接站报到工作，但因春节后客流较大，她又缺乏一定的经验，致使部分与会者没能找到接站处，费了很大周折才找到报到地点，因而损害了企业的良好形象。

思考与分析：秘书高叶负责的接站工作有哪些不妥之处？

案例二：热心的李秘书

某企业要召开经验交流大会，李秘书负责去火车站接站，在接到客人回单位的途中，李秘书向客人详细地介绍了本地的旅游胜地和风土人情，并谈到了自己的家庭和收入情况，同时又询问客人这方面的情况。

思考与分析：李秘书从火车站接到客人后的谈吐如何？

二、实战演习

某学院将于2008年10月23日至24日召开建校50周年庆典大会，邀请了省里、市里的有关领导、各兄弟院校的领导、各赞助企业的领导、校友等，与会人数300人左右，如何做好会议的接站报到工作？并将方案做成ppt演示文档。

任务二　安排会议值班工作

知识目标

- 掌握会议期间值班工作和值班日志的主要内容。
- 掌握会议值班安排表、值班电话记录、交接班记录的格式和内容。

能力目标

- 能够编制值班安排表。
- 能够按要求填写值班日志。
- 能够正确处理值班期间的电话接待和来访接待。

任务引入

盘基公司2010年度全国代理商表彰大会由秘书王阳协助总经理江山组织筹划，并安排好会议期间相关的值班工作。

任务分析

要做好相关的会议期间的值班工作，首先要弄清值班工作的主要内容和值班日志的主要内容，其次要会编制值班安排表，掌握会议期间值班电话记录、交接班记录的格式和内

容以及值班工作的注意事项；最后，作为职业秘书，会议期间的值班工作要做到有条不紊，任何环节的纰漏都会影响到会议的质量。

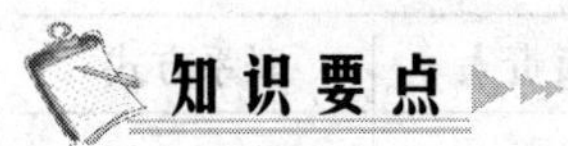

知识要点

会议期间的值班工作是会议中期重要的工作，会议值班人员的工作态度和工作能力，对会议的效果都会产生直接的影响。所以，组织会议的秘书人员必须重视会议的值班工作，尤其是一些重大的会议，更是要注重会议的值班工作。

一、会议期间值班工作的主要内容

会议值班，指从与会人员报到当日开始到代表全部离会期间，实行 24 小时值班，及时联系并解决各种可能出现的问题。

（一）值班工作的主要内容（如表 2－12 所示）

表 2－12　　　　值班工作主要内容

值班的主要内容	值班人员	联系方式	处理时间	处理结果	备注
电话、通知和传真的转达					
来访接待					
重要紧急事项的报告					
突发性事务的处理					
信息传递工作					
领导临时交办的事项					
安全工作					

（二）秘书值班工作的要求

（1）要坚守岗位，不得擅自离岗。

（2）要善于随机应变，不要手忙脚乱。

（3）要言行谨慎，不得有损形象。

（4）要请示汇报，不可越俎代庖。

（5）要规范高效，不得推托扯皮。

总之，会议值班室应实行昼夜值班，应在会议秘书处的领导下，负责好会议期间信息的承上启下，各部门、各环节的左右联系、互相沟通和平衡协调的工作。

二、编制会议值班安排表

会议值班表是根据会议工作的需要，在不同的时间里需要不同的人进行同样的工作，

这就要编排一个班次表，标明由谁在什么时间或日期上班或休息等。（如表 2－13 所示）

表 2－13　　会议值班表

时间	部门	姓名	联系方式	负责人	联系方式
12 月 22 日 6：00～14：00					
12 月 22 日 14：00～22：00					
12 月 22 日—23 日 22：00～6：00					
12 月 23 日 6：00～14：00					
12 月 23 日 14：00～22：00					
12 月 23 日—24 日 22：00～6：00					
12 月 24 日 6：00～14：00					
12 月 24 日 14：00～22：00					

说明：

- 值班时间，请注意保持会议值班室的安静整洁。
- 与会人员若有问题，欢迎前往会议室询问。
- 值班人员请注意接待来访人员。
- 值班人员请保证离开时会议值班室整洁。

磐基公司秘书处

2010 年 12 月 20 日

会议值班表也可以这样制作：

12 月 22 日

09：00 接到行政部经理电话。

09：20 接待自驾车前来报到人员。

09：40 接到客户电话，反映产品售后服务方面的问题。

10：15 会务组通知值班人员小张，务必做好值班室与会务组的及时沟通与联系。

10：30 协调生产部门与技术研发部门会议室使用时间相同的问题。

10：50 接待外地来访人员。

11：10 认真解答顾客咨询的产品质量问题。

11：30 引导与会人员报到，办理相关的手续。

三、会议期间值班记录的编写

（一）值班日志的主要内容（如表 2－14）

表 2－14　值班日志

时间		值班领导		值班人员	
内容	外来的信函、电报、电话反映情况 值班人签名：				
备注					

（二）外来人员来访接待登记表（见表 2－15）

外来人员来访接待登记表的内容有：来访人员的姓名、单位、来访时间、来访事由、访问对象、联系方法、处理结果、值班人等。

表 2－15　接待登记表

来访人员姓名	单位	来访时间	来访事由	访问对象	联系方法	处理结果	值班人签字

（三）值班电话记录表（见表 2－16）

值班电话记录表的内容有：来电时间、来电人员姓名、来电单位、来电内容、找寻对象、联系方法、处理结果、值班人等。

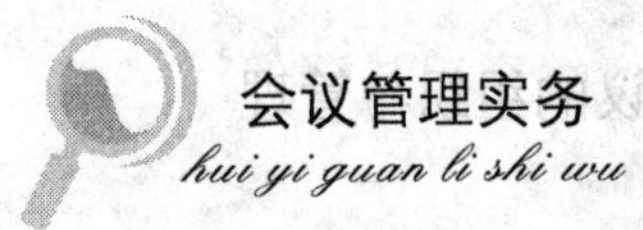

表 2－16　　　　　　　　　　**值班电话记录表**

来电时间	来电人员姓名	来电单位	来电内容	找寻对象	联系方法	处理结果	值班人签字

（四）交接班记录表的格式和内容（见表 2－17）

表 2－17　　　　　　　　　　**交接班记录表的格式**

接班时间		值班人员		交接内容		备注
交班时间						
接班时间		值班人员		交接内容		
交班时间						
接班时间		值班人员		交接内容		
交班时间						
接班时间		值班人员		交接内容		
交班时间						
接班时间		值班人员		交接内容		
交班时间						
接班时间		值班人员		交接内容		
交班时间						
接班时间		值班人员		交接内容		
交班时间						

年　　月　　日　　　　　　　　　　　　　　　　值班领导签字：

　　　　　　　　　　　　　　　　　　　　　　　办公室主任签字：

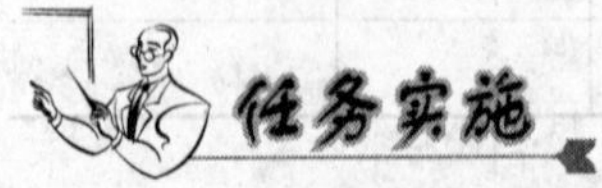

2010 年磐基公司年终表彰大会的值班工作可按照如下步骤进行：

一、安排值班人员做好 2010 年 12 月 22 日至 24 日三天的值班工作，主要做好以下工作（如表 2－18 所示）

表 2-18　　值班人员联系表

值班的主要内容	值班人员	联系方式	处理时间	处理结果	备注
电话、通知和传真的转达					
来访接待					
重要紧急事项的报告					
突发性事务的处理					
信息传递工作					
领导临时交办的事项					
安全工作					

二、编写好会议期间的值班记录表

（一）值班日志的主要内容（见表 2-14）

（二）外来人员来访接待登记表（见表 2-15）

（三）值班电话记录表（见表 2-16）

（四）交接班记录表的格式和内容（见表 2-17）

一、案例分析

案例一：不负责任的值班秘书

海潮公司正在召开新产品质量鉴定会，会务秘书黄嘉正在会务组值班室值班，这时进来一位西装革履的先生，声称要找一位鉴定专家有事，黄嘉便让他自己到会场去找，这时，一位工作人员匆匆跑来，告诉她会议室的电源插口有了问题，让她快找公司的电工师傅，黄嘉说："今天是周六，我哪知道他在哪啊？"于是，便不再管。过了一会儿，她看了看表，快下午 5：00 了，估计不会再有什么事，便离开了公司。

点评：会议的值班工作是一项重要和严肃的工作，值班人员要以认真负责的态度做好工作，不能脱岗，不能推诿责任。在值班时，手边要有相关人员的通讯录。

案例二：值班秘书的四种方案

某企业办公室王秘书负责会议期间的值班工作，下午 5 点，他接到一个紧急电话。电话内容是：本单位的一辆面包车与外单位的一辆大卡车相撞，面包车的司机及车内五人重伤，车损严重，不能开动，特请求单位急速处理，王秘书做好了电话记录，思考四种处理办法：

一是等到第二天上班时，向领导汇报后，再按领导指示办；

二是立即向主管领导汇报，请领导亲自到现场处理；

三是自己立即到现场去做紧急处理；

四是用电话方式联系有关部门，然后再向领导汇报。

思考与分析：试问上面案例中王秘书的哪种做法妥当？具体应当怎么做？应注意什么？

案例三：毒药掉进河里之后

2008 年的一天深夜，某市政府值班秘书小刘接到市交通部门打来的紧急电话，告知一家装卸公司在某码头装卸化学物品时，不慎将一桶剧毒化学物品落入水中。若毒药扩散到水中，人畜饮用后会造成死亡。此时刘秘书脑海中掠过两套方案：一是打电话给市领导或上级机关，请求指示，然后依照领导的指示去执行，如果找不到领导，再根据自己的经验处理。二是立即赶到现场指挥打捞。

思考与分析：如果你是值班秘书，应当采取什么措施？

二、实战演习

某企业将于 2011 年 9 月 23 日至 24 日召开全国知名企业家经验交流大会，邀请了省里、市里的有关领导和全国知名企业家代表，与会人数 200 人左右，如何做好会议期间的值班工作？并将方案做成 ppt 演示文档。

任务三　会议突发事件处理

知识目标

- 了解会议突发事件的种类。
- 掌握会议突发事件处理方案的内容和具体措施。

能力目标

- 能够拟订会议突发事件的处理方案。
- 能够正确处理会议中的突发事件。

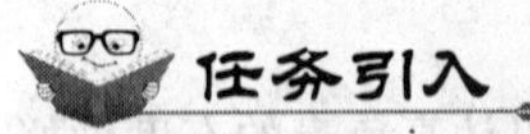

磐基公司 2010 年度全国代理商表彰大会由秘书王阳协助总经理江山组织筹划，并请做好相关的会中突发事件的处理工作。

任务分析

要做好相关的会中突发事件的处理工作，首先，要弄清会议的内容、性质以及与会代

表的人数，了解会议突发事件的种类；其次，要掌握会中突发事件的处理方案的内容和具体措施。会中突发事件的处理工作事关重大，稍有不慎就会影响到整个会场的秩序和会议的效果。

知识要点

会中突发事件的处理工作是会议中期重要的工作，会议工作人员办事是否果断，直接影响到单位的整体形象，对整个会场的秩序和会议的效果都会产生严重的影响。所以，组织会议的秘书人员必须重视会中突发事件的处理工作，尤其是一些重大的会议，更是要注重会中突发事件的处理工作。

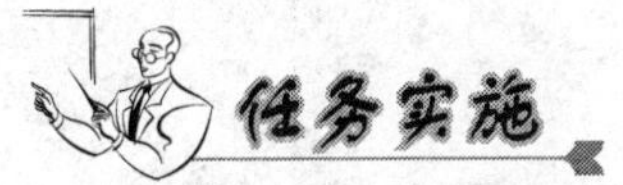

一、会中突发事件的种类

常见的会议突发事件有以下六类：

（1）人员问题，会中常见的人员问题是发言人、参加者或关键代表的缺席或无法按时到会，致使登记参会的代表数量不足，从而影响会议的规模、财务收支和公共关系等。

（2）健康与安全问题，会议中有时会出现意想不到的情况，如突发性的火灾（见图2－8）、地震（见图片2－9）等各种灾害的发生，安全通道和消防通道不畅通，或某位与会代表患有严重或高度传染的疾病，或由于天气等原因导致某位与会代表休克（见图2－10）、突发心脏病、脑溢血等病，或因某种原因导致与会人员出现食物中毒（见图2－11）等。

图2－8　突发性的火灾

图片来源：http：//www.0437.gov.cn

图 2-9　突发性的地震

图片来源：http：//hi. baidu. com/

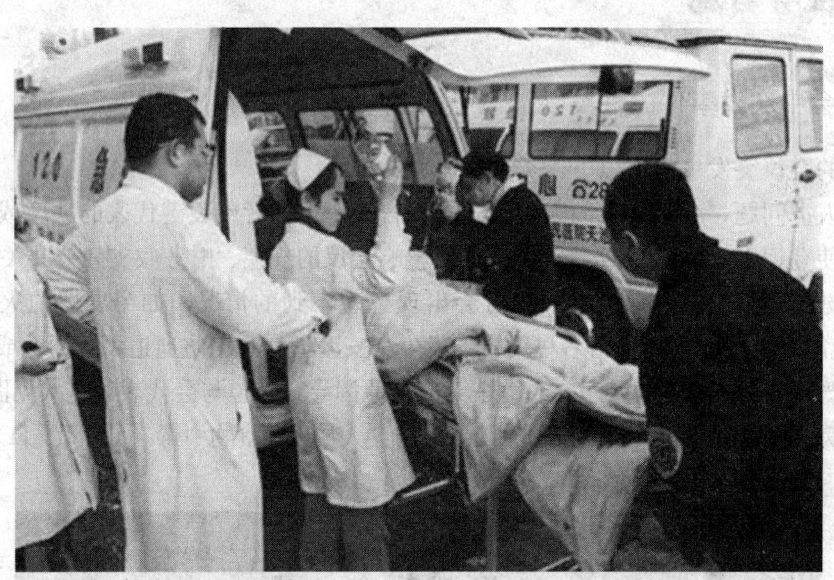

图 2-10　突发性的休克

图片来源：http：//nx. people. com. cn/

(3) 行为问题，会议中偶尔会出现发言人行为不当或某些与会人员行为不当等情况。

(4) 设备问题，会中常见的设备问题是会场的扩音设备、灯光、投影机或录音录像设备等缺少或出现故障。

(5) 场地问题，会中常见的场地问题是会场的制冷、取暖设备或通风系统出现故障，有时会议场所会因某种原因不可使用，这就需要临时找替代的场所。

(6) 资料问题，有的会议由于与会人员超出既定人数，或是由于会议资料印刷质量欠佳可能造成会议资料不足的问题，有时由于各种原因，可能致使会议资料无法按时送到会议地点。

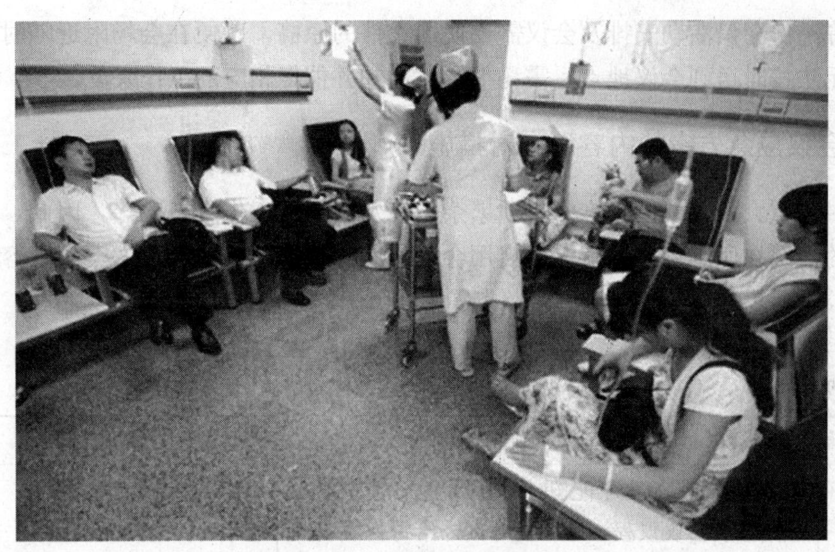

图 2-11　突发性的食物中毒

图片来源：http：//news. dnkb. com. cn/

二、处理会中突发事件的方法

（1）处理人员问题。如果会中某位发言人不能按时到会，可以考虑替代者，如果会中某位发言人实在无法替代，可以临时修改会议议程。会议主持人可以临时额外给每位发言人 10 分钟自由提问时间，以弥补发言人的缺席。

（2）处理健康与安全问题。要加强会前的检查，必要时要组织应对突发性的火灾、地震等各种灾害的演习，要派专门人员负责把守安全通道，有条件的单位应充分利用会场的监控摄像系统，以便随时掌握会场的方方面面和各种突发情况。此外，各种大中型会议事先应安排好医术一流的医护人员在会场应急，同时还要加强会议的值班工作。

（3）处理行为问题。要防止会议中偶尔会出现的发言人行为不当或某些与会人员行为不当等问题，首先，要审核发言人以往的情况，并在发言前加强与发言人的沟通与交流。其次，会议组织者提前要做好多方面的准备以避免这种情况出现，比如请某些行为不当的与会人员暂时离开会场等。

（4）处理设备问题。要防止会场设备出现问题，应加强会前检查与调试。在一些对外的大中型会议中，要想及时处理会中常见的会场的扩音设备、灯光、投影机或录音录像设备等出现的故障，最好备有紧急维修师的姓名、电话和地址，并及时与之联系。同时，还应详细了解本地可以租到或购买相应设备的公司的名称、电话和具体地址。

（5）处理场地问题。若会场的制冷、取暖设备或通风系统出现故障，最好备有紧急维修师的姓名、电话和地址，并及时与之联系。如果会议场所因某种原因不可使用，这就需要临时找附近的大礼堂、电影院、剧院和报告厅等。

（6）处理资料问题。如果会议中出现会议资料不够或印刷质量欠佳等问题，就需要秘书随身带着一份会议活动安排及会议需要使用文件的原稿，以便在会场附近随时复印。若会议资料无法按时送到会议地点，需秘书及时通知并催促相应的工作人员。

三、会议应急方案的内容和应对措施

由于一些重大的会议会前准备事项繁杂，涉及的会议工作人员众多，因此，出现会中突发事件的情况在所难免。这就需要启用会议的应急方案，会议应急方案的内容和应对措施如表 2－19 所示：

表 2－19　　会议应急方案的内容和应对措施

预测情况	应对措施	负责人	联系方式	备注
人员问题	若会中某位发言人不能按时到会，可以替代，甚至临时修改会议议程，还可临时额外给每位发言人 10 分钟自由提问时间，以弥补发言人的缺席。			
健康与安全问题	加强会前检查，组织应对各种灾害的演习，派专人把守安全和消防通道，安排医护人员在会场应急，同时加强会议值班工作			
行为问题	审核发言人以往的情况，并在发言前加强与其沟通与交流，必要时请某些行为不当者暂时离开会场			
设备问题	加强会前检查与调试，备有紧急维修师的姓名、电话和地址，还应详细了解本地可以租到或购买相应设备的公司的名称、电话和具体地址			
场地问题	若会场的制冷、取暖设备或通风系统出现故障，最好及时联系紧急维修师。有时需要临时找附近的大礼堂、电影院、剧院和报告厅			
资料问题	秘书要随身带一份会议活动安排及会议需要使用文件的原稿，以便在会场附近随时复印，若会议资料无法按时送到会场，秘书应及时通知并催促相应的工作人员			
应急组织和人员的到位情况	会前和会中提醒应急组织和人员随时做好工作准备，并备有其联系方式			
应急车辆准备情况	加强会前检查，备有足够的应急车辆，提醒司机随时做好准备，并备有其联系方式			
会议指挥沟通系统是否灵敏	会前进行适当的突发事件演练和模拟，检验会议指挥沟通系统的灵敏性			

四、会议突发事件处理方案的内容和具体措施

（一）会议突发事件处理方案的内容

1. 会议进行过程中可能出现的突发事件

（1）人员问题

（2）场地问题

（3）设备问题

（4）资料问题

（5）健康与安全问题

（6）行为问题

2. 出现问题时负责解决的会议工作人员

在会议突发事件处理方案中，应明确指出会议各小组的成员组成情况，同时注明各个工作人员的职责，如果出现各种紧急或意外情况，会前准备阶段就应落实责任到具体哪些人负责。

（二）会议突发事件处理方案的具体措施

1. 及时报告

上述突发性事件发生之后，会场有关的工作人员要马上将事件发生的时间、地点、经过、危害程度等情况及时向单位的领导报告，涉及某些部门的事件先向其部门领导报告，然后再向单位的主管领导汇报。

2. 先期处理

发生突发性事件后，除了向领导报告外，先期可采取下列措施予以处置：

（1）迅速组织人员急救。会场有关的工作人员得到某位与会代表突发疾病的消息后，必须火速赶到现场，并组织有关人员负责先期处理，阻止事态的进一步扩大。医护人员应在第一时间赶到现场。

（2）组织保护现场。如到火灾现场后，应采取应急措施，迅速划定现场保护范围。除抢险救灾人员外，严格禁止无关人员冒然闯入现场，为现场勘察和事件调查提供良好的条件。

（3）积极抢险救灾。火灾、地震等突发性事件如遇到事件现场有人员受伤，在保护现场的同时应迅速组织人员抢救伤员将伤员送医院急救。

（4）抓紧调查取证。在保护火灾现场、抢救伤员的同时，应抓紧进行现场取证，了解事件的真实情况，为查清突发事件的成因与经过提供第一手材料。

3. 善后工作

（1）先期处理之后，应将整个突发性事件的经过、应急处理措施及需要帮助解决的问题向领导汇报。听取领导指示之后，再做好善后工作。

（2）对重大突发性事件迟报、漏报、瞒报、虚报的，对突发性事件发生接到通知而不及时到位处理的，单位将追究有关人员的责任。

2010年磐基公司年终表彰大会会中突发事件的处理工作可按照表2-20中的步骤进行：

表2-20

会中突发事件类型	处理方法	负责人	联系方式	备注
人员问题	若会中某位发言人不能按时到会，可以替代，甚至临时修改会议议程，还可临时额外给每位发言人10分钟自由提问时间，以弥补发言人的缺席			
健康与安全问题	加强会前检查，组织应对各种灾害的演习，派专人把守安全和消防通道，安排医护人员在会场应急，同时加强会议的值班工作			
行为问题	审核发言人以往的情况，并在发言前加强与其沟通与交流，必要时请某些行为不当者暂时离开会场			
设备问题	加强会前检查与调试，备有紧急维修师的姓名、电话和地址，还应详细了解本地可以租到或购买相应设备的公司的名称、电话和具体地址			
场地问题	若会场的取暖设备或通风系统出现故障，最好及时联系紧急维修师。有时需要临时找附近的大礼堂、电影院、剧院和报告厅等			
资料问题	秘书要随身带一份会议活动安排及会议需要使用文件的原稿，以便在会场附近随时复印，若会议资料无法按时送到会场，秘书应及时通知并催促相应的工作人员			

一、案例分析：水杯打翻以后

某企业正在召开由各部门经理参加的内部会议，营销部经理在谈到本部门上半年的销售业绩时因为过于激动，他用力一挥手，不料刚续上茶水的茶杯被打翻了，开水全泼到了旁边生产部门经理的手上。

思考与分析：秘书应如何处理这种突发事件？

二、实战演习

某企业将于2008年9月15日至16日召开建厂60周年庆典大会，邀请了省里、市里的有关领导、各兄弟单位的领导、公司董事会成员、全国各分公司的领导、全国销售代理商代表以及公司著名的高层管理人员和科技人员等，与会人数800人左右，如何做好会议的突发事件处理方案？并将方案做成ppt演示文档。

任务四　会议的联络工作

知识目标

◆ 掌握会议各方联络工作的各项要点及要求。

能力目标

◆ 能够进行会议各方的联络工作。

任务引入

磐基公司2010年度全国代理商表彰大会由秘书王阳协助总经理江山组织筹划，并做好相关的会中联络的处理工作。

知识要点

为了使会议成功举办，会议承办方与主办方及承办方内部的信息沟通是不容忽视的，这就是会议中的联络工作。良好的信息沟通，可以保证承办方充分了解主办方的意图，保证承办方内部各方面的协调配合，促使会议的顺利进行。

一、承办方与主办方的联络

这里所要讨论的联络指的是主办方已选定承办方饭店后，承办方与主办方的信息沟通。作为承办方的饭店一旦与主办方签订了会议合同，就要在会议正式举办前随时与主办方联络，以保证会议的成功举办。

（一）承办方与主办方的联络主要在会前，通常包括以下内容：

(1) 询问主办方是否有新闻点、知名人士、特殊活动以及值得报道的事件，是否需要用公共关系以协调宣传工作。

(2) 向客户解释，要得到良好的服务，有必要尽早向承办方提出详细的要求。

(3) 核实会议召开的时间、与会代表到会和离会时间。

(4) 核实所有活动的出席人数，确认工作人员和贵宾用房的要求，以便复查预订的套间。

(5) 征求对会议布局图的意见。

(6) 核实视听设备的需求情况，讨论会场布置的细节。

(7) 确定宴会部的联络人后，为其提供客户名单和电话号码，并帮助其联络客户。

(8) 核实客户对办公用品的要求，如打字机、电话等，是否需要装饰或聘用装潢人员和花匠。

(9) 向客户介绍办理入住登记的人员和程序。

(10) 提醒客户客房预订的截止日期。

(二) 联络方法与工具

承办方与主办方的信息传递可使用口头传递、影像传递、电子系统传递和专人传递。承办方与主办方的信息沟通可通过信件、电话和亲自登门来实现。此外，随着办公自动化时代的到来，网络和传真在双方的沟通中扮演着越来越重要的角色。为了减少就具体问题而频繁进行的电话和信函联络，现在许多会议承办方都采取了向会议主办方发送摘要问卷调查表的方式。该调查表把与会议有关的重要问题集中列出，从而提高了双方沟通的效率。

二、会前会

会前会通常在正式会议召开的前一两天举行，会上，主办方的会议策划人及其同事（主办方工作人员）要同承办方的会议服务经理以及直接向客户提供服务的各部门负责人见面，并对即将实施的方案进行审核。会前会可促使主办方和承办方进一步加强信息沟通。

首先，会前会的日期和时间由饭店和会议策划人商定。会上承办方饭店要认真考虑座位的合理布局、会议室的合理面积、客户座椅的舒适程度、饮料和甜点以及室内设施等细节问题，使客户感觉到饭店在认真服务上会将他们的会议视同于自己的会议。会议服务经理可以借此机会针对会议团体的任何不寻常特点及要求来配备人员。

其次，会前会上应为参加会议的饭店的所有部门负责人准备桌签，使主办方的会议策划人和工作人员可以在会上认识饭店方的关键人物。同时，要为会议策划人及其工作人员准备印有姓名的贵宾（VIP）徽章。这样做有两个作用：一是将会议策划人与饭店员工区分开来，使其知晓饭店尊重他们的职位并且了解会议的重要性；二是如果紧急关头突然生变或者提出要求，饭店工作人员可以轻易找到相关的负责人。

最后，会议要为饭店部门负责人留出时间提问，以便澄清与服务相关的问题。

通过会前会，如果双方有理解上的错误或者有需要变动的地方，会议策划人有机会做出更正。饭店方应指派一名秘书在现场记录下所做的更改，会后将最终的变动打印成明细表并分发给所有相关人员。

明细表上列有整个会议的方案，它是饭店内部的沟通媒介，不仅要发给出席会前会的

所有人员，还应分发到饭店的每个部门。要随时向各部门通报最新信息，使他们能够预测所需的人员配置。

三、承办方内部的联络

会议期间，会有许多意想不到的事情发生，因此在任何情况下都要要求饭店员工能够做出迅速的反应。会议服务经理要想及时解决突发事件，就需要事先列出会议服务关键人员的联络名单（见表 2－21）。关键人员与会议服务经理之间的联络必不可少。会议期间，各方人员的压力都很大，在出现紧急情况时有人出面加以解决，会议策划人会非常感激。向与会者提供饭店关键人员联络名单是一种具有积极意义的举措。

表 2－21　　关键人员联络名单

××饭店

在＿＿＿＿＿会议期间，饭店各项服务工作和联络人名单。

时间	小时	姓名	职位	电话分机
早晨	上午＿至下午＿	＿＿＿	＿＿＿	＿＿＿
白天	上午＿至下午＿	＿＿＿	＿＿＿	＿＿＿
晚间	上午＿至下午＿	＿＿＿	＿＿＿	＿＿＿
周六	上午＿至下午＿	＿＿＿	＿＿＿	＿＿＿
周日	上午＿至下午＿	＿＿＿	＿＿＿	＿＿＿
假日	上午＿至下午＿	＿＿＿	＿＿＿	＿＿＿

饭店各部门关键人员

请在下列各部门关键人员中，标出会议服务联络人。

标记	部门	姓名	职位	电话分机
＿＿	＿＿＿	＿＿＿	＿＿＿	＿＿＿
＿＿	＿＿＿	＿＿＿	＿＿＿	＿＿＿
＿＿	＿＿＿	＿＿＿	＿＿＿	＿＿＿

除提供关键人员名单外，饭店还应为会议策划人指定一名全天候主要联络人。而且，在条件允许的前提下，应为其配备步话机、寻呼机、呼叫器、移动电话，以保证饭店工作人员随时联系。

四、秘书的联络工作

这里的秘书主要指参与会议的秘书。在会议期间，秘书人员应做好以下工作。

（一）信息的收集、传递、反馈工作

（1）要深入实际，多听、多记、多想、多算、多跑，争取全面地收集信息，掌握第一

手资料。

(2) 要注意信息的加工提炼，形成成果，使上司、与会者、新闻媒体都能方便使用。要做到这一点，秘书需要能熟练运用综合加工（把各种相关的信息有机地结合在一起的过程）、提炼加工（从各种信息中提取所需要信息的深加工过程）、推导加工（依据已知信息，运用逻辑推理得出新结论的过程）的方法，对获得的信息进行提炼加工。

(3) 对反馈信息的收集，要注重时效，反应敏捷。

（二）做好会议期间的对外宣传

(1) 妥善处理与新闻媒体的关系，注意内外有别，严守单位秘密。

(2) 在传递方式和传递内容的选择上，应本着对象、效果、时效、费用的原则综合考虑。

(3) 要随时收集外界舆论和新闻媒体对会议的报道，为领导提供参考。

(4) 会议结束后，秘书要为召开记者招待会提供必要的信息资料，使会议领导者能更好地向新闻媒体介绍会议情况，回答记者的提问。

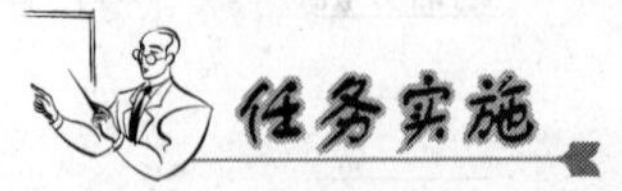

王阳的联络工作可以从以下几方面着手：

1. 会前会在大会正式召开前一两天进行，一方面进行会前最后检查；另一方面也促进了会议筹办各方的沟通。

2. 首先列出会议关键服务人员名单，以备出现突发事件时的联络与处理。

3. 会议秘书要做好会议期间信息的收集、传递与反馈工作。

4. 会议秘书要做好会议期间的对外宣传工作。

案例分析：一个成功的会前会

在公司召开新闻发布会期间，秘书钟苗与媒体进行了良好的沟通。她在会前为记者安排了一个介绍会，准备了详尽的会议材料，专门辟出场地以供摄影摄像，并且给了记者充分的提问时间。发布会很成功，媒体的报道内容翔实，很有说服力，在社会上引起了较大的反响。

点评：会议期间一定要注意接待好新闻媒体，让记者能够有充分的机会与时间了解相关信息，为记者的报道提供方便。

课题三　会议善后工作

任务一　会议文件资料的收集和整理

知识目标

◆ 了解会议文件资料收集的要求。

◆ 了解会议文件资料整理的要求。

能力目标

◆ 能够收集会议文件资料。

◆ 能够整理会议文件资料。

任务引入

磐基公司 2010 年度全国代理商表彰大会由秘书王阳协助总经理江山组织筹划。会后，总经理要求王阳认真收集这次会议的全部资料并加以整理、归纳。

任务分析

收集、整理会议资料首先要弄清会议资料收集、整理的要求，了解哪些资料是需要收集和整理的，同时要对不同的会议资料进行立卷归档。

知识要点

文书处理是会后一项重要工作。会议文书处理几乎包括了文书处理的各个环节。会议文件资料的回收，会议纪要及其他文件的起草，会议文件的立卷、归档，都是会后需要做好的工作。

一、收集、整理会议文件的要求

一次会议，尤其是重要的、大型的会议必然会产生大量的文件，这些文件对日后工作有着很重要的查考价值。因此，要确保会议文件齐全完整地保存下来，就必须注意文件形成过程中的收集工作。在收集和整理会议文件的时候，要注意如下要求：

(1) 确定会议文件资料的收集范围。会前分发保密文件，按清退目录和发问登记簿逐人、逐件、逐项检查核对。

(2) 及时收集会议文件，确保收集齐全。

(3) 选择收集渠道，运用不同方法。

(4) 严格履行登记手续。认真检查文件是否缺件、缺页、缺损，及时补救毁损文件。

(5) 收集整理过程注意保密。

二、了解会议的规模和类型

收集、整理会议文件之前，首先要注意区分会议的规模和类型（如图 2－12 和图 2－13），是重要会议还是一般事务性会议，是大型会议还是小型会议，是部门例会还是一年一度的工作会议，是专题研讨会还是座谈会等。一般来说，重要的、大型的会议除会议的主要文件必须收集完整外，与会议有关的文件、资料也应尽可能收集齐全，如会议主要文件的历次稿、会议期间的各种通知、会议各种证件以及会后的新闻稿等。其他会议，只要能确保会议的重要文件收集完整就可以了。

图 2－12　荣事达召开的大型商贸会议

图片来源：http：//www. hyxd. cn/jianghu/show. jsp? id=15455

图 2－13　小型会议台

图片来源：http：//www.oa366.com/TimesCat.asp？recommend＝&catid

三、会议文件收集的方法及类型

在明确了会议规模、类型之后就要跟踪收集与之相关的文件、资料。按会议流程可分为会前、会中、会后收集。如表 2－22。

表 2－22　会议各阶段收集文件的种类

会议流程	具体内容
会前收集	收集在会议准备工作开始后产生的会议通知、会议总体安排方案的请示件、参加会议人员名单的请示件、会议各项流程安排的请示件、会议文件的报批件、各工作小组工作职责和人员分工、为此次会议召开的有相关部门人员参加的协调会材料等
会中收集	收集会议期间印发的会议须知、席次、领导讲话、会议各种参阅文件、会议简报等，还要特别注意领导在会议进程中的批件以及各种会议证件的收集
会后收集	收集会后正式印发的供传达用的会议重要文件及会议新闻稿等

四、会议文件的立卷与归档

1. 会议文件立卷归档的内容

会议结束后，应将会议中的主要文件整理成案卷，并按规定移交给档案部门存档。

下列文件必须收集立卷：会议的正式文件，如决议、决定、通知、纪要、报告等；会议的参考文件；会议的各种发言稿；会议文件的各种修改稿；会议上的各种速记稿、记录稿；选举材料；会议发放的各种证件；会议的记事表；其他有关资料。除此之外，会议的照片、录音录像等其他形式的重要文件也要收集齐全。

立卷时，应该将同一次会议形成的文件组织在一起，按照文件的内在联系进行分类组合，并按照归档制度的要求定期归档。

2. 会议文件立卷归档的注意事项

归档的文件应齐全完整，有文件发文稿纸、文件处理单的，应与文件正本、定稿一并归档；对已破损的文件应予修整，字迹模糊或易退变的文件应予以复制。

第一，加盖归档章。自制文件加盖在文件首页上端的正中空白位置，收文加盖在文件阅办处理单上端的正中空白位置。

第二，整理装订。“件”是归档文件的整理单位，一般以每份文件为一件，归档文件按件装订。装订时：

（1）文件正本与定稿为一件（正本在前，定稿在后）；

（2）正文与附件为一件（正文在前，附件在后）；

（3）原件与复制件为一件（原件在前，复制件在后）；

（4）转发文与被转发文为一件（转发文在前，被转发文在后）；

（5）外单位的来文与本单位的复文为一件（复文在前，来文在后）；

（6）本单位向同级或上级机关的去文与这些机关的复文可以各为一件，但须排列在一起；

（7）会议文件每份文件为一件，会议记录原则上一次会议记录为一件，也可一本（册）为一件；

（8）报表、名册、图册等一册（本）为一件。

在装订方式上，可保持原有的装订方式或用胶水粘结左上角，但必须以件为单位装订，保持整洁和美观，便于装盒和档案数字化加工处理。

3. 排列编号

归档文件应在年度内按事由结合时间或重要程度来排列。同一保管期限内，先按“文件形式（文种）”排列，然后按“专题事由（工作类别）”排列，再按“形成日期”顺序排列，将属于同一类型的文件排列在一起，成套文件应集中排列。

室编件号，即文件排列的顺序号。归档文件依排列顺序从“1”开始逐件编号，并填写在归档章和归档目录的相关项目内。同一年度内，永久、30年、10年分别编顺序号。

4. 编目

归档文件应按照室编件号顺序，分保管期限逐件编制《归档文件目录》。每一保管期限的《归档文件目录》都应打印一式两份，一份按目录封面、归档文件目录的顺序装订成册作为检索工具；一份随归档文件装入档案盒。

5. 装盒

将归档文件按照室编件号顺序装入档案盒，并填写档案盒封面、盒脊及备考表。

6. 编写《归档文件整理说明》

《归档文件整理说明》应随档案一同移交。

7. 编写《大事记》

《大事记》是按照时间顺序简要记载一定历史时期的重大事件和重要活动的档案参考

资料。各立档单位应建立大事记载制度，年终编写本年度的《大事记》，经部门（单位）领导审阅后存档，并随档案一同移交。

8. 其他

每件归档文件不需自编页号，只需在归档章及归档目录相关项目中准确填写页数。立档单位应将《归档文件目录》、《归档文件整理说明》、《大事记》等刻制成光盘保存并移交，以便对归档文件进行数字化加工和电脑检索。

9. 会议文件立卷归档的意义

（1）保持会议文件之间的历史联系，便于查找利用。

（2）保持历史的真实面貌，反映工作的客观进程。

（3）保护会议文件的完整与安全，便于保存和保管。

（4）保证会议文件立卷工作的连续性，为档案工作奠定基础。

归档章式样及填写要求（如图 2-14 所示）

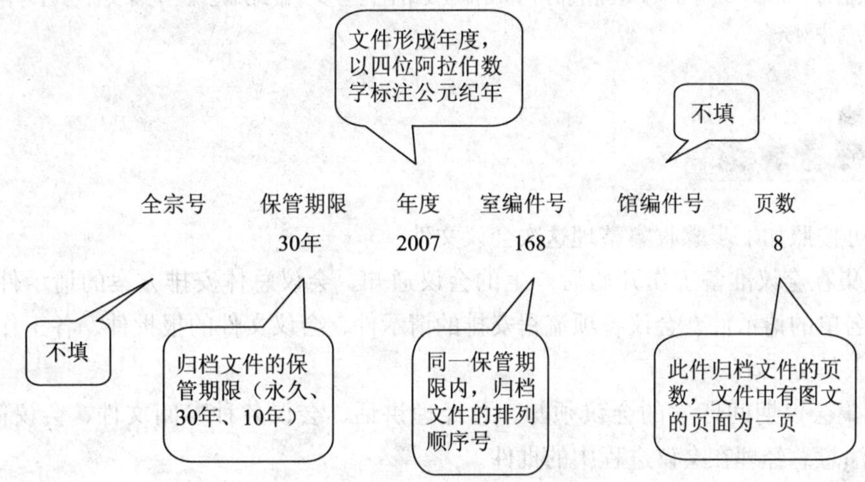

图 2-14　归档章式样及填写要求

归档章加盖位置：

（1）自制文件加盖在文件首页上端的正中空白位置；

（2）收文加盖在文件阅办处理单上端的正中空白位置。

归档文件目录式样及填写要求（如表 2-23 所示）

表 2－23　　归档文件目录

字体：三号宋体（右同）

30年第2盒

件号	责任者	文号	题名	日期	页数	备注
18	长沙经开区××××	湘经开委发［2008］302号	关于××××××××××××××××的通知	20080108	9	民政

责任者：文件的发文机关或署名者，须填全称或规范化简称。字体：小四号方正仿宋（右同）

文号：文件的发文字号；会议纪要、简报的期号

题名：文件标题；没有标题或标题不规范的，可自拟标题，并加“［］”；上级任免、表彰文件中如有本单位人员但标题中无反映的，应注明本单位人员

日期：文件的形成时间，以8位阿拉伯数字标注年月日

备注：文件所属的类别，各部门可结合职能和文件内容涉及工作来确定文件的类别

注：目录的每一页都必须有表头，表格内的字体和排版要结合内容多少做到规范统一，除文件标题内容为左对齐外，其余均为居中对齐。

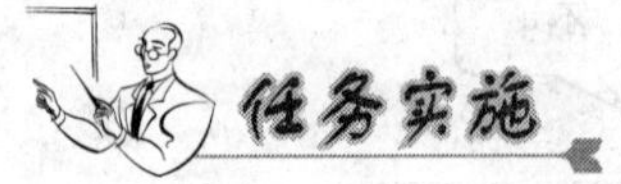

王阳可按照如下步骤收集整理这次会议文件：

1. 收集在会议准备工作开始后产生的会议通知、会议总体安排方案的请示件、参加会议人员名单的请示件、会议各项流程安排的请示件、会议文件的报批件、各工作小组工作职责和人员分工。

2. 收集会议期间印发的会议须知、总经理讲话、会议各种参阅文件、会议简报等，还要特别注意总经理在会议进程中的批件。

3. 收集会后正式印发的供传达用的会议重要文件、会议新闻稿及会议纪要。

4. 对相关资料进行立卷归档。

一、案例分析：会议资料的归档

秘书王阳将公司年度会议的相关资料进行了收集和整理，却不知道应该如何归档。

思考与分析：会议文件的归档包括哪些内容，相关的填写格式又有哪些注意事项。

二、实战演习

磐基公司为把公司打造成全国前三名的企业，以积极开拓市场，不断提高公司的业务

规模和核心竞争力，公司特召开部门负责人会议探讨下一步发展构想。在会前，公司已经向各部门负责人发放了一些会议资料，会中又形成了一些决议，会后还需要进一步完善会议纪要。作为总经理秘书，请将这次会议的全部资料收集、整理并归档。

任务二　会议信息工作

知识目标

- ◆ 了解会议信息的种类。
- ◆ 掌握会议信息的收集、整理、传递等方法。

能力目标

- ◆ 能够收集与会议相关的信息。
- ◆ 能够正确地传递会议信息。

任务引入

磐基公司2010年度全国代理商表彰大会由秘书王阳协助总经理江山组织筹划，作为大会工作人员的王阳主要负责会议信息工作。

任务分析

要做好相关的会议信息工作，就要从会前、会中、会后三个方面入手，了解不同会议时期信息的特点，把握要求。

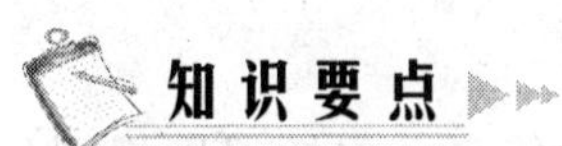

一、会议信息的类型

会议是人们在组织活动中所特有的一种聚众议事的过程。会议的功能、内容、方式、规模不同，形成的会议信息的类型不同。可以将会议信息划分为以下类型。

（一）按照会议信息的作用划分

1. 与会者信息

与会者是根据会议的目的、性质、议题以及议事规则确定的，是会议活动的主体，是会议活动成功与否的重要因素。利用好和与会者有关的信息可以方便会议的沟通协调，利于顺利实现会议的目标。

(1) 与会者的基本情况信息。包括与会者的国别、地区、所代表的组织机构、人数、姓名、性别、年龄、身份、职务、民族、宗教信仰、生活习俗、健康状况等信息。

收集与会者情况信息的途径与方法主要是汇总回执和报名表。根据会议通知回执或报名表可以了解和掌握与会者的职业、身份、职务、性别、年龄、民族等基本情况，并通过汇总大致统计出有关信息。

(2) 与会者的背景信息。包括与会者的与会目的与意图、过去参加会议的情况、过去和现在的立场与态度及其他背景材料。这些信息决定与会者在会议期间的观点和态度，会务工作人员应当通过各种途径和渠道了解和掌握，以便有针对性地做好接待工作，确保会议期间的有效交流。

(3) 与会者的抵、离信息。要准确掌握与会者抵达和离开的时间和交通工具，以便安排人员和车辆到机场、码头、车站迎接和送别。

2. 会议议题性信息

需要列入会议议程，进行讨论、研究并解决的问题和工作的文件信息。会议议题性信息有工作规划、计划、报告、预算决算、各项决议的草案。秘书收集这类信息并及时向领导传递，可以帮助领导制定切合实际的会议议题和议程，从而使会议的目的更具有针对性和现实意义。

3. 记录性、结果性文件信息

(1) 记录性文件。在会议过程中记载会议情况和进程的文件，如会议记录、会谈记录、会见记录等。

(2) 结果性文件。经过谈判、协商、审议、表决、签署而形成的会议文件，是记载会议结果的书面文件。这类文件体现了会议活动的最终成果，又称最后文件。包括各种决议、决定、纪要、公报、合同、协议、条约、协定、备忘录、声明、宣言、计划、纲领等。

会议最后文件一般是由主办者提出草案，也可以由正式成员按议事规则提出，然后提交全体正式成员表决通过，或者以相互协商的方式确定。

4. 会议的程序性文件信息

为规范会议成员的行为、保障会议活动有序进行而形成的文件信息。包括议事规则、会议议程与日程安排表、会议时间安排表、选举程序及表决程序安排表等。

5. 会议管理性信息

对会议活动进行有效管理的文件信息。包括会议通知、会议须知、出席证件、作息安排表及保密规定、会议主席团名单、委员会名单、与会人员名单、票证、签到簿、文件清退表等。

及时、准确地收集会议管理方面的信息，对于搞好会议的筹备工作意义重大。如，要做好会议的接待工作，就必须收集与会者的情况；要做好会议宣传工作，就要事先掌握前来采访会议的媒体和记者的情况。

（二）按照会议信息的保密性划分

1. 保密性会议信息

保密性会议信息是在内容上涉及商业秘密、暂时不宜公开的文件信息。在会议活动中形成的涉及商业秘密的会议文件内容一旦泄露，会给有关企业、组织的利益造成一定程度的损害。要采取一定的保密措施，控制或限定信息使用范围，确保安全。

2. 内部性会议信息

内容涉及会议的主办单位和与会单位内部的事项，或者涉及正在酝酿尚未决定的事项，暂时不宜对外公开，只能在会议内部传达、阅读和使用的会议文件信息。对于内部性会议信息应加强保管措施，确保信息不失密、不泄密。

3. 公开性会议信息

不涉及任何商务活动秘密和组织内部事项，无须采取保密措施的会议文件信息。如在会议上通过的决定、决议、规章等。这类会议文件信息可以通过新闻媒介或以张贴方式公开发布。

（三）按照会议信息传递方式划分

1. 会议讲话信息

由与会者以个人、集体的名义或代表一定的组织在会议上进行口头宣读的信息。如开幕词、闭幕词、祝贺词、欢迎词、祝酒词、工作报告、发言稿等。由于会议活动主要以口头表达作为交流方式，因此，会议讲话文件信息往往是会议文件的主体部分。

2. 会议书面信息

只以书面形式交流、不作口头发言的会议信息。有些会议因时间有限，与会者可以用书面形式代替口头发言。

3. 会议声像信息

将讲话事先制成录音或录像，然后在会议上播放的信息。随着会议传播信息技术的不断提高，形成的声像信息越来越多。

二、商务秘书对会议信息的收集

商务会议信息是商务会议活动的客观反映，商务会议信息收集是商务会议信息利用的基础。收集会议信息的质量高低、数量多少，直接影响和决定整个商务会议信息工作的效率。秘书要对会议文件进行及时收集，回收不宜扩散和保密的文件，防止泄密，为会议文件信息的归档做准备。

（一）会议信息收集工作的内容

会议信息收集工作贯穿于会议组织与活动的全过程。秘书要根据一定的目的、要求，按照一定的程序和方法，在会议活动的各个阶段时刻注意收集有价值的会议信息。

1. 会前信息收集

会议活动是一种目的性很强的群体性交往活动。召开会议是为了达到沟通交流、达成协议、作出决策、布置工作、联络感情等目的与任务，是建立在充分掌握和利用信息基础上的。因此，秘书必须协助主持人和组织会议的领导，收集有关信息，做必要的调查研究，了解有关信息，为召开会议做信息准备。

（1）围绕确定召开会议的必要性收集信息。决定一个会议是否召开，确定清晰的会议目标与任务，必须以信息为基础。要通过对各方面信息情况的收集，弄清召开会议的必要性，明确召开会议的主要议题是否为当前工作中必须解决的问题，是否对实际工作具有意义，解决此问题的时机和条件是否成熟，是否能取得预期的效果。应把各方面的信息收集齐全并加以分析研究，为领导正确决定是否开会和如何召开会议提供依据。

（2）围绕会议准备工作收集信息。会前要做好会议召开的准备工作，决定会议召开时间、召开地点，确定会议名称、规模、参加人与会期，安排会议议程、日程、程序，制订召开会议的方案，进行会议目的、意义、筹备情况的宣传，以及其他各方面的必要准备等。这些都要掌握必要的信息，根据各方面的信息反馈，做好会议准备工作。

（3）围绕会前服务收集信息。通过信息收集处理，提供准确可靠的信息依据。让会议主持者、组织者系统、全面、真实、准确地掌握有关情况，把握会议主题，事先做好准备，以便有效地引导会议进程。

（4）围绕会议活动收集信息。通过信息收集处理，为与会者提供必要的信息资料，如将各方面的信息数据、典型材料、文件草案等提供给与会者参考，让其在会前对有关会议情况有所了解，并对会议要解决或讨论的问题做好必要的信息准备。

（5）围绕会议文件的形成收集信息。会议议题确定后，要根据会议议题和领导指示，准备有关的会议文件。在拟写和准备会议文件的过程中，要全面、准确地收集有关信息，使文件内容充实、符合实际。会前收集的主要信息如图 2－15 所示：

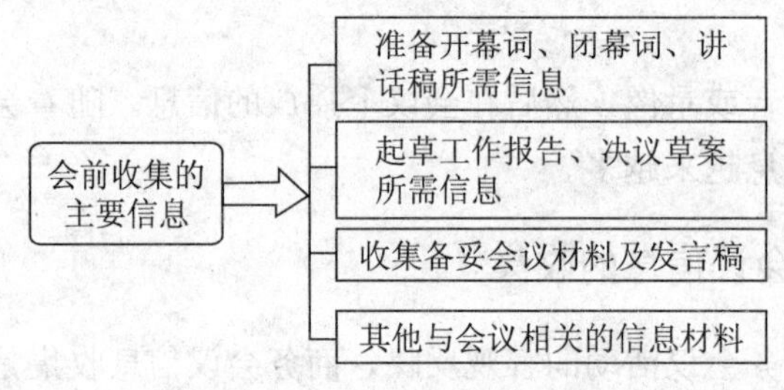

图 2－15　会前信息

2. 会中信息收集

（1）与会人员到会情况信息的收集。通过会议签到，收集到会者的人数、缺席者的人数和名单，让会议主持者及时了解具体、准确的情况，并让会务后勤部门准确把握。

重要贵宾到会后，要准确了解其身份、主要成就、到会演讲的主要内容，及时报告给会议主持者。对年老体弱的与会者的有关情况要详细地了解，以便在住宿、保健等方面给予必要的照顾。

对于大、中型会议，因到会人数多，情况复杂，所以必须准确把握到会情况，以便对

可能发生的各种意外情况及时采取应急措施。

(2) 与会人员会中交流信息的收集。对与会人员向会议提交的建议、议案或提案，必须及时收集、整理，迅速汇总递交给会议主持者和主席团，以便按规定的程序进行审议和处理。这是一项极为重要的工作。

(3) 会中各种反馈信息的收集。在会议进行期间，与会者围绕会议的议题和会议的各项工作进行沟通交流，无论是会内沟通还是会外沟通、领导者之间沟通还是会议代表之间沟通，都会形成大量有参考价值的信息。要善于在各种场合捕捉一切有用的信息，并广泛征求各方面的意见，确保会议信息流动通畅，为会议顺利进行做好辅助和服务。

3. 会后信息的收集

会议形成的文件信息是会议的重要成果，必须在会议结束时进行全面收集，以备日后归档，并作为会议精神贯彻落实的重要依据以及日后工作查考的凭证。

(二) 会议信息的收集范围

凡是在会议活动中形成和使用的有参考价值的文字、图像、声音以及其他各种形式的信息记录都属于会议信息的收集范围，包括会前、会中和会后产生的所有文件材料。具体来讲，要收集的会议文件信息主要有：

1. 有关会议立项方面的文件

(1) 关于召开会议的请示；

(2) 关于召开会议的批复。

2. 有关会议筹备工作的文件

(1) 会议预案；

(2) 策划书；

(3) 会议通知。

3. 有关会议内容的文件

(1) 议程；

(2) 讨论提纲；

(3) 各种报告和发言材料；

(4) 会议记录；

(5) 议案；

(6) 决定、决议。

4. 有关会议宣传报道的文件

(1) 会议宣传提纲；

(2) 新闻发布会上的介绍材料；

(3) 新闻发布会稿件（包括报刊上刊登新闻的版面）；

(4) 会议简报。

5. 有关会议管理与服务方面的文件

(1) 各种名单；

（2）票证；

（3）报告；

（4）簿册；

（5）会议总结。

6. 不同载体的信息材料

（1）有关会议活动的照片；

（2）有关会议活动的录音和录像带；

（3）记载会议信息的计算机软盘、磁盘、光盘。

7. 各种形式的文件材料

（1）会议文件的定稿；

（2）会议通过的正式文件及其附件；

（3）会议所有正式语言书写或翻译的文本；

（4）重要文件的草稿；

（5）讨论稿、送审稿；

（6）草案、修正草案。

（三）会议信息收集的渠道与方法

会议信息的来源广泛、内容丰富，在会议策划、立项、实施、总结的各个工作环节都会产生信息。要通过各种渠道，运用适宜的信息收集方法，获得全面、准确的商务会议信息。

1. 会议信息的收集渠道

第一，向全体与会人员收集文件。

第二，向会议的领导人、召集人和发言人收集文件。

第三，向有关的工作人员收集文件。①会议的记录人员；②文书起草人员。

第四，收集各种会议记录。①主席团会议记录；②团长会议记录；③分组会议记录。

第五，召集各团组联络员碰头会，汇总情况。

第六，搜集代表的提案、发言稿、书面建议。

2. 会议信息的收集方法

（1）召集开会。召集能够提供信息的人开会，是收集信息的一种有效的方法。

（2）提供书面材料。请信息提供者用书面的方式将信息进行传递。如果有必要让其他人了解有关信息，可将信息复印然后分发出去。

（3）个别约见。通过个别约见有关人士，当面向他们搜集信息。

（4）会议结束时及时收集。一般小型内部会议，由于参加会议的人数较少，人员又比较熟悉，可以由会议领导在会议结束时，要求与会者将需要收集的文件当场留下，由秘书人员统一搜集，也可由秘书人员在会场门口随时收集。

（5）个别催退。对个别领取会议文件后未到会或提前离会的人员，及时采取个别催退的方法。

（6）按清退目录收集。大中型会议文件的收集，可事先印发会议文件清退目录（如表

2-24 所示)，要求每位与会者在会议结束时，根据目录整理好要清退的文件，统一交至会议秘书处；或由各组秘书收齐后交给秘书处。

表 2-24　会议文件清退目录

年　月　日

文件名称	份数	密级	清退情况

(7) 限时交退。收集会议工作人员手中的文件，可采取下发会议文件搜集目录的方法，限时交退。

(四) 商务会议信息收集的要求

信息收集是信息工作的基础。商务会议信息收集过程实际上是深入会议活动，了解会议情况，掌握会议信息的过程。齐全、及时、准确、有效是商务会议信息收集的基本要求。

三、商务秘书对商务会议信息的加工

通过各种渠道收集的商务会议信息，往往是零散无序的、表面的、不系统的，甚至有虚假的，因而需要进行科学的加工处理。商务会议信息加工是利用一定的科学规律和方法，根据信息的特点，对收集到的大量的原始会议信息进行鉴别、分类、存储、综合处理。使信息系统化、有序化、综合化，成为商务活动的基础和依据，为领导决策服务，使商务会议信息充分发挥作用。会议信息加工环节如图 2-16 所示：

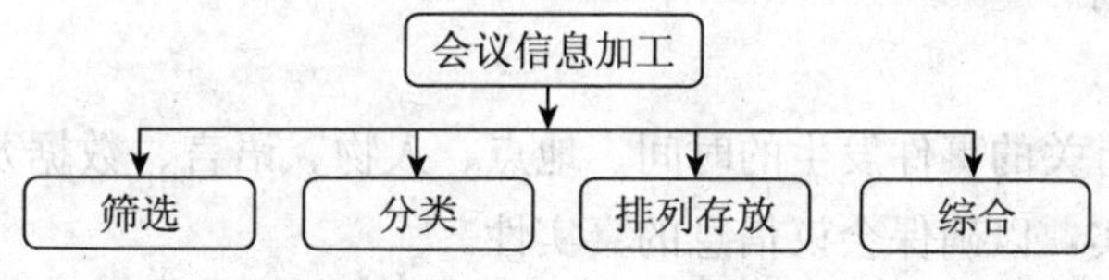

图 2-16　会议信息加工环节

(一) 会议信息的筛选

筛选是对信息的再选择，表现为对收集到的大量会议信息进行比较、鉴别和选择，判断信息的真实度和准确性，去粗取精，去伪存真，摒弃虚假和无效的信息，提取真实、有价值的信息。筛选工作是信息加工的第一个环节，对于提高商务会议信息的利用率起着至关重要的作用。

1. 商务会议信息筛选的重点

商务会议信息筛选的过程就是其价值的判断过程，必须有明确的目的性、针对性和价值观。信息的筛选要善于鉴别、善于比较、善于分析、严格把关、严格选择，重点选择有实际利用价值的信息。

（1）选择新颖的信息

①新近的信息；

②有新意的信息；

③新情况、新问题信息；

④新建议、新经验信息。

（2）选择准确的信息

①真实的信息；

②客观的信息。

（3）选择典型的信息

①有代表性的信息；

②关键的信息；

③能说明问题的信息。

（4）选择有针对性的信息

①满足工作需要的信息；

②促进目标实现的信息；

③某方面内容的信息；

④带有倾向性的信息；

⑤动向性信息；

⑥突发性信息。

2. 会议信息筛选的原则

会议信息的筛选要运用科学的态度与科学的方法进行，认真遵循真实性、典型性、科学性、前瞻性的原则。

（1）真实性

必须对与信息有关的事件发生的时间、地点、人物、语言、数据及其来龙去脉、前因后果进行严格的核实，以确保会议信息的真实性。

（2）典型性

要反映会议的主要活动和主要事件，要反映与会者反响强烈的问题，要反映代表性较为广泛的意见，要反映与会者的新观点、新建议。

只有同时具有真实和典型的信息，才能吸引人、说服人。

（3）科学性

对任何信息的来源与内容的真伪都有必要进行判断，只有从正确的途径，运用科学的方法，才能从无穷无尽的信息中筛选出有利用价值的商务会议信息。

（4）前瞻性

注意挑选对商务活动有指导意义、与业务活动密切相关的会议信息；注意挑选带有倾向性、动向性或突发性的重要信息；分析信息需求，结合中心工作或解决特定问题的需要筛选信息；注意挑选能预见未来发展变化趋势，为决策提供超前服务的信息；坚持信息数量和质量的统一。

会议信息的分类在前面已讲过，此处不再重复。

（二）会议信息的排列存放

会议信息内容丰富、服务对象多，因而只有进行科学的排列存放，才能够便于查找和利用。要根据会议文件之间的联系，对商务会议信息的先后顺序进行排列，确定文件夹内每份文件的固定位置。

1. 排列

对商务会议信息进行排列时，可采用如下几种方法：

（1）按时序排列

在商务会议信息分类的基础上，按文件信息的时间先后顺序进行排列。这种排列法简便易行。

（2）按重要程度排列

根据每个类别内会议文件信息所反映问题的重要程度排列顺序，具体方法是：

①重要文件在前，次要文件在后；

②政策性文件在前，业务性、事务性文件在后；

③正件在前，附件在后。

（3）按文种排列

根据会议信息的文种类型排列，使同类型文种的信息相对集中。

（4）按议程顺序排列

根据会议议程进行的先后顺序排列文件夹内的文件，便于反映会议的自然进程。

（5）按问题——时间排列

先将会议信息按问题的重要程度分成若干部分，每部分再按成文时间的先后排列顺序。有时会议讨论的问题较多，先按问题分成若干部分，并确定问题的先后；然后对每个问题中的文件顺序再按讨论或表决的时间先后排列。

经过排列的文件信息要按统一方法编号，固定其在文件夹内的次序，以便于查找利用。对于文件夹内的文件信息，只要有图文的纸面均编为一页。页号编在正面的右上角和背面的左上角，要避免重编或漏编。

2. 存放

经过分类的商务会议文件信息，应根据其内在联系分门别类地放入文件夹中保存。

（1）存放要求

①便于管理。将会议文件信息存入文件夹，要利于保护文件信息的完整与安全，便于管理和存储，避免文件的破损、散失和泄密。

②便于体现内容。将商务会议信息放入文件夹，要按照一定规律分门别类地排列组

合，使每一门类的信息能够相对独立地反映会议某个阶段、某一局部、某项活动的来龙去脉，彼此联系，互为补充，清晰地再现整个会议的真实历史面貌。

③便于反映客观实际。将会议文件信息存入文件夹，有利于保持真实面貌，反映会议的客观进程。会议信息是会议各项活动及会议进程的历史记录，完整地把会议情况收集、保存在文件夹中，可以真实地展现会议的进程和历史面貌。

④便于利用。将会议文件信息存入文件夹，要实现变分散为集中，化凌乱为系统，方便今后的查找利用和信息共享。不仅要满足本次会议全面或局部查找利用，而且要为长远利用创造条件。

(2) 存放方法

①一会一夹。会议文件通常一会一夹。如专题工作会议、法定性代表大会，可以一个会议一个文件夹。

②按信息形成阶段设夹。将会议文件信息按形成的不同阶段放入文件夹。如：把会前准备的文件、会中产生的文件、会后形成的文件分别放入不同的文件夹存放。

③按时间阶段设夹。会议文件信息可按时间阶段的不同设置文件夹。如以一年、半年或一个季度为单位，将相应时间段内的同一类型会议的文件、参考材料等按顺序分装在不同的文件夹内。

④按专题、名称设夹。如果会议文件信息较多，可按问题或名称特征分成若干文件夹。

⑤按信息的性质分类设夹。根据每份会议文件信息的性质确定如何归入文件夹。属于业务部门工作的文件信息，经会议讨论同意后，由业务部门按问题与其他相关文件一起归入文件夹。会议记录、会议纪要、决定、决议则按会议性质和会议名称集中放入文件夹。

整理过程中要注意对信息的检查。检查会议文件信息是否收集齐全完整、是否有多余或重复的文件材料，经过分类后每个文件夹内的文件是否保持内在联系，是否体现信息特征，数量是否适当，如发现问题，应该及时予以调整。

(三) 会议信息的综合

经过筛选和整理后的商务会议信息，要成为具有使用价值的信息，还需要进行综合，实现信息资源的整合，形成可供直接提供有效利用的信息。商务会议信息综合的主要工作内容有：

1. 会议记录的整理

会议记录是会场记录下来的原始信息，是会议内容的客观反映，有必要在会后及时进行规范化的整理。由于现场记录很紧张，记录员为了加快会场记录速度，往往简化文字、简化专门术语或运用速记符号，加上会场环境因素或有些发言人使用方言讲话，使得记录可能不够准确，字迹也不可能很清晰。只有及时整理，才能确保会议记录不变形、不走样，避免时间一长，有些文字、问题无法搞清楚。因此，会议记录的整理非常重要，要认真对待。

整理时，不仅要把简化的语句尽可能完善，还要尽可能做到语言文字规范化，不要改动原意。必要时，还可与录音对照校正，或找有关人员核实记录，确保会议记录真实、准

确、全面、翔实、清晰、有条理。会议记录整理表如表2－25所示：

表2－25　　会议记录整理表

会议名称			
会议时间			
会议地点			
会议主持			
出席人员：			
会议程序：			
会议内容：			
会议决议：			
会议记录人		记录整理人	

2. 会议信息的编写

筛选、整理后的会议信息通常要进行编写。编写是用书面形式对会议信息进行文字润色、提炼和有序化处理，是信息加工处理的关键环节，是信息传递的前提，对提高会议信息的质量和使用价值起着至关重要的作用。

（1）编写会议纪要

会议纪要是将会议上产生的重要信息"纪实"和"扼要"归纳概括而形成的文字材料。有的会议结束后，要及时就会议情况拟写会议纪要，传达会议议定事项及主要内容，要求与会者在工作中遵守和执行。

会议纪要是为宣传、贯彻会议主旨服务的，使与会者对于贯彻会议精神有依据。因此，撰写会议纪要应忠实于会议实际，把握会议宗旨，以会议记录、会议简报等记载的信息资料为基础，以会议取得的主要成果以及会议决定的事项为依据。对会议产生的信息进行提炼和概括，这样才能充分发挥会议纪要的作用。

（2）编写会议简报

会议简报是会议情况的简要报道，是反映会议动态、进程和主要内容的简要信息材料。会议简报的特点是内容新、情况实、篇幅短、时间快。

编写会议简报的目的是为了反映和交流会议的情况，指导会议正确进行，提高会议质量，同时也为会议领导掌握会议信息提供方便，为形成会议总结和纪要积累材料。会议简报的编写有报道式和转发式两种。

①报道式简报。介绍会议活动以及分组活动的情况，由标题、导语和主体构成。标题要求概括、醒目、简短、有吸引力。导语一般采用叙述的方式概括介绍会议的概况或会议活动的主要信息，如会议的名称、时间、地点、主持人、与会单位和主要与会者。主体部分报道会议的过程和主要精神，突出会议的主题。

②转发式简报。主要转发分组讨论审议时具有代表性或重要价值的发言或书面建议，由标题、按语、正文构成。标题一般要反映发言者姓名和发言的主题。按语要遵循会议领导的旨意，说明转发目的，提示内容，引起注意和重视。正文部分是转发的发言或建议内容，要按会议记录或发言稿进行整理，可对即兴发言中的口语或不规范的语言作适当改动。

(3) 编写调查报告

调查报告是反映调查成果的书面报告，以文字、数据、图表等形式将调查的过程、方法和结果表现出来。商务会议组织与活动中，可对会议场地和预订饭店以及会议中心程序等工作中的各种情况进行调查，在掌握第一手材料的基础上，进行信息的分析比较，写出相应的调查报告，为会议提供大量具体可靠的实际材料，作为会议参考或解决问题的依据。

调查报告由标题、前言、主体、结尾构成。标题要求概括、简明，体现调查内容，可用调查对象和问题作标题。前言要说明调查的主要目的和宗旨或调查工作的具体情况。主体部分要充分利用调查的实际材料，反映调查报告的主题内容。结尾可概括全文，深化主题，总结经验，提出问题或建议。

信息编写的要求是：编写信息材料。可供人们了解信息动态，方便进一步利用信息。编写的信息要做到短小精悍，开门见山，简明扼要，标题确切、鲜明，及时提供更精辟、更有价值的信息。

3. 会议信息的加工提炼

收集的会议信息要随时加以分析、提炼，据此来调整、改善会议组织行为，适应会议活动的需要。

(1) 会议信息加工提炼的方法

①归纳法。就是将某一主题的有关会议信息加以集中，然后全面、系统、深入地进行综合归纳和分析，以求完整、准确地说明会议某方面的情况。如可以通过对发言内容的综合分析，将有关信息归纳梳理成几个问题。

②报道法。借用新闻报道的形式，在开头部分，先将要反映的会议内容概括为一段精炼的导语。然后从不同的侧面报道讨论的内容。报道法在反映专题讨论的情况方面效果最佳。

③摘录法。将发言人的发言摘要整理编排而形成信息材料。

④排比法。将发言的内容按一定次序排比编写。

⑤分析法。进行信息加工提炼要善于运用各种分析方法，开发出深层次的会议信息。分析法的主要形式有：

第一，对比分析。将两个以上的相关可比的会议信息资料进行对比，根据对比的差异来研究有关会议活动的情况及其规律。

第二，因素分析。按照某项综合指标所包含的因素，根据固有的因素关系进行分析。也就是把综合指标分解成各个因素，找出综合指标完成好坏的具体原因。

第三，综合指标分析。运用各种综合指标对商务会议活动中的数量关系进行分析研究，概括出其一般特征，得出对会议总体情况进行说明的信息。

第四，横向或纵向分析。根据需要，把若干个具有内在联系、有一定共同点的信息，或几个不同时期的有关会议信息，从横向或纵向方面进行比较分析，形成新的信息资料。

第五，预测分析。这是根据会议活动过去和现在的有关情况，演绎、推测、判断未来，掌握会议未来可能出现的趋势和状况的科学分析方法。

(2) 商务会议信息提炼加工应注意的问题

①提高信息处理能力。要综合运用自己的知识、经验和能力，提高从大量信息中筛选、分类、归纳信息的能力，善于从繁杂的信息中发现精华部分。

②提高信息分析综合能力。

应具有对获取的信息进行判断和综合分析的能力。对信息分析要全面，由此及彼看信息之间的联系，由表及里看信息内在的本质，由个别信息综合全局，由整体信息论及局部，由过去信息研究现在，由现在信息预测未来。

③提高运用计算机加工信息的能力。可以借助电子计算机系统快捷而准确地处理信息，完成分类、选择和归纳，把凌乱的、分散的信息集中、系统化，进行统计分析。例如，某些会议信息，在未经科学处理之前，可能是没有规律性的；经过电脑处理，可以变成系统性的信息材料，甚至可以画出变化的图形，显示出其规律性。要运用计算机技术，对信息进行科学处理，使人们发现和认识会议信息的系统性、规律性，从会议信息中了解某些情况的变化趋势。

四、会议信息的传递

会议是一种群体性的社会活动，其基本作用就在于传递信息。商务会议的信息传递是借助一定的载体、通过一定的渠道，将会议组织与活动中产生、形成的各种信息传递给需要者的过程，具有面广、直接、灵活和高效的特点。人们召开会议或者参加会议，最基本的、共同的目的就是传递或者获取信息。

(一) 会议信息传递工作的内容

商务会议活动的过程就是信息传递交流的过程。无论是会前、会中还是会后，都在进行信息的传递，如当面获得信息，直接交流或反馈信息等，以实现信息的价值，使信息成为会议组织的前提、会议管理的基础、会议决策的依据。商务会议信息传递工作的内容主要有：

1. 会议通知信息的传递

会议通知是向与会者传递召开会议信息的载体，是会议组织者同与会者之间进行会前沟通的重要渠道。传递会议通知是会议准备工作的重要环节。

在作出了召开会议的决定以后，应将有关会议通知信息传递给与会者。通知的传递可以通过当面告知、打电话、发传真、书面形式或电子邮件的形式进行。可以根据会议的性质、参加的范围、时间的缓急和保密要求选择适当的通知方式，必要时可以同时使用两种以上的方法，以确保通知信息传递的有效性。

会议通知内容的传递要尽可能详尽、明确。书面通知的内容一般应包括：会议名称、主办者、会议内容、参加对象、会议的时间与地点、其他事项、联络信息。

2. 会议文件的分发传递

有些会议文件要在会议召开之前发给与会者，有些则在会议召开时分发。但无论何时分发，都应尽量提前做好文件分发的准备工作，落实各项分发工作。会议文件材料的分发环节如图2－17所示：

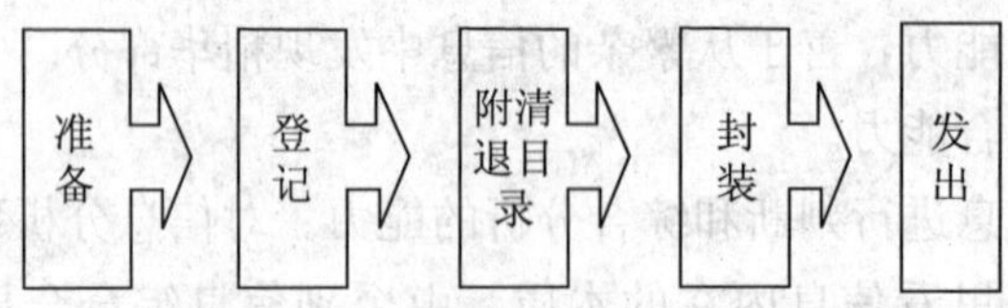

图2－17 会议文件材料分发环节

(1) 准备

分发文件前可以按照与会人员名单，给每人准备一个文件袋，在文件袋上填写与会者的姓名，并注明“会议文件”字样。

(2) 登记

分发重要文件一般要登记编号。文件编号通常印在文件首页的左上角处。字体字号应有别于文件正文。具有保密内容的文件，须注明密级。

(3) 附清退目录

一些征求意见稿或保密性文件，需要在会后退回的，分发时应附上一份文件清退目录或清退要求的说明。

(4) 封装

对于需要提前发出的文件，首先要认真检查核对，明确文件的发送对象，确保发送的文件准确无误。查文件份数，查有无附件，查有无多发、重发、漏发的单位或个人。其次，将文件装入文件袋，封上口。封口要牢固，以免文件信息在传递过程中滑出。然后，在封皮上仔细填写好收件人的姓名、地址与邮政编码。

(5) 发出

发出会议文件时，要根据会议的规模以及会议文件的性质，采用合适的传递方法，及时将文件分发给与会者，避免漏发。重要文件及保密文件分发时要履行签收手续，会议召开后临时分发的文件，秘书要做好记录。会议文件的发出方法有：

①提前发出。对需提前发出的文件，应按照会议的时限要求与保密程度选择适当的文件传递方式，及时发出。内容重要又需事先送达与会者的文件，可派专人递送或用传真、特快专递送达。

②签到时发出。较大规模的会议可在与会人员签到时由工作人员将文件分发给与会人

员；中小型规模的会议的主要文件及会务管理文件，如工作报告、议程和日程安排、作息时间表、会议须知等，应尽可能在与会者报到时分发。

③会中发出。领导讲话、会议快报、简报及其他会议资料，需要在会中分发。所发文件或资料，如需要收退的，应在文件的右上角写上收文人姓名，收文时要登记，以便为清退工作创造便利条件。

④现场发出。会议期间使用的文件大多数可以在会议现场发出。特别是人数较少的小型会议，会议的信息资料可以放置在会议室的桌面上，由与会人员直接获取。

3. 会议有关情况的沟通传递

在会议组织与活动中有许多事项需要沟通与联系，必须做好会场内外、与会者之间、会议活动上下级之间的沟通。

（1）会场内外的沟通与联系

会议期间会场内外随时要进行文件的传递或事项的沟通，如有关部门转送给领导批办的文件，有关重要的紧急情况，有关重要的电话、电报、信件等，应及时传送给领导或相关人员。

（2）办好会议简报、快报传递信息

会议期间要认真做好会议记录工作、情况汇总工作，编写和印发会议简报、快报，以其作为会场信息沟通的工具和分组讨论各组间信息沟通的重要渠道，及时向会议领导和与会者提供会议期间的动态信息，也可以此作为形成会议纪要等会议文件的信息依据。

（3）向领导传递信息

要利用会间休息广泛征求与会者的意见、建议和要求，并将收集到的有关情况及时进行综合处理，分类向领导汇报，以便将具体问题及时予以解决。

4. 发布会议新闻

重要的会议需要发布新闻报道。要做好新闻发布工作，加快会议精神传播的速度和扩大传播的范围，扩大会议的影响，提高会议的透明度。这有利于会议精神的贯彻落实。

会议精神的新闻报道，可以是会议的综合信息或会议的专题新闻、典型报道。报道会议新闻的形式有：邀请记者旁听，秘书协助记者收集信息材料，编发会议新闻；由大会秘书负责起草，经领导审定后，再由报纸、电台、电视台以会议公报形式公布于众；采用记者招待会的形式发布新闻。

发布会议新闻要实事求是，报道的内容必须与会议的基本内容相吻合，达到宣传会议精神的目的，利于会议精神的执行。对于会议内容中涉及的机密问题，应严守保密原则，不能在报道中泄露机密。报道中的重要观点和提法，要经领导审定，以免造成差错或失误。

（二）会议信息传递的形式

会议信息的传递以口头传递为主要方式，以书面传递和声像传递及其他传递手段为辅助方式。

1. 口头传递

在会议过程中，采用口头传递信息的方式，可以有效提高会议效果，更好地促进与会者之间的交流，具有直接、迅速、方便的优点，但是信息不易储存和跟踪，一旦出现传递障碍，就很可能误事。特别是信息在传递过程中受接收者个人原因的影响而容易失真，有时甚至产生误解。因此，在口头传递信息的过程中，要做到表达准确、清楚，落实到人。

（1）面谈

面谈传递信息是所有信息传递形式中最直接的方式。从会议活动的方式看，报告、发言、讲话、交谈、辩论、咨询、表态等都是面对面口头传递信息的方式，是会议成员传递信息、交流思想、表达观点的主要手段，也是会议活动的基本形式。

①面谈的特点。面谈能够快速传递信息，更好地促进与会者之间的交流，提高会议效率。能够及时反馈信息，当信息接收者对信息有疑问时，可以迅速地将意见反馈上来，谈话人可以及时补充说明，对内容作出有效的调整。能够实现组织会议与活动的各种目标：就场地、设备等与供应方联系；同与会各方交换信息；向与会者提供信息；向与会者或社会方面提供咨询。

②面谈的注意事项：

·合理安排、计划面谈的时间；

·面谈场所要安静、整洁，通风良好，光线充足；

·做好面谈内容的准备。考虑打算提出哪些问题或为对方提供哪些信息；

·面谈时认真倾听。注视谈话者，表示对谈话内容的兴趣；在谈话的适当时候，面露微笑或点头示意；

·面谈时及时总结。适当对交谈内容进行归纳和概括，保证面谈双方对交谈内容有一致性的理解；

·记录面谈内容。尽量做到简洁、重点突出，不影响倾听对方的谈话；

·适时结束面谈。当已获得相关信息，并为对方提出的问题作出全面、诚恳的答复后，可结束面谈。

（2）电话交谈

在商务会议活动中经常使用电话交谈的方式传递信息。

①电话交谈的特点：

·传递信息快捷；

·可以及时交换信息；

·获得信息的如不及时记录容易遗忘；

·获得信息的缺乏一定的深度。

②电话交谈的注意事项：

·将谈话的主题、内容梳理清楚；

·准备好有关资料与数据；

·准备好纸、笔和电话记录簿，以便及时记录信息；电话记录簿如表2－26、表2－27所示：

表 2-26　　接听电话记录簿

时间：______年______月______日______时______分

单位：____________________________

来单话人：______________先生（女士）　　电话号码：__________

来电内容：

处理情况：

1. 请交______________办理

2. 请______________回电话

3. 再来电话的时间约在__________

4. __________________

接电话人

表 2-27　　打出电话记录簿

通话时间：______年______月______日______时______分

去电单位：____________________________

接听人：______________先生（女士）　　电话号码：__________

去电内容：

通话结果与处理意见：

备注：

通话人

·做到称呼得体、口气友好；

·自我介绍谦恭有礼；

·述说事项提纲挈领；

·语言表达准确、清楚；

·涉及开会时间、地点、经费、数量等信息一定要强调清楚。避免接受信息的人遗忘，或者没有完全弄清楚具体的信息事项，而给会议的顺利进行造成不利影响。

2. 书面传递

在商务会议活动中，书面传递信息是非常必要的，对于议题比较多的会议尤为重要。在书面传递信息的过程中，要根据传递对象、内容和要求，采用适宜的传递方式，达到最佳的传递效果。

（1）书面传递的特点

书面传递方式能充分、完整地表达信息内容，将有关事宜交代得清清楚楚，方便与会者交流信息；减少因他人情绪或观点对信息传递的影响，避免信息的失真；给接收者留有相当大的思考余地，让其充分理解信息；可以多次复制及远距离传递相关的信息；在正式传递之前还能反复修改，使其更加严密，逻辑性强；方便储存和利用，利于长期保存和展示，确保提高管理效率。

但书面传递的缺点是容易泄密，给保密工作带来压力；传递的效率比较低，如起草制作，邮寄或专人传递等，经过的环节较多。

(2) 书面传递的形式

商务会议信息书面传递的主要表现形式是文本和表格。通常利用文本或表格形成具有一定格式、能满足会议不同需求的信息，进行有效传递。书面传递的形式如图 2-18 所示：

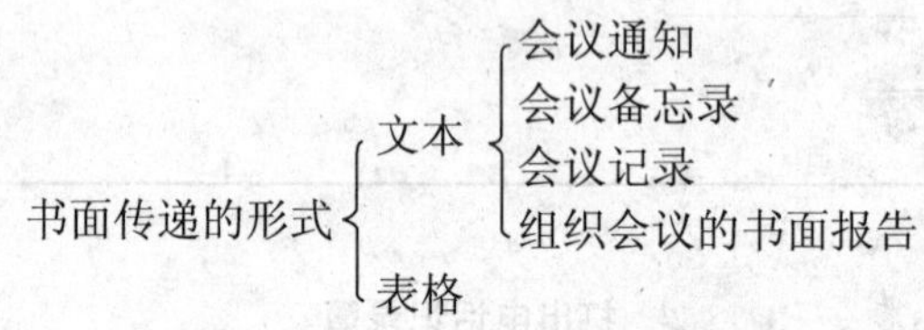

图 2-18　书面传递的形式

①会议通知。会议通知是以召开某次会议的有关事项为内容的文字信息。一般包括会议名称、主持单位、会议内容、起止时间、参加人员、会议地点、报到事宜及有关要求等。会议通知要事项周全、具体；层次分明、条理清晰；语言简明、流畅、朴实。会议通知和回执格式如表 2-28 所示：

表 2-28　会议通知

会议通知
主题：新产品的销售情况 时间： 地点： 内容： 联系人： 联系电话：
回　执
请于 3 月 16 日以前将回执寄回。 ☐ 准备参加此次会议 ☐ 将届时赴会，并带随同　名。 ☐ 很遗憾，不能参加此次会议 署名 单位

②会议备忘录。备忘录是描述会议过程及有关讨论内容的简短书面记录。备忘录应记录会议的时间、地点、与会者的姓名，提出的全部项目以及作出的全部决定、协议和任命。备忘录要简短、客观、清晰而准确，写成笔记形式。备忘录格式如表 2-29 所示：

表 2-29　　×月×日会议备忘录

潮光饭店	上午 10：00
出席：	
缺席：	
内容：	

③会议记录。会议记录是会议进程的原始记录。在会议过程中，把会议的组织情况和具体内容如实地记录下来，就形成了会议记录。一份完整、简洁、条理清楚的会议记录可供以后查阅参考，并能为了解某些决定或事项结果的来龙去脉提供依据。

会议记录要求快速、真实、有条理，做到书写清楚，重点突出。要按需要有选择地记录。对于比较重要的会议和重要的发言，要详细、具体地记录发言内容。对于一般性会议，通常摘要性记录会议要点和中心内容。会议记录的一般内容如表 2-30 所示：

表 2-30　　××会议记录

会议名称	
时间：	年　月　日　时　分至　时　分
地点：	
主持人：	
记录人：	
出席人：	
列席人：	
缺席人：	
会议内容：	

在做好记录的同时，可以借助录音设备对会议内容进行录音，把会议的重要信息记下来，保存备查。特别是决议案或修正案，要一字不漏地进行录音，以便在会后整理记录时有充分的依据。

会议秘书如何做好会议记录的准备工作?

为了确保会议记录的顺利进行，应在开会之前提前到达，并安排好用作会议记录的地方。要准备足够的钢笔、铅笔、笔记本以及适用于会议记录的纸张，还要准备录音机和充足的磁带以补充手工记录。

会议记录是有关会议情况的真实反映，有利于会议信息的汇总、交流和总结。进行会议记录应尽量做到：快速记录与录音相结合；将要点记下来，不要有遗漏；用简单明了的语句概括表达，用词恰当；按照会议实际过程逐一记录。有条理性和顺序性；记录内容无误。不改变原意；记录中个别字可以空着，但要保证不影响对意思的理解，并能在此之后填补出来。

④组织会议的书面报告。完成一次组织会议或活动的全过程，会涉及大量的信息处理工作，可以写出有关组织会议的书面报告来传递信息，将会议活动中的信息处理情况用提纲的方式简要地表达出来。

书面报告应记载商务会议组织和活动的基本方法和情况，包括的内容有：题目、时间、地点、组织者、主题、计划、具体行动计划、工作日程、步骤、所用的监督方法。组织会议的书面报告格式如表 2 - 31 所示：

表 2 - 31　　　　组织会议的书面报告

题目：
时间：
地点：
组织者：
主题：
计划：
工作日程：
步骤：
会场检查： （检查时间、场所、 负责人、交通）
各种书面文件：
附：计划、日 程表、签到表：

⑤各种表格。在会议组织与活动的各个环节中，既可采取文本的形式传递信息，也可采取表格的形式。表格形式传递信息更直观，能把各种信息压缩到表格中有限的空间，便于进行会议信息的比较、统计与分析。

第一，会议报到登记表。见表 2 - 32。

表 2－32　　×××会议报到登记表

（××××年×月×日）

序号	姓名	性别	年龄	工作单位	职务	职称	通讯地址	电话	房间号码

第二，会议签到表。见表 2－33。

表 2－33　　会议签到表

会议名称：			
主办单位：			
时间：		会议地点：	
出席单位：		签名：	
×××			
×××			

第三，会议发文登记表。见表 2－34。

表 2－34　　×××会议文件发文登记表

序号	标题	密级	发文范围	份数	收文单位	签收人	清退要求	清退情况	备注

3. 声像传递

声像传递有两种形式，一是将讲话事先制成录音或者录像，然后在会议上播放；二是

对会议发言和会场内的真实情况进行录音、录像，作为书面会议信息记录的重要补充，以便日后利用。

声像传递能形象地表示信息，直观地再现信息，可以完整地传输与会者的发言内容，使一些重要讲话和精彩的报告原汁原味地保存下来，具有真实性、生动性和感染力，收到其他信息传递方法达不到的效果。

4. 传真传递

用传真的方式传递会议文件信息，速度快且不受时间的限制。能接收和发送手写、打印、复印的会议文本和图形信息，既能避免文件在邮寄过程中丢失，又可以迅速及时地让与会人员收到信息。但难以保证信息的机密性，且只能发送给有传真机的单位。

5. 电子邮件传递

电子邮件传递是将会议的有关信息，用 E-mail 的方式发给所有与会人员。其特点是：信息传输迅速，减少用纸及发送纸面邮件的费用，能发送图表、照片等各种类型的会议信息，并将信息同时发送到多个邮箱。但由于发送信息容易而导致信息量大，易使人们湮没在电子邮件中。采用电子邮件传递，收件人必须有兼容的设备；发件人要有相关与会人员的电子邮箱，并确定邮箱地址是与会人员正在使用的，这样才能确保与会人员能够收到邮件。在发送会议信息的同时，要求与会人员填写收到的回执，并在收到信息后迅速回复信息。

6. 邮寄传递

是把会议通知、日程安排表或文件报告等信息邮寄给与会人员，以便与会人员更好地了解会议信息。采用邮寄传递要注意：填写地址准确无误，认真检查传递信息的内容与传递对象是否相符，核对传递的信息有无缺页、少份的情况。信息邮寄出去以后，要确认收件人是否收到。如果其没有收到信息，应及时采取补救措施，确保信息传递到位。

会议信息的传递应准备好什么？

会议信息的传递关系到会议的顺利进行，为了及时、准确地传递信息，确保会场信息流动通畅，应做好信息传递的必要准备。要准备的文字材料和设备有：上次会议记录、本次会议有关资料、议事日程表、出席人签到本、缺席人回复、空白信纸、记事本、笔、录音机、投影仪、音响器材、白板。

王阳可按照如下步骤开展会议信息工作：

1. 会前进行会议筹备有关信息的收集，为会议议题的确定及大会材料的形成做好准备。年度大会的工作报告非常重要，可有针对性地广泛收集第一手信息，并从中筛选出有价值的信息。

2. 会议期间认真做好会议记录，力求会议记录准确、完整，忠实发言人的原意，并进行会议发言录音及录像。及时编写会议简报，确保与会者掌握会议情况与主要信息。

3. 会后认真编写会议纪要，作为与会代表贯彻执行的依据，推动会议精神的贯彻和落实。收集齐全会议期间所有的文件材料，及时整理有关会议文件，为会议文件的归档打下基础。

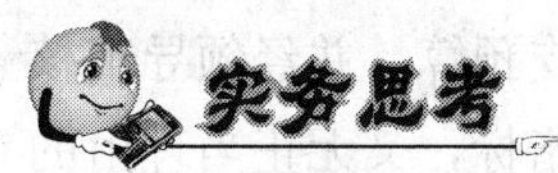

一、案例分析：赵秘书的会议通知

一天，销售部的员工小王在接待一个客户。客户情绪激动地向她反映公司产品的问题，并且要求一定要马上给予答复，合理解决问题。小王正忙于该事的有关情况的落实和处理。忽然，办公室的电话铃响了，是赵秘书来的电话，说有一个会议通知要告诉她。小王很有礼貌地说："我现在正处理一件急事，一会儿再给你回电话好吗?"赵秘书说："还是现在就跟你说了吧。麻烦你通知一下销售部李经理下周一上午 9：30 在二楼会议室召开销售会议。"周一上午 9：30，还没有见到李经理的身影。赵秘书赶紧给小王打电话询问情况，原来那天小王接完电话后又忙着处理客户的事情，把会议通知的事全给忘了。

思考与分析：在案例提供的情境下，是否适合采用口头传递的方式？对于这类情况，你认为应该怎样处理？

二、实战演习

名山公司召开"企业开拓国际市场研讨会"，会议代表在小组会上发表了各自的意见和看法。请你以适当的形式实现信息在会议内部的交流沟通。

任务三　会议经费结算

知识目标

- 掌握会议收费与付费的方法。
- 掌握会议经费结算的方法。

能力目标

- 能够结算会议经费。

任务引入

磐基公司 2010 年度全国代理商表彰大会结束后，总经理还为与会人员安排了一天参观访问活动并要求秘书王阳做好这次会议活动经费的结算工作。王阳应该怎么做?

任务分析

会议经费的结算是办会者在会议结束后对整个经费使用情况即会议开支费用的结算。会议经费的结算依据是会前经费预算。会议召开之前应拟定会议开支预算，并经领导审核批准。准备专门账册，对会议的各项开支进行详细记录。超过预算指标，又无正当理由的不予报销。做好会议经费的结算工作，及时向领导汇报，并向财务部门报销。

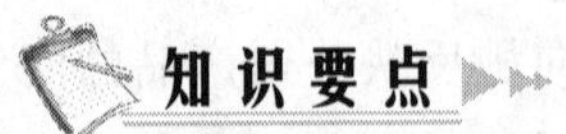

知识要点

一、会议经费结算的方法

1. 会议的收费与付费方法

（1）收款的方法与时机。有些会议是要由与会人员向主办方支付一些必要的费用（如资料费、培训费、住宿费、餐饮费等），所以应注意如下事项：

①应在会议通知或预定表格中，详细注明收费的标准和方法。

②应注明与会人员可采用的支付方式（如现金、支票、信用卡等）。

③如用信用卡收费，应问清姓名、卡号、有效期等。

④开具发票的工作人员先要与财务部门确定正确的收费开票程序，不能出任何差错。另外，如果有些项目无法开具正式发票时，应与会议代表协商，开具收据或证明。

（2）付款的方法和时间表。付款的方法和时间表如 2－35 所示。

表 2－35

	设施和服务	付款的方法和时间
演讲者	事先确定费用	在活动之后支付给演讲者
食品饮料	事先商定费用	预订时交订金。活动之后按花掉的钱开发票，支票结账
会议地点	事先商定费用	预订时交订金。活动之后按花掉的钱开发票，支票结账
其他费用的偿付	事先确定的费用，活动之后开具账单	收到账单经批准后用支票付款
文具和打印	活动之前申请和安排，活动之间可用零用现金购买	零用现金偿付 文具订购事先开发票和付款
音像辅助设备	活动之前确定租用费用	活动之后为租用费用开发票和结账

2. 会议付费的要求

（1）会议经费的名称要规范。

（2）遵守公司零用现金、消费价格及用品报销的各种财务制度和规定。

二、会议经费结算的工作程序

结算会议开支费用的程序如表 2－36 所示。

表 2－36

会议步骤	具体内容
1	通知与会人员结算时间和地点
2	核实发票（见图 2－19）
3	填写报销单（见图 2－20）、将发票贴于报销单背面
4	清点费用支出发票
5	请领导签字
6	到财务部门报销
7	与相关部门及人员结清费用

秘书要提醒与会人员结清食宿、会务等相关费用。会议一结束，应及时清点整个会议费用的实际支出，对照会前经费预算，逐笔账目进行核点。填写报销单，按报销要求将发票用胶水粘贴在报销单背面。请主管领导签字即可去财务处报销。一定要结清所有人的费用。将经费使用情况向领导汇报。

国税　　江海市工商企业产品销售发票　　江监字 96031214

（印章：全国统一发票监制　江海市　西　国家税务局监制）

发　　联　　No.5662912

顾客名称及地址：　　20　　年　　月　　日填发

品名规格	单位	数量	单价	金额 超过十万元无效	万	千	百	十	元	角	分	备注
合计人民币（大写）　万　仟　佰　拾　元　角　分												

第二联：发票联

填票人　　收款人：　　企业名称及地址（盖章）

图 2－19　销售发票

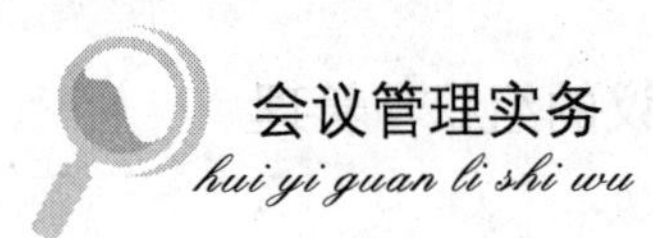

______________ 费用报销单

编号

报销日期：　　　年　月　日

部门					项目名称					
摘　要	金额								科　目	附单据数
	十	万	千	百	十	元	角	分		
人民币（大写）										
领导批示		财务主管					部门主管			

会计　　　　　　　　出纳　　　　　　　　领款人

图 2－20　费用报销单

三、会议财务管理

1. 会议成本

广义上讲，会议成本包括时间成本、金钱成本和机会成本。狭义上讲，会议成本主要指直接经费支出。直接会议费用＝会场租用及布置费＋会议设备租用费＋会议邮电通信费＋会议培训费＋会议交通参观费＋会议资料费＋会议交际费＋纪念品购置费＋水电费＋其他符合规定的杂支费等。

2. 会议财务管理应遵循的原则

（1）遵守制度，严格手续。这是会议财务管理最基本的原则。会议经费要按照国家有关规定，收取会议费的数额要经过研究以及有关负责人的批准，收费要开具正式发票，支出要有正式收据，发放补贴、支取现金要填写现金领取单。此外对购买物品的数量、金额要认真核实。

（2）量入为出，收支平衡。会议经费的收入来源通常由上级拨款、本部门专项经费、企事业单位赞助，以及收取会议费等。要根据收入与各项活动支出做好预算，并严格按预算支出费用，做到收支平衡，避免入不敷出，或当用不用，结余太多。

为保证经费支出条理清楚，可建一临时性账目，待会议结束、结算清楚后，按有关财务管理的规定报账。

（3）精打细算、厉行节约。会议申报经费时，要根据会议的内容、规格、会期、范围等，对所有收入与支出逐项精心核算。

四、会议经费结算的注意事项

（1）开具会议住宿发票时，需要向宾馆酒店索取盖有酒店公章的正式发票，保证开立

的发票与收取的会务费相等。发票的服务项目一栏如何填写需要询问宾馆酒店，以利于宾馆酒店的账目管理。

（2）住宿费一般不包括使用房间的长途电话费、客房小酒吧、在酒店签单的费用。会议主办方如果收取的会务费不包括这些额外的开支，又不希望这些开销带来不必要的麻烦，可以事先要求宾馆酒店撤掉这些服务项目或与与会人员说清楚。

以下是王阳对办理这次会议经费的结算表：如表 2－37 所示。

会议名称：2010 年磐基公司年度全国销售商表彰大会

会议地点：青岛

会议时间：2010 年 12 月 23 日

表 2－37　　会议经费结算表

会议支出：17.825 万元			
1. 会场、仪器租用费：	0.5 万元		
2. 会议筹办费（宣传、通信、资料等）：	0.8 万元		
3. 与会代表资料费（资料、文具、纪念品等）：	150 元/人×200 人＝3 万元		
4. 会议交通费：	1 万元		
5. 会务用房费：	300 元/间．天×50 间×___天＝1.5 万元		
6. 特邀代表住宿费：	500 元/间．天×5___间×___天＝0.25 万元		
7. 特邀代表旅游费：	2000 元/人×10 人＝2 万元		
8. 会议用餐费：	100 元/人．天×200 人×2 天＝4 万元		
9. 宴会费（含酒水）：	1000 元/人×200 人＝2 万元		
10. 茶点费：	20 元/人．次×200 人×2 次＝0.8 万元		
11. 参观费：	50 元/人×200 人次＝1 万元		
12. 其他费用：	1 万元		
组委会负责人签字： 年　月　日	总经理签字： 年　月　日	董事长审签： 年　月　日	财务处审签： 年　月　日

一、案例分析：不能报销的发票

公司员工小张去某城市参加全国电子产品交流会，会期一周。按照会议通知，他交了1600元的会务费，组织方开具了发票。小张回来报销时，财务处说发票无效不予报销，原因是发票上缺少财务章。小张马上与会务组织方联系，几经周折才联系上，对方称他们的发票是正式的，不可能没有财务章。让小张把发票寄给他们，如果确实有问题愿意承担责任。

思考与分析：发票是报销的凭证。发票开具应按照规定的时限和顺序，逐栏、全部联次一次性如实开具，并加盖单位财务印章和发票专用章。不符合规定的发票，不得作为财务报销凭证，任何单位和个人有权拒收。任何单位和个人不得转借、转让、代开发票；没有经过税务机关批准，不得拆本使用发票；不得自行扩大专业发票的使用范围。禁止倒买倒卖发票、发票监制章和发票防伪专用品。

二、实战演习

磐基公司刚刚开完一个新产品发布会。会议一结束，总经理就要求秘书王阳尽快清点整个会议费用的实际支出情况，并对照会前经费预算，逐笔账目进行核点。

1. 整理好费用支出发票
2. 填写报销单

任务四　会议总结

知识目标

- 了解会议总结工作的内容与方法。
- 了解收集、反馈会议精神落实情况的方法。

能力目标

- 能够收集、反馈会议精神的落实情况。
- 能够进行会议总结。

任务引入

磐基公司2010年度全国代理商表彰大会结束后，总经理要求秘书王阳撰写会议总结。对于秘书王阳而言，撰写会议总结已经成为提笔就能完成的基本事务。为锻炼公司秘书小刘的基本功，王阳将这次的撰写任务教给了她，并交代了一些注意事项。刘秘书准备先召

开一次座谈会，然后再撰写会议总结。

秘书应遵循及时性原则，会后立即着手撰写会议总结。若要召开座谈会，一定要安排在大家对本次会议记忆犹新时进行。会议总结的形式因会议种类的不同而有所不同。撰写会议总结时，要总结出成绩，发现问题，找出规律。对于会务组织工作的成就与问题应一分为二，应表彰相关人员。

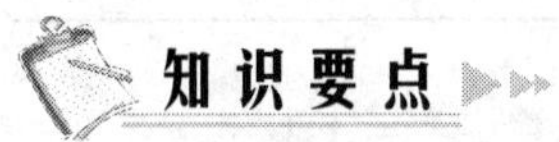

一、会议总结的概念及特点

会议总结（讲话、发言、报告）属于总结的一种，在开完一次会议之后，一般要对会议内容进行一次回顾、分析和评价，这就是会议总结的由来。下面以总结写法为例介绍会议总结的写法。

1. 会议总结的概念

会议总结是机关团体，企事业单位对自身某一阶段或某一项工作进行总的回顾，找出内在规律，以指导未来实践而使用的公文。个人对自己的工作、思想、学习和生活进行回顾而写成的总结，不是公文，属于一般应用文。

2. 会议总结的特点

（1）经验性。总结和计划相反，是在事后进行的。总结的材料必须是真实的，是自身经历过的，包括典型材料和数据，这样才有实践意义。经历过的事情，在写作上往往更多地采用叙述方式。总结还应据实议事，运用画龙点睛式的议论，提出主题，写明层义。摆事实，讲道理，事实是主要的，议论是必要的。在写法上，以叙述说明为主。叙述不是详叙，是概叙。说明要平实准确，不能旁征博引。

（2）规律性。总结不是把发生过的事实罗列在一起。它必须对收集来的事实、数据等进行认真的整理、分析和研究，找出某种带有普遍性的规律。总结要产生评价议论，即主题和意义以及众多小观点（包括了经验和规律的思想认识）。而议论不是逻辑论证式，而是论断式，因为自身情况就是事实论据。总结是否具有理论性、规律性，是衡量一篇总结好坏的重要标志。

（3）借鉴性。总结对以后的工作具有借鉴作用。

二、会议总结工作的目的、内容和要求

1. 会议总结的目的

会议结束后，秘书应及时进行会务工作总结。会议总结的目的具体来讲主要有以下几

点：如表 2－38 所示。

表 2－38　　会议总结

序号	目　　的
1	检查会议目标的实现情况
2	检查各个小组的分工执行情况
3	将员工自我总结和集体总结相结合，以积累经验，找出不足，从而明确今后搞好同类型会议组织与服务工作的借鉴之处，不断改进会议的组织服务工作
4	奖惩相关人员，并要妥善解决会议的遗留问题

2. 会议总结的内容

（1）会议名称

（2）时间

（3）地点

（4）规模

（5）与会代表人数

（6）主要议题

（7）参加会议的上级领导人

（8）会议的主持者

（9）领导报告或讲话的要点

（10）对会议的基本评价和贯彻要求

（11）会议的决议情况及今后的工作任务布置等

3. 会议总结的方法与要求

（1）会议总结的方法：①座谈会；②表彰会；③书面总结。

中型以上的会议结束后，大会秘书处要组织全体工作人员进行总结。也有的重要会议，如果领导有具体要求，就需要在开好总结会的基础上，写出书面的会务工作总结，并交有关领导审阅后，作为大会的文件资料，连同会议记录、会议简报、会议文件等，一并作为完整的卷宗归入档案。对于重要的会议，秘书可以在会议结束前印发一份问卷或会议组织评估表，以对会议的成效进行打分（分数计算方法可以自行设计），所涉及的方面包括明确会议目的、完成任务、会场以及时间的安排等内容。这些反馈回来的资料对会议的总结具有相当重要的意义。

（2）会议总结的要求

总结工作要以科学的绩效考评标准为指导。绩效考评标准是指对会议人员绩效的数量和质量进行监测的准则，它应具有完整性、协调性和比例性。如表 2－39 所示。

表 2-39　　会议总结要求

序号	要　求
1	会议工作总结要根据岗位责任制和工作任务书的内容，逐条对照检查
2	要切实回顾和检查会议工作中好的方面和存在的问题，认真总结经验教训，不断探索办会的规律
3	应有理有据，实事求是，要突出重点，有所侧重
4	会议的总结应一分为二，以激励为主。一般会议结束后，还应慰问参与会务工作的工作人员，有的重要会议还要表彰会务工作中的有功人员

三、会议总结的基本结构

会议总结的结构一般包括标题、正文和落款三个部分。落款即署名和署时，可以写在标题之下，也可以写在文尾。如图 2-21 所示。

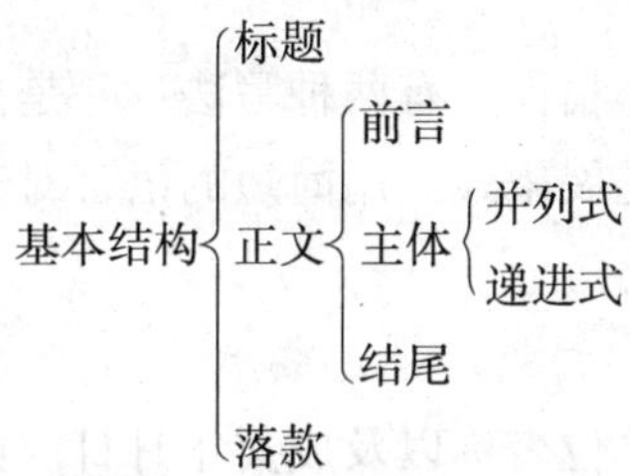

图 2-21　会议总结的基本结构

1. 标题

会议总结的标题有几种写法。综合性总结的标题一般采用“总结单位＋总结时限＋文种”，如《××大学一九九八年度工作总结》。专题性总结的标题则较为灵活，它可以是观点的揭示或者内容的概括，比如毛泽东起草的总结的题目《关于打退第二次反共高潮的总结》。这样的标题不仅省略了单位名称、时间限度，甚至连文种也省略了，只有总结的内容。

还有的总结为了使重点更突出，常采用双标题的写法，即采用正副标题的形式。正标题往往用来揭示总结的主题，而副标题则指明总结的内容、单位、时间等。例：适应市场竞争变化提高公司经济效益——××公司一九九七年度的机构改革的总结；建设社会主义精神文明的尝试——中山大学“美的咨询”活动总结。

2. 正文

会议总结的正文一般包括三个部分：前言、主体和结尾。

（1）前言。前言用最精练的文字，概括地交代总结的基本内容，如总结的主要内容、时间、地点、背景、事件经过等，前言也可以将总结出来的规律性的认识、主要的经验或教训、主要的成绩或存在的问题用简短概括的文字写出来。这样，读者在读这篇总结之前就会对总结的全貌有一个大致的了解，也能够统领全篇，激发阅读的兴趣，启发和引导读者在以后的阅读中积极思考。

（2）主体。主体部分是总结的重点，主要是对成绩与经验（即对过去工作实践中所获得的物质成果或者精神成果、取得的优异成绩及其成功的原因与条件）的分析归纳。要善于从工作中归纳总结经验性的东西。总结一般是先把成绩归纳出来，再分析出经验，也有的总结是把经验寓于做法之中，把经验和成绩糅合起来写。基本的写法有以下两种：

第一种是并列式，即把总结的成绩经验按若干个方面来介绍。

第二种是递进式，即将工作成绩和经验按时间先后的顺序来安排。这种结构一般是把工作过程分成几个阶段，分别对各个阶段的工作进行总结分析。采用这种结构形式的总结，适用于那些有明显阶段性的工作或在工作与思想认识上有逐步深入、层层推进的工作实际。如首钢公司的《从落实责任制入手加强企业管理的基础工作》，其主体分为三个部分：制定岗位考核标准，严格按标准进行考核，根据考核结果实行奖惩。可以看出，这三部分之间有很强的逻辑因果联系，层层推进。没有第一部分，便不会有第二部分成绩的取得，而没有第二部分，则第三部分也无从展开。因此，这些阶段性很强的活动总结最适合于递进式的写法。

（3）结尾。简明扼要、短小精悍。有两种写法：一是总结式，对总结正文的内容用几句概括性的话来作为结束。二是展望式，用简短的语言对未来的工作做一个展望，展示美好的前景。有的总结没有结束语。

3. 落款

总结的落款要写明总结的单位名称以及成文年月日。如果在标题中已标明了总结的单位名称，落款中这一部分便可以省略。

四、会议总结的工作程序

表 2-40　会议总结工作程序

会议步骤	工作程序
1	对会议征询意见，拟就工作总结稿
2	向领导报告会议结论
3	总结定稿
4	印发
5	归档
6	组织全体工作人员进行总结

一些重要会议或大型会议结束后，负责会务工作的秘书要协助领导及时召集全体会务工作人员总结会，对整个会议的组织与服务工作进行全面总结，积累经验，找出不足，以利于今后把会务工作搞得更好。有的会议可以通过调查表等形式征求参会者的意见和建

议，作为总结结论的依据。秘书要将初稿呈送给领导过目，经领导审阅后再定稿，然后按要求印发到相关部门或相关人员，总结报告需要归档。

中型以上的会议，会务工作任务重、事情多，会务人员很辛苦。所以会议结束后，大会秘书处还要组织全体工作人员进行总结，肯定成绩，找出经验教训，并要妥善解决会议的遗留问题，使会务工作圆满结束。

五、拟写会议总结的基本要求

拟写会议总结容易出现的问题，一是不予概括，记流水账；二是只谈成绩不找问题；三是前后矛盾，不予协调。解决上述问题，必须注意从以下几个方面做起：

1. 实事求是，一分为二

这是写好会议总结的基础。做任何工作都不可能是十全十美的，总会有成绩又有不足甚至是某些失误。写会议总结必须从客观实际出发，如实反映情况，不能只报喜不报忧，更不允许片面，要一分为二，既要反映成绩总结经验，又要适当批评错误，弄清存在的问题，这样才能写好总结，发挥总结应有的作用。

2. 全面评价，突出重点

这是写好会议总结的基本前提。写总结时，必须全面看问题，全面评价工作，但内容要有所侧重，不能主次不分，详略不当。要在把握整体的前提下，抓住主要问题、主要情况，加以深刻分析，力求从现象中得出规律性的结论。

3. 条理清楚，层次分明

这是写好会议总结的基本要求。写总结的目的不同，有的总结要向上级汇报，有的总结要向同级单位介绍，有的总结则要向下级报告工作。因此，一定要注意眉目清楚、层次分明，条目不宜繁杂，让人一目了然。

4. 分析研究，找出规律

这是写好会议总结的关键。写总结时，对占有大量、丰富的材料，要进行认真的分析研究，从中找出规律性的东西。要重点总结那些具有指导意义、行之有效的典型经验，要阐明其来龙去脉，论证其发展趋势，才能总结出经验教训，写出较好的总结。

5. 叙议结合，详略得当

这是写好会议总结的基本方法。总结作为日常工作中常用的一种实用文体，既不同于叙事性的文章，又不同于文学作品。从表述方式上讲，既要用叙述的方式谈情况、讲做法、摆成绩，又要用议论的方式分析原因、谈出体会、揭露问题，要求叙议有机结合。语言要求准确、简明，不可拖泥带水，过分笼统和修饰。

六、写好会议总结需要顾及的要点

1. 充分占有材料，认真分析材料

首先占有、运用好背景材料。会议总结往往是对工作任务实践情况的回顾和分析，使用背景材料，可以起到比较、映衬的作用，增强说明力。其次，占有“点”上和“面”上的材料。一个好的会议总结，既要有具体、生动的典型材料，又要有比较概括的面上的材料和一些数字材料。把“点”和“面”结合起来使用，有利于深刻反映事物的本质。同时，要有正反两方面的材料。正面材料最能反映成绩和经验，反面材料最能揭示问题和教训。正反面材料结合使用，便于全面分析情况，防止片面性。

2. 会议总结要提炼出带规律性的东西

会议总结不能只罗列现象，而应当通过丰富的素材对实践活动及规律加以充分的分析、认识、归纳和概括，从中提炼出带有普遍性、规律性的观点，得出符合实际情况的结论。

3. 既要照顾全局，又应突出重点

一份会议总结，要反映和体现出一个单位在某个时期或某项工作的基本面貌，内容要有相对的完整性。但是，这里所要求的全面性，并不是面面俱到、主次不分、把所有的情况都写进去，而是突出重点，把重点放在主要内容、主要经验教训上，从而揭示出反映事物本质的基本规律、主要经验与深刻教训。

会议总结是不断提高办会质量的重要环节，没有深入的总结，就不会有真正的提高。秘书要认真总结办会的经验教训，力争不断提高自身的会务工作水平。每一次会议总有个别疏漏的地方，及时总结疏漏的环节、疏漏的原因，避免在下次会议中出现，可以起到举一反三的作用。

刘秘书可按如下步骤撰写会议总结：

1. 及时召开座谈会，向与会人员征询意见
2. 拟就工作总结
3. 向领导报告会议结论
4. 总结定稿
5. 印发
6. 归档
7. 组织全体工作人员进行总结

一、案例分析：2010 年人文与旅游系产学研结合会议总结

2010 年来，我院各系召开了产学研结合会议以增强各专业的学术研讨。为了让各位专家对我系专业有更一步的了解，我院在 4 月 27 日召开了“人文与旅游系产学研结合会议”。现将有关内容总结如下：

（一）基本情况

此次会议基本上是由秘书事务所的成员负责。她们在教师的带领下，积极主动地完成了本次会议的准备、接待、服务及善后工作，取得了一定的成绩。在会议过程中，她们充分利用在课堂上学的理论知识来指导实践，例如：接待中的礼仪、摄影中的技巧、服务中的周到，在各方面都体现着作为文秘专业学生的素养与气质。

会议开始时，由张民院长介绍了我院新老校区的建设问题。讲述了学院的办学历程，同时介绍了我院各专业的发展情况及特色。进一步说到我院在 2008 年下半年即将迎接的高等教育学院的评估。我院将继续保持与各企业的友好联系，向企业学习，培养适应市场需求的优秀人才。相关产业成为我们专业的培训基地，产学结合是一种实施途径，希望我们紧密、友好的合作能够更好地为企业吸收有用人才，达到共赢目的。同样，诚恳的希望各位专家不吝赐教，诸位的经验将对我们的教育工作有很大的促进作用。

接下来，由明华主任介绍了有关人文与旅游系的具体情况。进一步说明了人文与旅游系创新了一种“双证制”教学，此外学生还可以参加本系与湖南师范大学、湖南农业大学、湖南学院联合开办的全日制稳步自考助学班，获取本科学历和学位。同时可参加本系与驾校联合开办的驾驶培训，获取 C1 驾驶证。

（二）经验与不足

总体来说，此次会议在教师和同学们的共同努力下取得了圆满成功。让同学们在实践中运用所学的专业知识，在实践中得到了锻炼，也使同学们更进一步地了解自己以后将从哪些方面更加努力学习以提高自身素质修养与理论知识的掌握。但是在实践操作过程中，也存在一些问题：

1. 会前检查工作没有到位。
2. 会议服务中材料准备不齐全。
3. 摄影过程中对新设备操作不熟。
4. 接待中突发事件处理不及时。

总之，本次会议让每一位同学都受益匪浅，在以后的工作中，同学们将会努力做得更好。

商务秘书事务所

二〇一一年四月三十日

思考与分析：这是一位秘书专业的学生拟写的会议总结，谈谈你对这篇总结的看法。

二、实战演习

磐基公司于 2010 年 7 月 2 日在海天大酒店二楼会议室，针对上半年公司的情况召开了各部分负责人会议。生产部、销售部、财会部、后勤部等主要部门负责人在会上发言，最后总经理肯定了成绩，指出了存在的问题，号召大家下半年再接再厉，争取更好的业绩。会后，总经理让作为秘书的你撰写一份详细的会议总结。

模块三　远程会议的组织与管理

任务　远程会议的组织

知识目标

◆ 了解远程会议的类型及各种类型远程会议组织流程。

◆ 熟悉远程会议筹备各环节的注意事项。

能力目标

◆ 能够筹备远程会议。

任务引入

七月份，磐基公司市场部准备召开全国代理商半年大会，总结上半年的销售情况以及安排下半年的销售任务。考虑到七月份正值市场销售旺季，经理助理刘元向，市场部经理宋宸建议召开远程会议。鉴于这是市场部第一次采用远程会议的方式召开全国代理商会议，公司一干领导均非常重视。此次会议筹备由刘元协助市场部完成。

任务分析

远程会议分为电话会议、电视会议及网络会议等，不同形式的远程会议需要注意的要点不尽相同。

知识要点

传统的会议多采用面对面的形式进行信息传递和沟通。随着科学技术的发展，现代商务会议的手段日新月异，出现了电话会议、电视会议、计算机网络会议、电子邮件会议，这些给会议赋予了更多的活力，使会议的举办更加方便快捷，大大提高了会议效率。现代商务会议可以充分利用现代化的信息技术和通信设备，跨越时间和空间的限制，实现信息的交流。

一、电话会议

电话会议是利用程控电话的"会议电话"功能召集不同地点的人员举行会议。任何电话用户只要申请并开通了"会议电话"的服务功能，就可以随时召开电话会议。电话会议适用于规模不大、办公地点相对集中的企业。

1. 电话会议交流信息的特点

电话会议方便灵活，准备时间短，回复迅速，是电子通信会议中花费最少的一种形式。电话会议的进行中没有直接的面晤，与会者很少受到会议主席或其他主要参加者的直接影响，因而更能激发创造性思维，也更容易修正自己的观点，这对开展商务交易活动和协调活动是极为有利的。但是，电话会议缺少身体语言，难以进行互动交流，而且缺少文本，难以传递大量细节信息。

为了提高电话会议的效率，可以搭配使用其他通信方式，如传真、电子邮件，以增进信息的传输与交流。若能使用视频电话，会议效果就更佳。适用于分公司不远，规模不大的企业。

2. 电话会议信息工作的要求

电话会议要按照一定的工作程序和工作要点来进行。

(1) 准确发出开会信息。会议的内容和时间确定后，应及时向参加单位发出通知，传递会议的有关信息。要特别说明是否需要设分会场。如要求一个单位的若干人员参加会议，就要设分会场，而且要明确分会场的召集人。要强调准时到会。电话会议是一种实时交谈的会议，任何一方都应当在同一时间参加会议。否则，必将影响信息的交流和获取。

(2) 认真分发会议书面信息材料。电话会议是一种以语言交流为手段的会议形式，无法实现文字的同步传输，因而需要做好会议书面信息的分发工作。对于要在电话会议中进行讨论的文件，应在文件上标明讨论的顺序编号和标题，事先通过传真发送给与会者。会议进行中还可补充传递有关的文件信息。

(3) 合理安排会场信息传输设备。电话会议分为主会场和分会场。召集方设主会场，其他参加会议的单位设分会场。为了使分会场的每位与会者都能清楚地听到从其他会场传送来的话音，并能方便地表达自己的意见，各会场应装有扩音设备和话筒，并与电话机连接良好。人数较少或单个人参加会议，可直接使用带有免提扬声器的电话机。在会议开始之前，要认真调试会议设备，确保性能良好。

(4) 按时接通电话。所有参加会议的人员应至少提前 5 分钟进入会场，做好充分的准备。会议时间一到，由召集方以主叫的方式接通与会各方。

(5) 互相通报出席情况。电话全部接通后，会议主席宣布会议开始，要求各方相互通报姓名、职务。

(6) 做好会议记录。用录音电话系统记录会议信息，会后整理成书面记录材料。电话会议的录音带和书面记录整理稿都要归档保存。

如何准备电话会议上的讲话？

电话会议中与会者用语言交流信息，没有直接的面晤，这就使得做好讲话的准备工作变得尤为重要。讲话内容要集中、准确地体现会议的主题；尽可能进行讲话演练并做好时间估算，保证讲话能按照规定的时间进行和结束；为保证与会者能够清楚、准确地接受讲话人所讲述的内容，讲话内容要简明易懂，尽量不使用方言、拗口和容易产生歧义的字词语句，以免与会者理解有误。

二、电视会议

电视会议是利用通信网络传递图像文字和声音信号的一种现代化会议方式。它适用于布置重要工作、宣布重大决定、商量紧急措施等特殊紧急的情况。

1. 电视会议的特点

电视会议属于同步会议，利用电视设备，通过微波线路或卫星线路，播送主会场和各个分会场的活动景象，使与会者在不同的地理位置上，在同一时间内参加会议。电视会议的特点是：

（1）实现了声音和图像的同时传送。与会者虽然远隔千里，但能听到其他与会者发言的声音，看到对方发言时的表情以及发言时所展现的文字、图表、图像。

（2）打破了空间的限制。分散在各处的与会者不受地域的限制，能够通过现代化的通信技术，围绕共同的议题参加会议。

（3）节省时间、费用。与会者在不同的地方、同一个时间进行交流。大量节省了旅途时间和交通、食宿、印刷会议文件的各项费用，有利于更多的人员参加会议。

（4）交流效果较好。高质量的声音和清晰的画面，使每一位与会者都有身临其境之感，更有利于双向交流，收到良好的会议交流效果。

（5）初始准备时间较长，初始投入成本较高。

（6）没有面对面会议形成的互动效果。

（7）交流不够深入、广泛。

2. 电视会议信息工作的要求

电视会议效率高，投入也大，因而必须高标准、严要求，踏踏实实做好会务工作。

（1）发出开会信息。向与会者发出开会通知，提醒有关注意事项。

（2）分发文件信息资料。会议上要审议的文件和有关信息，应在会前通过传真或电子邮件发送给与会者。

（3）布置会场。会场的环境要安静、清洁。主会场和分会场要悬挂会标，突出会议的主题，同时便于电视宣传报道。

（4）设置与检查会场信息传输设备。电视会议对设备要求较高。要保证既能将主会场的画面和声音传给各分会场，又能把各分会场的信息反馈给主会场。会场内可以配备高速传真机，以便同时传送文件。场内会议设备要落实专业技术人员进行调试、检测的工作。会议期间要有值班维修制度，及时解决技术上的故障，确保会议顺利进行。

（5）做好会议信息准备。与面对面的会议相比，电视会议时间紧，能够发言的人数少，发言的时间相对较长。因此，为了提高会议的成效，对会议讨论的事项一定要在会前通过其他方式进行有效沟通，成熟之后再在电视会议上通过。

（6）先集中、后分散。为了减少租用通信线路的时间，在议程安排上，应先集中开大会，然后由分会场各自举行会议。

（7）汇总情况信息。会后，各分会场要将本会场的情况整理成书面报告呈交主办单位备案。

三、网络会议

即利用计算机和通信网络来召集的远程会议。与会者通过计算机网络，在各自计算机终端上发送和接收会议信息，从而实现信息交流。无论是跨国企业还是中小型企业，都可以采用网络会议的形式交流信息。

1. 网络会议的特点

召开网络会议前，会议主持人要将事先拟好的议程发给与会者传阅，确定主要的讨论题目，并要求会议参加者准备好各自的发言。开会时，当所有的发言输入计算机后，便可通过终端显示屏幕显示出来，与会者就此发表看法、提出问题或补充新的信息，并可进行表决、投票。网络会议的特点是：

（1）获得的会议信息全面。在网络会议中，与会者可以同时在各自独立的电脑屏幕上表达自己的意见、观点，提出方案。

（2）获得的信息更客观。允许匿名发表意见，这样可能会出现更多的坦率和真实的信息反馈。

（3）信息交流广泛。不同地位的与会者在网络会议形式中都是平等的，这样能提高不同行政层级人员的参与度，能够在更大的范围内交流信息，提高探讨问题的深度。

（4）信息交流充分。每位与会者都在同一时刻“发言”，即使是性格内向的与会者也可不受干扰地充分陈述自己的观点。会议不会产生“冷场”的情况，与会者可以在不受影响的情况下各抒己见。

（5）实现了会议的无纸化。会议的所有文件不需要纸张作为载体，报告、讲话、议程、观点、意见都可以通过会议系统直接传递沟通、记录存储。

2. 网络会议信息工作的要求

网络会议突破了时空限制，能够实现会议信息的共享，但是信息的交流不易被控制，缺乏面对面会议的互动和情感交流。因此，要遵循一定的要求，才能确保网络会议的效果。

（1）建立网络联系。网络会议必须依赖一定的网络资源，与会各方都要建立自己的网站和网页。有条件的单位，还可以建立局域网，实现内部会议信息资源共享。

（2）限时反馈信息。对于网上召开的专题工作会议、临时布置工作的会议，与会方收到主办方发出的会议信息后，必须在规定的时间内反馈信息，超过期限则表示放弃权利，如是下属，则予以警告。

(3) 遵守网络例会制度。与会方（一般为下属）要定期从网上浏览主办方的会议信息，并按规定的时间交流信息。

(4) 妥善保存会议信息。计算机能自动记载会议信息，但如果遇到计算机病毒或不小心删除，会议信息就会毁于一旦，造成不可估量的损失。因此，要随时将会议信息备份，甚至打印出纸质书面信息材料，做到万无一失。

会议是组织活动中沟通协调的重要手段，是输入信息、加工信息、输出信息的一种方式。会议组织与活动的过程就是信息工作的过程。

会议形成各种类型的信息，可以按照其作用、保密性与传递方式划分类别。

会议信息工作包括收集、加工、传递、利用四个环节。要通过各种渠道，采取召集开会、个别约见、会议结束统一收集、催退、清退的方法，齐全、及时、准确、有效地收集会议形成的文件信息。对收集的信息要进行鉴别，挑选出有价值的信息，按照会议类型、时间、内容、范围进行分类，做到分类科学、系统、实用。然后根据文件间的联系，进行信息排列，存入相应的文件夹中保存。为提高会议信息的使用价值，要进行信息综合、整理会议记录、编写信息材料、加工提炼信息。可以通过口头、书面、声像、传真、电子邮件、邮寄的方式传递信息，运用检索、加工服务、定题查询、咨询和网络的形式利用信息，实现会议信息资源的共享。

随着科技的发展，各种电子通信系统的开发和使用丰富了会议形式，电话会议、电视会议、网络会议、电子邮件会议以其独有的优势实现了会议的新飞跃。

任务实施

出于对全国代理商不同的办公条件及多方面因素的考虑，决定采用网络会议的方式召开此次全国代理商大会。

1. 发出开会信息
2. 分发文件信息资料
3. 布置会场
4. 设置与检查会场信息传输设备
5. 做好会议信息准备
6. 汇总情况信息

实务思考

一、案例分析：**Pete Johuson** 的会议发言

当我第一次开始远程电话会议时，还是在 1997 年，从 Dallas 到 Palo Alto。在参加的

那些会议中，我几乎总是唯一的远程参会者。不过，在最近这几年里，一个会议中每个人都在不同的地理位置，这样的状况已经越来越普遍了。虽然严格的过程希望所有的团队成员都可以在同一个房间中工作，因为这样可以提升协作效果，然而这并不总是可以做到的。比如，你不能说服那个 Ruby 编程牛人到 Cleverland（或者其他你所在的什么地方）来，要想与这位天才一起共事，你必须彼此进行远程工作。越来越多的项目为了解决不同方面的问题，要充分发挥全世界不同地理位置的人们的才干，而且这种趋势看来短期之内不会结束。因此，掌握了有效举行远程会议能力的人就比其他人更有可能拿到管理层分配的红包啦。

随着劳动力的不断全球化，远程会议变得越来越普遍。知道如何推动远程的互动过程而不是让自己看起来像个白痴，这个技能非常关键，而且当我们继续在分布性更强的集团公司中工作时，其重要性变得越来越大。

不妨回顾一下要考虑的一些问题：

• 在会议开始前，向大家分发带有序号的会议提纲，这样可以明确表明为什么每个人的参与都是必要的，而且大家会在会议过程中遵守它。如果没有给人们一个好的理由来参加会议，他们很容易就会走神。

• 由于无法用身体语言和面部表情来帮助你打断喋喋不休的发言者，所以要使用某种系统来保证每个人都有发言的机会。

• 在会议开始之前，要明确知道你的桌面共享连接的后勤信息，这样当会议开始后，你就不必花费更多的时间来同步每个人的参与了。

• 不要共享你的整个桌面，如果不能避免的话，要知道你在进行演示时，会议参与者可能会发现颜色上的差异，或是网络延迟。

• 要做一个好的参与者，积极投入会议中。当你必须要临时转移注意力时，要使用即时聊天工具来警告会议推动者；或是就手头的话题要去和其他人展开临时讨论时，也可以使用即时聊天工具。

你怎么看？在主持或是参与远程会议时，你的最佳实践是什么？我有落下什么内容吗？我哪里说错了吗？（关于作者：20 世纪 90 年代中期，Pete Johuson 曾创建了 HP 内部的第一个 Web 应用，接下来他曾与遍布全球的 400 多个工程师一起工作，为出版物撰写技术文章，在贸易展交会上演讲，并积极参与 HP 的大学招聘活动，目前他是 HP. com 的首席架构师。）

思考与分析：

1. 远程会议的快速发展得益于什么？

2. 如何开好一个高质量的远程会议？

二、实战演习

某学院经济管理系文秘专业有幸邀请了我国秘书学会的一位副会长到该校进行关于文秘专业的专题讲座，时间初步定在七月上旬。可是由于该院承担了一项全国级别的职业技能大赛，七月上旬全院就放假清校了。副会长的时间没有办法变更，而同学们又不想失去这次与专家交流的机会。于是同学们积极献言献策，最终大家一致决定充分利用班级的QQ群、采用网上的“远程会议”模式与专家交流。

假如由你来负责本次“远程会议”，你会怎么做？

模块四　有效组织商务会议活动

任务一　安排和准备会见、会谈

知识目标

◆ 掌握会见、会谈的会场布置的原则和方法。

◆ 掌握会见、会谈准备的内容和注意事项。

能力目标

◆ 能够安排和准备（涉外）会见、会谈。

任务引入

磐基公司是一家大型中外合资企业，主要经营电子设备，春天集团公司总经理伍总因公司发展需要需与磐基公司总经理江山就某软件开发的合作问题进行会见、会谈，此次会见会谈工作主要由秘书王阳组织安排，请安排和准备会见、会谈工作。

任务分析

会见与会谈首先要确定议题和明确目标，收集信息和分析双方材料，确定参加人员，双方要协商好时间、地点，然后要布置好座位。在会见与会谈时要注意迎送及合影，必要时需要翻译，同时需要记录和服务以及记者采访管理。最后，会谈会见结束后要整理文件并归档，如会谈有成效需准备安排签字仪式。

知识要点

一、会见与会谈的含义

会见是指双方见面会晤，交换意见，也叫会晤。会见因身份高低不同有不同的称呼，身份高的会见身份低的称为接见和召见，反之则称为拜见和谒见。

会见就内容而言，可分为礼节性会见、政治性会见、事务性会见或兼而有之。礼节性会见时间较短，话题较为广泛，一般不涉及实质性问题；政治性会见是国家或国际组织的领导人或特使之间就双边关系、国际局势等重大问题交换意见，会见时间相对较长，气氛比较庄重；事务性会见则涉及比较具体的业务或技术性问题，我国国内的会见活动以及企事业单位的涉外会见，大多属于事务性会见。

会谈是指双方或多方以平等的身份为达成某项协议正式交换意见，其内容既可以是重大的政治、经济、外交、军事、文化问题，也可是具体的业务和技术性问题。会谈从内容上而言比会见更为正式些，政治性或专业性也更强。

会见与会谈是沟通、交流、协商、消除分歧、达成共识、相互合作的重要手段。随着我国改革开放的不断深入，各国、各地区、各部门、各单位之间的联系交流越来越多，会见与会谈就成为了重要的沟通交流形式，具有非常重要的现实意义。

二、会见、会谈的工作程序

1. 确定议题和明确目标

会见与会谈总是为了达到某种目的而进行的，秘书应协助领导确定会见和会谈的中心议题和准备达到的目标。会见的目标一般是为了互通情况、沟通立场、消除分歧、确定原则，会谈的目的则比较具体，往往是为了达成某个协议。应当根据双方的实际情况确定会谈的具体目标，包括最高目标和最低目标。在商务会谈中，最低目标就是价格底线。

2. 收集信息和分析双方材料

秘书在会见和会谈之前，应通过各种渠道了解对方的各种信息、对方的意图和背景以及人员组成、谈判底线和可能提出的条件等，帮助领导制定我方策略。另外，秘书还应收集和会谈议题及目标相关的各种信息，掌握比较详尽的资料，以便掌握会谈的主动权。

3. 确定与会人员

会谈人员的确定应根据会谈内容和会谈规格确定。会谈人员的组成，应该包括主谈人、专业人员、翻译和秘书（兼记录员）。如对方有高级领导出席，那么我方也应安排相应领导出席会谈。一般而言，会见人员不宜过多，主谈人员由最高领导担任。会谈相对人数不受限制，但会谈因涉及的内容业务性、政治性比较强，故应认真考虑选择具有较高素养的人员参加。

4. 确定地点和时间

会见、会谈之前，对会见、会谈的场所应作合理的安排。如果是接见和召见，一般安排在主任的办公室、会客室。如果是回拜，则会见、会谈的场所最好选择在离客人下榻处最方便的地方。如客人安排在宾馆，那么可借用宾馆的会议厅或会客室作为会见、会谈的地点。

礼节性的会见一般安排在客人到达后的第二天或宴请之前，其他会见则根据需要确定时间。会谈的时间安排应先征求对方意见，互相协商好后可制定日程表，等客人到后人手一份，如时间较长的会谈，那么具体每一次会谈的时间和地点均应在日程表上明确注明。在会谈期间，还应留出适当的时间安排客人的文化娱乐、参观游览等活动，以表示主人的

盛情和友谊。

5. 座次安排

国内会见，宾主双方按身份高低排列座位，各坐一边。涉外会见，应当按主左客右的国际惯例安排座位，即客人坐在主人的右边。

双边会谈通常将谈判桌排成长方形，双方各坐一边，主方位于背门侧，客人面向正门。如会谈长桌一端向正门，则以入门的方向为准，右为客方，左为主方。双方主谈人位于中央，其他人员按照右高左低的规则排列；译员的位置在主谈人的右边，记录员的位置在两端或后排。

多边会谈的座位可设置呈圆形、多边形等，如图 4－1 所示。

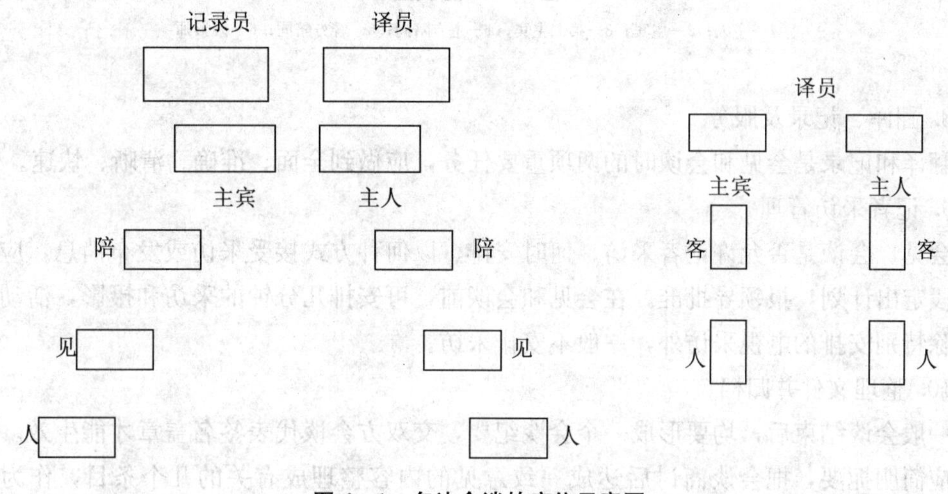

图 4－1　多边会谈的座位示意图

6. 会见会谈场所安排

除以上座位安排外，场所还得安排足够的扩音器及录音录像设备。事先准备好足够的椅子，在每个座位上应有座位指示卡。如有外宾，应备有中外文指示卡。会谈场所，还应配备足够茶水饮料等。

7. 迎送及合影

会见、会谈时，主人应提前到达，并在门前迎接客人。主人可以在大楼正门口迎候，也可以在接见厅、会见室门口迎候。如主人不到大门口迎候，应由工作人员在大楼门口迎候客人，并引入会见厅。会见、会谈结束后，主人应将客人送至门口或车前，握手道别，目送客人离去。

如要合影，事先应安排好合影图，设计好每个人所站的位置。人数较多时，应准备合影架，使后排高于前排。

合影时，主人居中，主宾位于主人右边，其余人员主客双方间隔排列，右上左下。但两端应由主方人员把边。如图 4－2 所示。

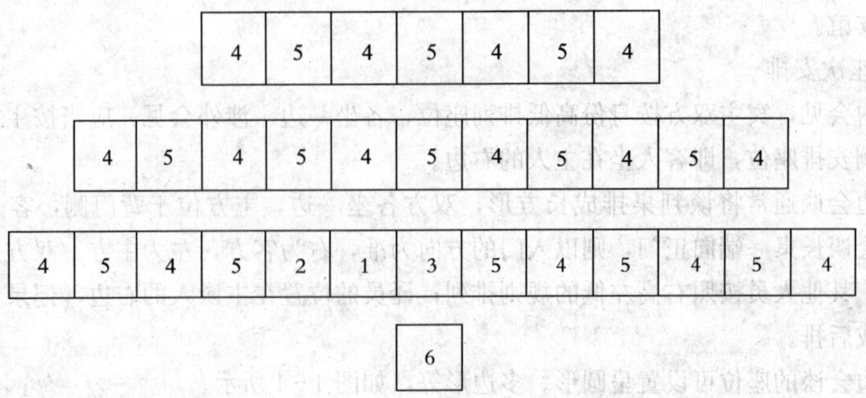

图 4－2　座次图

1—主人；2—主宾；3—第二主宾；4—主方陪同；5—客方陪同；6—摄影师

8. 翻译、记录及服务

翻译和记录是会见和会谈时的两项重要任务，应做到全面、准确、清晰、快速。

9. 记者采访管理

会见、会谈是否允许记者采访、何时安排、以何种方式接受采访或发布消息，应在准备阶段定出计划，报领导批准。在会见和会谈前，可安排几分钟的采访和摄影，活动开始后，除特别安排的电视采访外，一般不安排采访。

10. 整理文件并归档

一般会谈结束后，均要形成一个会谈纪要，交双方会谈代表签名盖章才能生效。会谈纪要应简明扼要，把会谈商讨后达成一致意见的内容整理成有关的几个条目，作为备忘录。会谈纪要是会谈结果的一种书面形式。

11. 安排签字仪式

会谈达成协议后往往订立条约或协议书，以作为正式确定的证据，签约有一定的仪式。我们将在下节详细分析。

磐基公司与春天集团的会见和会谈可按照如下程序进行：

（一）会见

1. 确定议题和明确目标

会见的目标一般为互通情况、沟通立场、消除分歧、确定原则。秘书王阳应与其领导江山确立目标为“沟通”，有了良好的沟通才有继续会谈的可能。

2. 收集信息和分析双方材料

王阳应该收集对方在软件开发合作方面有何意向、是否曾与其他公司合作开发过软

件、有何条件等信息，以备参考。同时考查对方开发软件的实际能力，了解分析对方的人员组成、谈判底线，寻找其是否有何弱点可供我方利用。调查此项软件开发的相关信息，分析其与我方合作的可能性。

3. 确定参加人员

由于对方参加人员为公司总经理伍总，由此确定我方参加人员为公司总经理江山，并配备相应陪见人员及秘书人员。

4. 双方协商时间地点

王阳应与对方秘书协商好时间和地点，因此次会见是对方要求与我方合作，因此可选择在我方公司的会客室。

5. 布置座位

安排我方公司总经理江山坐在伍总的右边，王阳自己坐在江山后面，其他人员依次坐在江山右边。

6. 迎送及合影

会见时，江山应提前到达，在公司门口迎候，王阳陪同，或者王阳在门口迎候，江山在会客室等候。会见结束后，王阳应陪同江山将伍总送至门口或车前，握手道别，目送客人离去。

离去前应安排合影，此次会见人数不多，不用安排合影架。江山居中，伍总站在江山右边，其余人员按身份高低先右后左排列，主宾方交叉排列，两端站我方人员。

7. 翻译、记录及服务

会见时不需要翻译，只需要记录，王阳应坐在江山身后记录。会见时应准备好招待的饮料，我国一般用茶水招待，可适当备一些水果。会客室可用鲜花布置装饰。

8. 记者采访管理

此次会见江山拒绝接受采访，因此应安排保卫人员制止外来人员采访。

9. 整理文件并归档

会见记录由王阳整理归档。

（二）会谈

与会见程序大体相似，但是细节上应有所注意：

1. 议题与目标不同了

会谈的议题与目标为商讨合作开发软件的具体事项。

2. 收集信息和分析双方材料

这时应了解对方开发软件的能力，以及被开发软件的市场，了解对方的资金支持和技术支持如何等。

3. 确定参加人员

会谈涉及比较具体的技术问题，这时候会谈的主谈人可由江山担任，也可由公司的技术总监担任，其级别应与对方对等，并配备相应专业技术人员及秘书。

4. 双方协商时间地点

会谈的时间由秘书王阳与对方秘书协商后确定，地点可选择在伍总所住宾馆的会客室。

5. 布置座位

会谈的座位可布置成长方形，江山坐在背对正门的地方，伍总坐在江山对面。如果会谈长桌的一端向正门，则以入门的方向为准，江山坐在左边，伍总坐在右边。其他人员则按照右高左低的规则排列，王阳坐在在两端或后排。

其余迎送及合影，翻译、记录及服务与会见同。会谈后可能产生的合同、协议书、约定书、条约、意向书、备忘录、会谈纪要、宣言等文件是秘书人员在会谈记录的基础上起草的，应提交双方讨论和磋商，直至达成一致。最后，双方在履行签字程序后，文件才能生效。签字后的文件应该和原始记录一起整理后归档。

一、案例分析：一次失败的会见

喜洋洋软件公司文经理在星期一早上告诉秘书小刘，天地公司李经理希望与我方会见，并商讨合作动漫软件事宜，要求小刘与对方秘书高山联系，安排和准备好此次会见会谈。小刘与高山联系后商量好了时间和地点，并通知了文经理。到了会见那天，李经理及陪同人员找了半天才找到会客室，会见时，小刘安排李经理坐在文经理的左边，使天地公司对喜洋洋公司印象很差，合作没有谈成。

思考与分析：为什么合作没有谈成？小刘在会后还应该做些什么？

二、工作实务

南方职业技术学院是一所以培养文秘类、计算机类和商贸旅游类为主要特色的全日制高等职业技术学校，学校占地 10 万平方米，建筑面积 6 万平方米，设有公关文秘、电脑文秘、涉外文秘、计算机应用、计算机网络技术、电子技术、电脑美术设计、幼儿教育、外资企业管理与服务等 10 个专业，在校生 4500 余人，每年除有 500 名毕业生对口报考高职外，约有 1000 名毕业生走上就业岗位。为此，该校专门设立了就业办公室，负责学生的就业指导，收集用人单位信息，向用人单位推荐应届毕业生。

又到了毕业生推荐的时节。由于南方职业技术学校近年来每年均向××工业园区的外资企业输送 600 多名毕业生，而且通过毕业生跟踪调查，毕业生对就业去向普遍反映很好，用人单位也对该校毕业生多有青睐。为此，学校决定邀请××工业园区管委会领导来校会谈，一方面征询用人单位对人才培养的意见和建议，另一方面了解今年工业园区对应届毕业生的需求，向工业园区推荐毕业生。

4 月上旬，苏州工业园区管委会主管人力资源的副主任、人力资源部经理、办公室主任和秘书共 4 人莅临南方职业技术学校，与学校校长、副校长、就业办主任及秘书在学校会议室举行了会谈。会谈期间，双方领导分别介绍了各自的情况，并就某年 7 月中旬南方职业技术学校向××工业园区 5 家外资企业输送 800 名应届毕业生的事宜达成了意向。

实务要求：模拟演示会谈的程序（标明宾主双方的座位安排与合影布置图）和秘书做会议记录。

三、实战演习

2010 年 1 月，某学院欲与某大酒店负责人会见，商讨酒店管理专业合作办学事宜。如果你是该学院秘书，应如何操作。

任务二　组织签字仪式

知识目标

- 掌握签字仪式场所的布置。
- 掌握签字仪式文本的制作要求。
- 掌握签字仪式中的注意事项。

能力目标

- 能够安排签字仪式。

任务引入

接上节，磐基公司与春天集团会谈成功后，达成了关于合作开发动漫软件的意向书，请秘书王阳安排与对方的签字仪式。

任务分析

签字仪式首先必须准备好签字文本，确定主签人与参加人员，商定助签人，布置好现场并准备相应物品，签字仪式开始时应先安排双方入席，由助签人为主签人翻开文本，指明签字处，并用吸墨器吸干。在各自保存的文本上签字完毕后，由助签人互相传递文本，再由主签人在对方保存的文本上逐一签字，签字完毕后，双方主签人起立，交换文本，相互握手致意，最后举杯庆贺。

知识要点

会谈中产生的正式文件一般都要举行签字仪式正式签署。签字仪式表明会谈各方对文件约束力的正式认可，体现各方对会谈结果的重视。签字仪式还具有见证和宣传作用。国内会谈文件的签字仪式不拘形式，涉外签字仪式则有比较严格的要求。主要事务工作如下：

一、签字仪式的准备

（一）文本的准备

双方所签文本通过谈判定稿，如果是涉外谈判，还要准备中文和外文两种文本。文本必须经过严格的校对，然后印刷、装订、盖印。文本分正本和副本，正本用于签字后双方保存；制作两本；副本的数量则根据实际需要数量确定。

（二）确定主签人员与参加人员

主签人可以是双方参加谈判的主谈人，也可以是更高级别的领导人作为主签人以示重视。主签人的身份应当大致相等，并具有法定的全权代表资格。其他参加人员一般为参加谈判的人员。但主方如果为了表示对谈判结果的重视，也可由地位较高的领导人参加签字仪式，以示鉴证。

（三）商定助签人

助签人主要负责帮助主签人在签字时翻开文本，指明需要签字之处。在涉外签字仪式中的文本由中外文印成，各方签字的位置不同，一旦签错，就会导致签字仪式的失败，因此助签人必须是参加了谈判的全过程及文本的整理、起草、制作等工作的人，熟悉业务、认真仔细、忠实可靠。

（四）现场布置和物品的准备

1. 签字桌

如双边签字，一般设长方桌，桌后放两把椅子，为双方签字人员的座位。如三方签字，则加长桌子，增加座位。多方签字可将桌子摆成圆形。客方座位应在主方的右边。

2. 国旗

涉外签字仪式要挂双方国旗。国旗可按照主左客右交叉插在签字桌中央的旗架上，也可以分别插于两边或并挂在墙上；多方签字时，则插在各方座位签的桌上。

3. 文具

准备好签字用的钢笔、墨水和吸墨器。

4. 文本

各自保存的文本置于各方座位前的桌子上。

5. 助签人和参加人员位置

助签人应站在各自主签人的身后外侧，其他参加人员按主左客右和身份高低分两边站立于后面，也可按座位就坐于签字桌的前面或两侧。人数较多时，可分为若干排。如图

4－3所示。

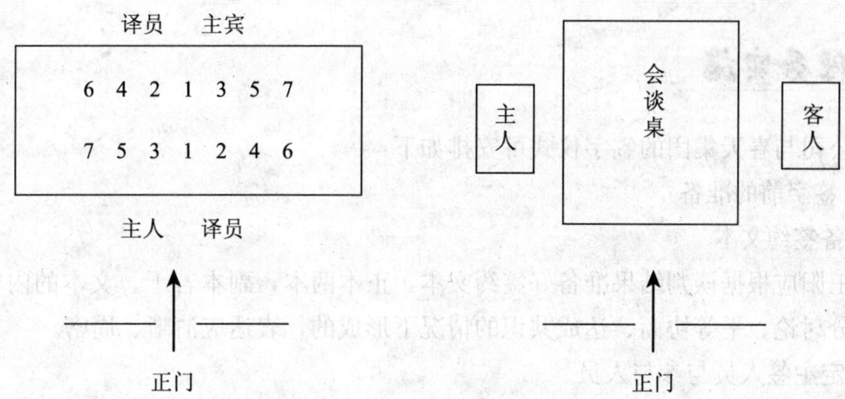

图4－3　参加人员位置图

6. 香槟酒

为庆贺会谈成功，在签字仪式结束后，双方用香槟酒举杯共庆。

签字仪式现场布置如图4－4所示。

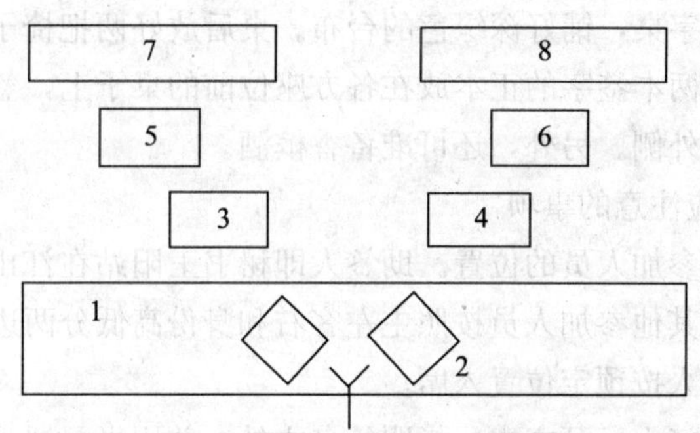

图4－4　签字仪式该场布置

1—签字桌；2—旗架；3—客方签字人；4—主方签字人；5—客方助签人；
6—主方助签人；7—客方参签人员；8—主方参签人员

二、签字仪式程序

(1) 双方按预定位置入席。

(2) 助签人为主签人翻开文本，指明签字处并用吸墨器吸干。如所签文本较多，则应逐一签字，不能遗漏。

(3) 在各自保存的文本上签字完毕后，由助签人互相传递文本，由主签人再在对方保存的文本上逐一签字。

(4) 签字完毕后，双方主签人起立，交换文本，相互握手致意。

（5）举杯庆贺。

任务实施

磐基公司与春天集团的签字仪式可安排如下：

（一）签字前的准备

1. 准备签约文本

秘书王阳应根据谈判结果准备好签约文本，正本两本，副本若干。文本的内容应该是在双方充分讨论、平等协商、达成共识的情况下形成的，表达应清晰、周密。

2. 确定主签人员与参与人员

秘书王阳可由对方主签人为伍总从而确定我方主签人员为我公司总经理江山，参与人员可与参加会谈的人员一致，也可邀请更高级领导参加。

3. 商定助签人

助签人可商定为秘书王阳，因为文本的起草及制作王阳最为清楚，而且全程参与了文本的商讨和签订。

4. 现场布置和物品准备

现场应布置长方签字桌，铺好深绿色的台布。桌后放好两把椅子，客方座位安排在主方的右边。将准备好的两本签字的正本放在各方座位前的桌子上，签字笔横放在文本的下方，吸墨器放在文本的外侧。另外，还可准备香槟酒。

（二）签字仪式时应注意的事项

（1）安排助签人和参加人员的位置。助签人即秘书王阳站在江山身后外侧，对方助签人站在伍总身后外侧。其他参加人员按照主左客右和身份高低分两边站立于后面。

（2）安排双方主签人按预定位置入席。

（3）助签人王阳为江山翻开文本，指明签名之处，并用吸墨器吸干。

（4）在各自保存的文本上签字完毕后，助签人王阳与对方助签人互换文本，再由主签人在对方保存的文本上逐一签字。

（5）签字完毕，江山和伍总起立，交换文本，相互握手致意。

（6）举杯庆贺。

实务思考

一、案例分析：安排不同的签字仪式

黑德公司与金鱼实业达成了合作协议，黑德公司总经理刘总要求秘书小文安排一下签字仪式。到了签字仪式那天，小文将签字文本随意摆放在了桌子上。然后安排大家随意入

座。会场闹哄哄，等到领导入席签字时才发现没有签字笔，小文就将自己随身携带的圆珠笔递给了领导，又给对方领导随便找了一支中性笔。签字完毕后，小文由于站在领导内侧，使得领导被远远挤开，站在一边观看她与对方助签人交换文本。刘总对小文这次的表现很不满意。

思考与分析：小文错在哪些地方？应该怎么做？

二、工作实务

江海学院是一所省直属重点职业学校，学校占地1000亩，设置中、高职15个系，开设35个专业，专任教师700多人，其中高级职称教师占全体教师人数的30%，现有在校生5000多人。江海学院原是专门以培养水利、渔业、海洋作业等专业人才为主的学校。为进一步整合办学资源，拓宽学校办学空间，学校确定了“将学校建成一所省属重点综合性学校”的战略目标，在学校设施、师资、专业建设上投入了很大的资金。因学校坐落于全国知名的化工城，学校拟发展地方特色专业，利用现有资源，对学校的专业进一步拓展，决定筹建化工系。

兴华化工集团是化工城中规模最大的一家国有企业，以前曾入选“全国十大化工企业”。现有员工10000余人，企业每年产值近20个亿。兴华化工学校就是该企业直属的一所中等专业学校，是国家级示范中专，学校的化工专业为示范性专业，办学水平一流。这几年来，很多地方的中专学校都已升格高职院校或被高校合并，中等专业学校的办学空间越来越狭窄。兴华化工集团了解到江海学院正在筹建化工系，马上与江海学院进行了联系。江海学院领导经过分析，认为合并兴华化工学校对加快学校建设化工系有着积极的意义，学校在师资队伍、实习基地建设、专业办学经验、专业拓展、学生就业上将更具实力，有利于加快学校向综合性大学迈进。随后，双方进行了多轮的协商谈判，最后达成了一致意向。

一个月后，江海学院与兴华化工集团的签字仪式在该校多功能厅隆重举行。本次仪式由兴华化工学校办公室何主任负责筹备，参加的领导有兴华化工集团总经理、人力资源部经理、办公室主任、兴华化工学校校长、副校长，江海学院参加的有院长、教学副院长、学院办公室主任、教务处处长及化工系主任，同时还邀请了当地的新闻媒体记者参加。签字仪式上，大家举杯庆祝，共同祝贺这次合作的成功。

实务要求：1. 草拟一份签字仪式的准备方案。

2. 布置模拟签字厅。

3. 模拟演示签字仪式。

4. 参加实训的双方须简单演示见面礼仪，在着装上适当修饰。

三、实战演习

某学院王院长与某大酒店陆总达成了关于合作办学的协议，请你安排一下该学院与某大酒店的签字仪式。

任务三　组织庆典活动

知识目标

- 掌握庆典仪式的种类。
- 掌握庆典仪式场所的布置。
- 掌握庆典活动的来宾邀请。
- 掌握庆典活动的注意事项。

能力目标

- 能够安排庆典活动。

任务引入

磐基公司成立20周年，为扩大公司影响、加强员工凝聚力、提高企业美誉度和知名度、刺激销售增长，公司计划举办一次庆典活动，请经理助理刘元安排。

任务分析

举办庆典活动是宣传公司形象、强化沟通的有效途径之一，对公司十分重要，庆典举办得好，有助于增强本单位全体员工的凝聚力与荣誉感，并且使社会各界对本单位重新认识、刮目相看。秘书在安排庆典活动时，必须先确定参加的对象并发出邀请，然后布置现场，最后是注意庆典的相关程序，做到有条不紊。

知识要点

庆典，是各种庆祝礼仪式的统称。在商务活动中，商务人员参加庆祝仪式的机会是很多的，既有可能奉命为本单位组织庆祝仪式，也有可能应邀去出席外单位的庆祝仪式。

一、庆典活动的主要类型

1. 节庆活动

节庆是利用盛大节日或共同的喜事而举行的表示快乐或纪念的庆祝活动。不同国家甚至同一国家不同地区，都有自己独特的节日。节日又有官方节日和民间传统节日之分。常见的官方节日有元旦、妇女节、消费者权益保护日、国际劳动节、儿童节、国庆节、圣诞

节、感恩节、复活节等，民间传统节日有春节、元宵节、清明节、端午节、中秋节等。还有些地方根据自身文化传统、风俗习惯、土特产等，组织举办一些具有地方特色的节庆活动，如北京地坛庙会、湖南的龙舟节、山东潍坊风筝节、德国的啤酒节等。

节庆日是公共关系部门特别是酒店、宾馆等接待服务单位开展公共关系活动的绝好时机。所以，每年 6 月 1 日前后，大小商店都会在小孩商品上绞尽脑汁；中秋节前，则会爆发一轮又一轮的月饼大战；“五一”和“十一”长假前夕，旅游胜地和饭店就会大张旗鼓地宣传和推介其优质的特色服务。如图 4-5 所示。

图 4-5　潍坊风筝节现场

2. 纪念活动

纪念活动是利用社会上或本行业、本组织的具有纪念意义的日期而开展的公关活动。可供组织举办纪念活动的日期和时间有很多，如历史上的重要事件发生纪念日、本行业重大事件纪念日、社会名流和著名人士的诞辰或逝世纪念日。而本组织的周年纪念日、逢五逢十的纪念日及重大成就的纪念日，更是举办纪念活动的极好时机。通过举办这样的活动，可以传播组织的经营理念、经营哲学和价值观念，使社会公众了解、熟悉进而支持本组织。因此，举办纪念活动实际上又是在做一次极好的公关广告。如图 4-6 所示。

图 4-6　一汽奥迪周年庆典活动现场

3. 典礼仪式

典礼仪式包括各种典礼和仪式活动，如开幕典礼、开业典礼、项目竣工典礼、毕业典礼、颁奖典礼、就职仪式、授勋仪式、签字仪式、捐赠仪式等。在实际工作中，典礼仪式的形式多样，并无统一模式。有的仪式非常简单，如某个企业办公楼的开工典礼，放一挂鞭炮，企业老总喊一声“开工”，仪式便宣告结束；有的仪式非常隆重、庄严，如英国女王登基、国外皇室婚礼及葬礼等，甚至还有一套严格的程序和繁文缛节。如图 4－7 所示。

图 4－7　河北银行青岛分行开业庆典

二、庆典的组织程序

（1）庆典策划。确定来宾及发放请柬，来宾组成为政府官员、地方实力人物、知名人士、新闻记者、社区公众代表、客户代表或特殊人物等。总之，来宾要具有一定的代表性。发放请柬要求是：请柬提前 7 至 10 天发放；重要来宾请柬发放后，组织者当天应电话致意，庆典头晚再电话联系。

（2）设计庆典活动程序。一般程序是：主持人宣布开典、介绍来宾、由组织的重要领导或来宾代表讲话、安排参观活动、安排座谈或宴会、邀请重要来宾留言或题字。

（3）落实致辞人和剪彩。致辞人和剪彩人分己方和客方。己方为组织最高负责人，客方为德高望重、社会地位较高的知名人士。选择致辞人和剪彩人应征得本人同意。

（4）编写宣传材料和新闻通信材料。列出庆典主题、背景、活动内容等相关材料，将材料装在特制的包装袋内发给来宾。对记者，还应在其材料中添加较详细的资料，以方便记者写作新闻稿件。

（5）庆典活动的接待工作。设置接待室，对所有来宾，都应热情接待、耐心服务；对重要来宾，要由组织领导亲自接待，他们的签到、留言、食、宿均应由专人负责。

三、庆典活动的注意事项

庆典活动既是社会组织面向社会和公众展现自身的机会，也是对自身的领导和组织能力、社交水平以及文化素养的检验。因此，举办庆典活动时，公共关系人员应做到准备充分、接待热情、头脑冷静、指挥有序。一般说来，庆典活动应注意以下事项：

（1）确定庆典活动主题，精心策划安排，并进行适当的宣传。

（2）拟定出席庆典仪式的宾客名单，一般包括政府要员、社区负责人代表、同行代表、员工代表、公众代表、知名人士、社团。

（3）拟定庆典程序，一般为：签到、宣布庆典开始，宣布来宾名单、致贺词、致答词、剪彩等。

（4）事先确定致贺词、答词的人名单，并拟好贺词、答词，贺词、答词都应言简意赅。

（5）确定关键仪式人员，如剪彩、揭牌、托牌等；除本单位领导外，还应邀请德高望重的知名人士。

（6）安排各项接待事宜，事先确定签到、接待、剪彩、摄影、录像、扩音等有关服务礼仪人员。

（7）可在庆典活动中安排节目，如舞龙等；还可邀请来宾题词，以作为纪念。

（8）庆典结束后，可组织来宾参观本组织的设施、陈列等，增加宣传的机会。

（9）通过座谈、留言形式，广泛征求意见，并综合整理、总结经验。

任务实施

刘元根据公司的具体情况做出以下策划安排：

（1）拟定出席庆典仪式的宾客名单，一般包括政府要员、社区负责人代表、同行代表、员工代表、公众代表、知名人士、社团。

（2）拟定庆典程序，一般为：签到、宣布庆典开始，宣布来宾名单、致贺词、致答词、剪彩等。

（3）事先确定致贺词、答词的人名单，并拟好贺词、答词，贺词、答词都应言简意赅。

（4）安排各项接待事宜，事先确定签到、接待、剪彩、摄影、录像、扩音等有关服务礼仪人员。

（5）可在庆典活动中安排节目，如舞龙等；还可邀请来宾题词，以作为纪念。

（6）庆典结束后，可组织来宾参观本组织的设施、陈列等，增加宣传的机会。

（7）通过座谈、留言形式，广泛征求意见，并综合整理、总结经验。

实务思考

一、案例分析：IBM的庆功会

美国IBM公司每年都要举行一次规模隆重的庆功会，对那些在一年中作出过突出贡献的销售人员进行表彰。这种活动常常是在风光旖旎的地方，如百幕大或马霍卡岛等地进行。对3%的作出了突出贡献的人所进行的表彰被称作“金环庆典”。在庆典中，IBM公司的最高层管理人员始终在场，并主持盛大、庄重的颁奖酒宴，然后放映由公司自己制作的表现那些作出了突出贡献的销售人员工作情况、家庭生活，乃至业务爱好的影片。在被邀请参加庆典的人中，不仅有股东代表、工人代表、社会名流，还有那些作出了突出贡献的销售人员的家属和亲友。整个庆典活动，自始至终都被录制成电视（或电影）片，然后被拿到IBM公司的每一个单位去放映。

思考与分析：试分析IBM公司庆典的成功之处。

二、工作实务

成功职业中学创建于1955年，原来是一所农业类学校，起初只有200多名学生，20余名教职工和50万元固定资产。建校以来，历经3次撤并后，学校将培养第三产业的初中级技术人才作为办学新的目标，逐步减少“农字号”专业，陆续开设了公共关系、文秘、礼仪服务、市场营销、美容美发等新兴专业。经过几年的发展，学校的文秘专业被评为省级示范性专业，学校被升格为国家级重点职业学校，目前学校拥有近3000名在校生、200余名专任教师，固定资产近亿元。“成功”办学走过了50年，是一部“成功人”自力更生、开拓进取、励精图治、艰苦创业的创业史。

2010年是学校建校50周年，学校领导经过研究，决定举办50周年校庆活动，并确定了“以成功人为荣，做成功者”的活动宗旨。学校对内增强全体师生员工对学校的自豪感和荣誉感，对外显示学校的实力和发展前景。学校早在一年前就成立了校庆筹备委员会，下设秘书组、新闻组、接待组、信息组、联络组，每组的组长都由学校的中层以上干部担任，筹委会给予他们充分的权力和空间，自主设置校庆项目及相关事宜，重大项目须由校庆筹备委员会讨论审核。

秘书组主要负责庆典仪式活动的筹划，制订议程，拟定邀请重要来宾的名单，并撰写相关文书，直接接受筹委会领导、协调、监督。

新闻组负责庆典活动新闻发布会的筹划及新闻采访活动安排。

接待组的主要工作由该校的文秘教师负责筹划，具体工作由文秘专业的学生承担，要求统一着装，负责迎接宾客、来宾签到、赠送纪念品、茶水服务、活动迎导、参观解说，并要求在大门口列队迎送客人。

信息组负责组织编写校史、校友录及学校宣传册。

联络组主要负责联络各界校友，组织校友会。

对于50周年校庆，学校领导非常重视，制订了一整套方案，专门拿出80万元经费用于筹划庆典。在庆典仪式上安排了剪彩活动，校庆日晚上还将举行盛大的庆祝晚会。同时，为使校庆活动更具学术气氛，校庆期间还将举行“学校发展战略研讨会”和“职业教育学术报告会”，既体现隆重热烈，又让人觉得意义深刻，更能展现“成功人”气度非凡。

实务要求：1. 编制一份校庆活动庆典仪式的程序。

2. 模拟演示庆典仪式的大会场景。

3. 重要领导和来宾名单的单位、职务、姓名可由学生自己拟定。

4. 校庆活动庆典仪式的程序应结合情景内容，但不包括庆祝晚会、学术报告会、学校战略研讨会等内容。完成后，由全班学生集体讨论。

5. 庆典仪式场景模拟由全班学生共同完成。

三、实战演习

××市场从2008年开始经营××系列产品，2010年摸索出一条独特的旅游营销新路子，销售一直处于稳中有升的状态。随着经营时间的延续，公司员工和顾客都进入了疲倦状态，员工积极性降低，顾客新鲜感降低，公司的销售也需要新的方法刺激增长，需要寻找新的突破点。请为此安排一次庆典活动。

任务四　安排商务旅行

知识目标

- ◆ 了解旅行计划和旅程表的内容。
- ◆ 了解制订旅行计划的注意事项。
- ◆ 掌握为上司做商务旅行的准备。
- ◆ 掌握商务费用报销预结算。

能力目标

- ◆ 能够安排商务旅行。

磐基公司总经理江山因公干需去纽约出差，请秘书王阳安排相关事宜。

商务旅行（business travel）又称公干、出差等。是旅游行业中细分出来的一个概念。主要涉及交通、迁移、住宿、体育赛事、文化或者饮食活动和饭店行业的宴会。工作期间的程序是很明确的，同时也是和会议室、商务中心的安排联系在一起的，比如一些必备设施：纸张、投影仪、屏幕、互联网接口等。

知识要点

一位称职的文秘人员应该为上司的商务旅行做哪些准备工作呢？以下是文秘人员在准备国内国际旅行时要履行的主要职责。

一、为上司安排旅行

（1）准备旅行计划和旅馆信息。旅行计划表要说明出发和到达地点、是乘飞机还是汽车、火车或轮船，出发和到达的日期及时间、座位情况、旅馆情况。

旅行计划要准备三份，一份给上司，一份给他（她）的家人，一份给办公室存档。如果办公室其他人想要并有权利要，应再额外准备一份。

（2）制订约会计划。约会计划表应该包括：城市名和省（州）名（如果是国外旅行，应写明城市名和国家名），日期和时间，与上司约会者的姓名、公司和地址、电话号码及任何备注或特别要提醒的事情。如果上司与某位洽谈业务的人以前见过面，要把当时记录的档案找出，交给上司。

（3）为商务洽谈收集资料。把上司旅行中将要处理的每一个问题的文件准备好，如与某项要探讨的问题有关的信件、备忘录及其他相关资料。你可以用橡皮筋或大号回形针把所有相关的文件扎在一起，每一扎都要标得清清楚楚。

（4）确定旅行用品。把上司做商务旅行时需要带的信笺、信封和文具用品列出清单。打点行李时按照清单检查，这样就不会落下任何东西。

旅行用品一览：

- 信纸、信封（普通的、公司的、大号的）、邮票
- 笔记本
- 地址目录、电话、传真等号码
- 日历卡
- 世界各地时间表
- 国际电话号码表
- 文件夹
- 商业名片
- 声像材料
- 手机、手提电脑、软盘、微型录音机或者是掌上电脑等
- 现金、私人与商业支票簿、私人与商业信用卡
- 相关档案
- 旅行指南和地图册、旅行目的地的风土人情介绍
- 日程表、约会安排表、时间表和计划表
- 护照、签证等
- 钢笔、铅笔

- 回形针、剪刀、橡皮筋、透明胶带、别针、尺子
- 图章和印泥盒
- 急救药盒

（5）行李问题。上司也许想知道在飞机上可以免费带多重和多大的行李。文秘人员通过航空公司出版的旅行计划手册或旅行社代办人可了解到这些信息。而且经常旅行的人总是增加他们的个人保险金以获得毁坏、损失的赔偿。要准备随身携带的行李，有些主管人员短途旅行时随身带一只小提箱和一只公事包，或者一只从旁边打开有两格的公文包。可以把衣服放在下格，这样下飞机可直接去约会，而不必先去旅馆放行李。

另外，要为每件行李准备识别标签，注意每件行李里面还要放一套（出于安全考虑，有时不能把上司的姓名和地址写在贴在外面的标签上），办公室要经常准备一些这样的标签。

（6）安排差旅费。旅行时，商务人员可使用下列方法带差旅费：

①预支差旅费。有些公司为出差人员提供预支差旅费，等出差回来报销。文秘人员拿到上司的出差信息，就可以填表申请预支差旅费。

②个人支票。经常出差的人，一般持有信用卡，如 VISA 卡、万事达卡或美国运通卡，这些卡可以把个人支票兑换成现金。

③旅行支票。这种支票经常带有不同的面值，如美国就有 10 美元、100 美元、5000 美元等。文秘人员为上司在开有账户的银行或其他银行购买旅行支票时，要填写一张申请表，然后你的上司要当着银行代表的面在支票上签字。

④信用证。在美国，如果差旅费超过 1000 美元，到国外旅行的人一般从银行购买信用证。信用证可以作为到大银行去的介绍信，可以在世界各地银行提取现款，直到信用证上的面额提完。文秘人员可以填写申请表，你的上司也必须当着银行代表的面完成这笔交易。

（7）建立旅行—旅馆信息资料库。如果上司经常出差，文秘人员应该收集一些交通图、时间表和飞机时刻表，还要有一些介绍旅馆方面的小册子，并随时与旅行社联系，建立最新信息充实自己的资料库。

（8）办理旅行保险。如意外伤害保险等。

图 4-8　青岛华青国旅

二、与上司一起旅行

有些工作无法交给另外一座城市或国外临时办公室的助手处理，在这种情况下，文秘人员最好与上司一起旅行。

(1) 旅行安排。上司会规定好文秘人员要去的地方和时间。在有些情况下，你可以和上司坐一样的车、住同样的旅馆；在另一些情况下，你不一定所有的地方都去，或在某些地方待的时间要短些。这时，文秘人员要按照上司的意图排出行程和程序表，标明出发时间、到达时间和地点（包括中途需停留或中转的地点和抵离时间）、每天的日程活动安排（包括充足的空余时间以便上司或文秘人员参加各种应酬及处理私人事务）。

(2) 设备安排。大型宾馆都有计算机和其他设备供旅行者使用。此外，你的公司可能在当地有分公司，文秘人员可以使用那里的办公室设备。文秘人员也可以自己携带手提电脑、微型录音机等。

(3) 行为举止。商务旅行的目的是为了工作，文秘人员每天都有可能忙于为上司收集信息、制订以后的旅行计划、做会议记录、为上司整理旅行档案、准备和处理信件等。另外，文秘人员可能是商务小组的一分子，代表着公司形象，因此必须在穿着打扮、行为举止方面多加注意，尊重当地的风俗习惯，并讲究礼仪礼节。要准备好个人的替换衣物及用品，正式场合穿着的服装应放在免烫储衣袋中。

(4) 工作交代。出发前，将自己外出期间的工作交代他人代为处理，并把旅行前手头未完事宜记录在备忘录上，以便回来后不忘继续办理。必要时，安排好家庭事务。在旅行中，要随时保持与公司本部的联系，并注意对上司的健康、安全保卫工作。

三、报销差旅费

报销差旅费应该符合国家和单位的报销规定，并履行相关报销手续，一般应具备提前进行费用预算审批、费用支出、获取发票、进行报销等环节。报销应及时规范、手续完备。报销差旅费的一般程序：

(1) 提交费用申请报告或费用申请表。

(2) 授权人审核同意，并签名批准。

(3) 报告或申请表提交财务部门，领取现金或支票。

(4) 商务活动中发生的费用，要向对方索取相应的发票。

(5) 商务活动结束后，将发票附在“出差报销单”后，签名报销。

(6) 如商务活动中计划费用不足，应提前向有关领导报告，取得许可后，超出部分方可报销。

秘书王阳应作以下安排：

1. 准备旅行计划表如下

江山经理旅美日程表

青岛—纽约

2011年1月7日至9日

1月7日　星期日

上午9：15乘山航SC4655次班机离青，乘国航CA983次班机由北京至纽约。

下午19：45抵纽约（林敏小姐接），住Francis旅馆。

下午20：30与格兰特（Grant）先生在旅馆共进晚餐。

1月8日　星期一

上午9：30与格兰特在公司会议室会谈（需用的07号文件在文包内）。

中午11：10与格兰特先生共进午餐。

下午15：00与格兰特先生继续会谈（需用的08号文件已备于公文包中）。

下午18：30在旅馆用晚餐。

下午19：30拜访黄裕先生（林敏陪同，礼品在手提箱内）。

1月9日　星期二

上午8：30乘CA984次班机回京（王阳先生接）。

2. 制订约会计划

3. 为商务洽谈收集资料

4. 确定旅行用品

5. 托运行李

6. 安排差旅费

7. 办理旅行保险

一、案例分析：李经理误机了

A城光明公司经理李平与B城华新公司经理赵明就某重要合作项目安排约见，予以洽谈，时间预订在8月8日下午1：00开始。李经理让秘书张兰帮他预订飞往B城的机票。张兰查了飞机班次，觉得8日上午8：00的航班正合适，于是就订了两张。可是第二天因为天气的原因，飞机误点，到达B城时已是下午2点多，再赶到华新公司已是3点多。由于迟到，华新公司赵经理大为不悦，认为光明公司对该项目的合作缺乏诚意。最终，光明公司失去了与华新公司合作的商机。

思考与分析：此案例对你有什么启发？

二、实战演习

秘书王丽上班没几天，就碰到了这样一件事：人文创新集团行政会议经过慎重的考虑，对开拓国内市场的工作做了安排，近期工作中就有几位领导陆续外出。第一位外出的是陈明总经理，拟于6月2日到广州与吉利公司总经理张强会谈并共进晚餐；6月3日到公司驻广州办事处，了解他们下一步的工作打算；6月5日上午出席本公司的新产品推广会议。办公室主任让王丽负责为陈总经理制订旅行计划。

假如你是王丽，请拟订该旅行计划。

任务五　组织招商活动

知识目标

- 了解招商活动的基本形式。
- 掌握招商活动的场所布置。
- 掌握安排招商活动的注意事项。

能力目标

- 能够安排招商活动。

任务引入

磐基公司计划举行一次招商引资大会，推销本公司拳头产品，吸引各地经销商加盟，扩大企业经营规模，获取更好的效益。为此，磐基公司总经理江山给秘书王阳布置了工作如下：

王阳：

这次招商引资大会的秘书处希望我们提供招商活动方案，请你尽快准备好，于本月30日之前交给我。

总经理：江山

2010年11月21日

任务分析

招商引资是指政府利用可支配的资源进行政策引导，舆论宣传，开展基础设施建设，创造一流投资环境，吸引投资者到本地区进行生产经营活动。

知识要点

对于一个国家、一个地区或一个具体的单位来说，招商是一项涉及全局和系统性的工程。既然是一项系统性的工程，招商必然会与系统内的各个部门、各个方面发生联系，相互影响，会牵动各个部门的工作。为了使系统内的各部门同心协力，共同推动招商工作，则必须对整个系统加以协调、策划和统筹。

一、组织招商活动的含义

组织招商活动是运用招商人员的知识和智慧，筹划一系列的活动去吸引外来资金项目落户的活动。

招商是当今经济一体化趋势日益加强的形势下广泛运用的一种经济交往方式，需要跨学科、跨专业的专业学问。作为一名合格的秘书人员，应该掌握一定的招商知识。招商既需要扎实的经济、法律、外语等专业知识，也需要广泛的公关、洽谈等技能。更重要的是，负责招商的人员能把自已的知识和智慧运用到招商活动中，融汇于招商过程中，筹划一系列的活动来吸引外来资金和项目落户。招商活动有多种多样的形式，如到国（境）外举办项目招商会，在本国或本地区举办投资环境介绍会，与国（境）外大商社、大银行、大跨国公司建立较为稳定的沟通渠道，建立驻外招商机构，聘请招商顾问等。招商人员要根据自己的目标和能力，依据客观环境和可能，来策划其中的一种或几种形式，并力图取得最好的效益。如图 4－9 所示。

图 4－9　2007 年昆山金秋经贸招商活动开幕式

二、组织招商活动应注意的事项

（一）要有准确的目标定位

组织招商活动要有明确的目标和要求，才能保证招商活动收到预期的效果。否则，活动就成了花架子，只能做表面文章，流于形式。比如，要组织一次我方与外方某驻华机构的联络会议。在组织过程中，首先必须明确此次联络会议的目的是什么？通过这次会谈，我方要实现哪几个目标——加强与外方的沟通与友谊，了解外方可能的投资意向，了解外方对投资环境的要求与疑虑，让外方知道我方的合作意向，明确了会谈目标，联络会议就不会空洞无物，毫无收获。如果达到了上述目标，就表明本次招商活动获得了成功。如果要组织一次项目洽谈会，首先也应为本次洽谈会定出一个切实可行的目标。如：推出招商项目多少项？引进外资多少美元？签订意向多少项？目标确定后，整个洽谈会的一切工作都要围绕着实现这几个目标来进行。如材料的准备、新闻发布会等。总之，准确的目标定位是组织招商活动成功的第一要素。

（二）组织招商活动要有战略高度，综观全局，立足长远

任何一次招商活动，不能把眼光局限于一时一地或孤立的一家企业、一个项目。策划要有战略高度，要通揽招商形势，综观招商大局。本次活动的结束，同时又蕴藏着下次策划活动的开始，使招商活动的组织连续不断，影响深远。在招商活动组织的过程中，要了解国家、省、市和本地区的中长期及近期发展的规划，摸清世界范围内的跨国公司、大商社以及中小企业的投资动问和要求，在此基础上来确定自己的招商战略，系统地制订出自己的中长期和近期招商计划，保持招商活动的长期性和一致性，避免招商过程中的短期行为和急功近利的现象。组织招商活动要协调好短期与长远、局部与全局的关系，要明确各个时间段重点的招商领域、招商的国家和地区，使招商做到有的放矢。

（三）组织招商活动要知己知彼，把握优势

商场如战场，古人总结的“知己知彼，百战不殆”这一战争法同样适用于当今的招商过程。招商必然涉及两个行为主体——“我方”与“对方”。“我方”要成功地将“对方”吸引过来，必须具备两个最根本要素。第一，“我方”必须拥有自己的优势，这种优势对“对方”要有吸引力；第二，“我方”要了解“对方”的需求，并告诉“对方”我们能满足他的需求。在招商的策划过程中，我们要对这两个根本要素加以细化。比如，“我方”的优势有哪些？有政策优势、环境优势、人才优势、市场优势等，我们要将自已的优势一一找出来。在看到自己优势的同时，我们也要知道自已的不足，并且尽力地去弥补和克服这些不足。只有在正确地认清自己、了解自己的基础上，在招商过程中才能做到胸有成竹，信心十足。了解自己只是问题的一方面，更重要的是我们要了解“对方”的要求。如外商的投资意向是什么？外方希望重点投资于哪些产业？外方可能接受的土地价格及其他费用是多少？外方对“我方”最担心的是什么？对“我方”和“对方”都有了一个尽可能详尽的了解之后，我们的招商策划就变得较有把握、较为可靠了。

(四) 组织招商活动要突破常规，另辟蹊径

随着世界经济一体化进程的加快，世界范围内的经济联系变得日益广泛和密切，招商这一经济形式也越来越多地为各个国家和地区所采用。招商加剧了各个国家和地区之间的竞争。要在这种激烈的招商竞争中取得突破，就要有新的招数，把握机遇，达到出奇制胜的效果。如图 4－10 所示。

图 4－10　“香港招商活动周”香港工商界领军人物话赣州

三、组织招商活动的程序

(一) 确立目标

组织招商活动是招商过程的第一步，那么，组织招商活动程序的第一步又是什么呢？第一步是确立目标。只有目标确立了，组织工作才能做到有的放矢。确定目标包括三个方面：第一，要达到的目标是什么；第二，围绕目标进行随后的一切工作；第三，目标是否得到了实现。比如，要策划一次海外的新闻发布会。在策划过程中，首先得确定这次新闻发布会的目标是什么？我们要达到一个什么目的？通过新闻发布会，我们或者是要让世界了解我们的投资环境、了解我们的优惠政策、提高我们的知名度；或者是推出多少项目。目标确立之后，随后要围绕目标收集各种资料，制订各类方案，最后检查目标是否得到了实现。

(二) 广泛收集各方面资料

组织招商活动程序的第二步是广泛地、大量地收集信息，获取情报。信息收集对招商工作来说，显得尤为重要。从一定程度上来说，招商过程就是一个收集信息、寻找机遇、寻求合作伙伴的过程。一个地区、一个单位的信息流量大、信息面广，就有可能获得较多的招商机会，取得较好的招商成绩。如果信息闭塞，与外界交往甚少，要想招到较多的项目是不可想象的。因此，在组织招商活动中，收集资料、获取信息是非常重要的一环。收集信息时要把握如下几个要点：第一，既要注重信息的针对性，但也不要放过信息的广泛性。如我们策划新闻发布会时，事先理所当然要重点收集与新闻发布会相关的资料及信息，但也不要放过附带而来的一些资料及信息。因为有时稍加留心就可以获得一些意外收获。这一点在广州经济技术开发区的招商史上不乏其例。如某广场项目就是偶尔从报刊上获得的一则消息而因此引进的。第二，要注意改进收集资料、获取信息的手段。信息瞬息万变，信息交换日益频繁，信息流量不断增加，获取信息的方式也在不断更新。我们要尝试采用各种先进的手段来收集信息。第三，要对信息及时加以处理，并提高加工处理信息的能力。信息是有时效性的，一定期限内信息才有价值，过时的信息是一钱不值的。我们要提高对信息的分析、处理和加工能力，对信息进行深加工，从而使信息的价值量大增。

（三）制订各类招商方案

制订方案是招商策划的一个重要程序，因为方案的优劣直接影响招商策划后几个程序的进行，直接关系到招商效果的好坏。因此，必须极为重视招商方案的制订这一环节。

招商方案的制订要考虑两个因素：一是方案的可行性，二是方案的可选择性。制订招商方案要切合实际，制订的目标要能够实现，或者说经过努力能够实现。不能不顾实际和只凭空拍脑袋，不切实际，制订无法实现的方案。所谓方案的可选择性，就是指要同时制订各类方案，以利于决策人物能比较选择其中最优的方案。为什么要同时提出各类招商方案？这是因为方案的提出与实施之间有一个时间差，在这个时间差里，可能会由于政策、市场或政治、军事、文化等因素的变化而使整个招商环境发生改变，从而使原先制订的招商方案无法实施。如果我们同时制订几类招商方案，当一个方案不可行时可以实施另一个方案，这样就能化被动为主动。比如，在策划海外的新闻发布会时，可以预先提出在美国、德国或日本举行等几类方案，以便比较选择。

（四）比较选择各类方案

各类招商方案提出来了，比较选择其中最合适、最理想的方案也就成为招商策划中一个带有决策意义的重要环节。如果方案选择得好，继而进行的招商工作就有可能取得好的成绩；如果方案选择不当，就会影响效果。

那么，如何比较选择各类招商方案呢？第一，要考虑招商方案是否与我们招商工作的长远战略目标相一致。前面已经提到，招商是一项系统工程，我们对本地区、本单位的招商工作要站在战略的角度进行准确的目标定位，因此在组织一项具体的招商活动时，首先要考虑招商方案是否与我们长远的招商目标相一致。第二，要选择成功率较高的一种方案。成功率的大小与方案的科学性和创造性有关，也与外方的政治、经济、宗教、文化、地理等因素有关，要选择双方有良好合作意向，把握较大的招商对象。第三，要选择成本较小，而效果又相对较好的一种方案。成本包括机会成本和货币成本。机会成本是指我们在得到一个机会的同时又会失去另一个机会所付出的代价。如我们决定到美国招商的同时，失去了在日本招商的可能性。我们在比较选择方案时，要选择机会成本和货币成本都较小，而效果又较好的一种方案。

（五）方案的实施

方案的实施就是将招商方案付诸实际、付诸行动的过程。一般说来，实施的方案是在各类招商方案中经过了严格筛选和充分论证的，是可行和可靠的方案。因此，实施过程中要遵守原方案中制订的程序、原则和操作办法，不得随意变更时间、地点、出席会议的人员等，在万不得已的情况下才改变会议的有关事项。方案的实施一般是一段较为集中的不太长的时间，如举办一个招商会一般只是一星期左右。在方案的实施期内，参加招商会的有关人员最好每天开个碰头会，交流当天的工作情况，明确第二天的工作任务。这样做可以避免工作的盲目性，使大家做到心中有数，有利于在工作中互相支持，加强协调。招商会有其自身的特点，招商方案也有其不同一般的特性。在招商方案的实施过程中，尤其要注意信息的捕捉和资料的收集、储存、整理，这样才能保证招商会获得尽可能大的收获。因此，在整个招商活动期间内，需组织尽可能多的力量，主动出击、广交朋友，挖掘新的信息，建立新的招商渠道。

（六）方案实施后的跟踪和反馈

招商方案较为集中的实施阶段结束后，并不是招商方案全部过程的完结，更不是招商策划的终止。要圆满地完成整个策划工作，还有一道必不可少的程序——方案的跟踪、反馈。跟踪得好，能巩固和扩大招商会的成果，达到事半功倍的效果；跟踪得不得力，则有可能前功尽弃。因此，策划者要极为重视方案的跟踪、反馈工作。

跟踪和反馈主要表现在以下几个方面。第一，主动征询和收集外方（他方）对整个招商方案（如招商会）的意见。在外商或他人看来，本次招商活动成功的地方在哪里？需要改进和注意的地方在哪里？通过收集这些反馈意见，对我们在以后进行类似的招商策划和制订招商方案时能有所借鉴。第二，对在招商活动中所捕捉到的信息要继续跟踪，对新接触的外商要保持联系，不要出现招商会一结束，信息和来往就随之终止的局面。对有意向的合作项目，要在方案实施之后创造条件促其尽快签约。第三，对在招商活动中已签约的项目要加快立项和报批工作，促使项目尽早上马，促使外资尽快到位，使合作项目进入实质性的实施和建设阶段。第四，对“如何做好方案实施后的跟踪反馈工作”也应制订一个方案，分工到人，明确职责，并定期检查跟踪、反馈工作的成效。

2010年磐基公司招商大会

（一）活动背景

活动主题：磐基公司代理商大会

活动时间：2010年12月×日

活动地点：青岛（某酒店）

活动人数：60

活动目的：展示产品，诚邀代理商签约加盟

（二）风格定位

此次会议以“展示、推广”为主基调，给代理商以“规模、气势、专业”的感官印象，增强其对磐基公司的信任感和亲和力。

总体舞台设计充分体现亲和力，舞美设计与灯光处理运用高科技色彩与喜庆气氛。

会议打造隆重、热烈、新颖的气氛，突出企业品牌和高科技味道。

（三）活动流程

1. 来宾签到

2. 会议开始

3. 播放宣传片

4. 领导发言

5. 启动仪式（掀起高潮）

6. 主题演讲

7. 产品 Video 细节展示

8. 产品展示

9. 代理商抽奖

10. 签约仪式

11. 记者专访

12. 结束

（四）活动主题一

理念篇：磐基会员，遍布全国

以蓝色为主基调的背景板，磐基公司海量会员主题贯穿各个环节。通过数以万计带有欢乐表情形象的小球聚成中国地图图像，寓意磐基公司会员之多，遍布全国。

活动内容——会场外

1. 签到区

2. 产品展示区

专业服务人员身着礼服为来宾现场服务，展示区可以让来宾了解更多的磐基公司产品营销平台，享受磐基公司产品带来的惊喜，独特的设计装饰，寓意着磐基公司产品涉及各个领域，并引领着未来电子行业的发展潮流。

视觉创意

创意 A：身着礼服的迎宾小姐，披肩上别着磐基公司标志的标牌。

创意 B：签到背景板，把蓝色小球摆放成中国地图的样式，每个小球有各种欢乐的表情。

创意 C：磐基公司 LOGO 工作牌。

创意 D：签到后每人送蓝色 T 恤一件纪念品，上面印有磐基公司 LOGO 及宣传语。

创意 E：过道指示牌上写有：磐基伟业，科技为本。

（五）活动主题二

体验篇：磐基科技，扬帆远航

背景墙上面做成磐基公司旗舰的形象，且磐基旗舰踏浪而行。寓意磐基公司是行业内的一艘旗舰，将在行业内踏浪远航。

设计创意

创意 A：液晶电视，播放视频，嵌入其中一个风帆内。

创意 B：将磐基公司产品做成大模型，播放声音。

会场布置：

1. 悬挂磐基公司宣传彩旗。

2. 会场演讲台围绕蓝色幔布。

3. 启动仪式开始，场内灯光变暗，聚光灯打在主会场上烘托气氛，且始终有一大灯打在会场的主题背景板上。

（六）其他

1. 每桌一个本公司的销售人员，作用是与代理商沟通，并热情鼓掌带动气氛。

2. 建议本公司员工坐在前台带领全场鼓掌，要求：动作夸张、气势雄伟。（情绪调动）

一、案例分析：雪驰的成功

雪驰集团有限公司是中国重点名牌服装企业和最大的服装集团之一。以生产、销售各类服装为主，兼有建筑、贸易、农副产品批发等跨行业经营实体。主要产品有磁性远红外多功能保健制品、羽绒服、休闲服、童装、床上用品、衬衣、西裤等八大系列、300 多个品种，远销欧、美、亚 35 个国家和地区及国内 20 多个省市，是全国服装企业双百强之一、中国羽绒制品企业前两强，已通过 ISO 9002 质量体系认证和 ISO 14001 环境体系认证。该项目于 2001 年从河北邯郸移师至青岛，在城阳区占地 300 亩，投产后，年产量预计将达到 800 万件。2001 年 9 月 10 日，青岛雪驰工业园在该市城阳区红岛正式落成。在青岛，雪驰集团实现了当年开工建设、当年投产、当年赢利，再次向世人展现了它的高效率和生命活力。雪驰到青岛，也为青岛正在实施的纺织服装名牌战略增添了一个亮点，注入了新的活力。

思考与分析：雪驰集团的成功之处在哪里？

二、工作实务

北国商品城坐落在经济强市 M 市繁华商业街上。该商城总投资 2 亿元，总建筑面积 20 万平方米，拥有 1000 多间铺位，是一个集物流、小商品批发、生活娱乐、电子商务等各项功能为一体的大型批发市场，年交易额50亿元以上，现已成为M市的采购中心、物流中心、商贸中心。

为了进一步打响北国商品城的品牌，商城邀请五圣髓策划公司进行策划设计。五圣髓策划公司为其设计了“热情、豪放、超越”的企业理念，并形成了系统的CI规划体系，充分体现了商品城领导的高瞻远瞩和策划大手笔。

2004年12月25日，北国商品城在名都大酒店举行新闻发布会，向社会隆重推出CI识别系统。到会的有市、局级主管商业的领导，社会知名人士，业主代表。在新闻发布会上，北国商品城的吴总经理介绍了商城的情况及今后的经营规划，公关部经理孔丽小姐向与会人员宣读了CI宣言，并展示了部分VI设计，M市程副市长莅临到会祝贺，他对北国商品城所取得的成就予以充分的肯定，五圣髓CI策划公司首席设计师张娜对设计意图进行了说明。新闻发布会上，记者提问十分活跃，就商城领导人和前景发展进行了采访。本次新闻发布会，由北国商品城行政部经理洪瑶主持。

与会人员相信，随着商城CI的导入，北国商品城将更具知名度，而且能为更多的业主带来“钱景”，达到“共赢”的目的。

实务要求：1. 请列出该商城新闻发布会的程序。

2. 根据职业情景提示的资料模拟演示新闻发布会的场景。

3. 要求每位发言人都以相对应身份角色的发言，每位记者都应提问。

4. 新闻媒体的名称由同学自拟，采访用的话筒、身份牌由学生自行准备。

5. 发言材料及提问根据情景材料设计，允许在此基础上做适当的延伸和扩展。

6. 将新闻发布会录像，待实训结束后，在班里播放，进行评价。

三、实战演习

白云文化发展有限公司承办了深圳市招商引资大会的会务工作，本次大会预计将有数十个国外公司前来洽谈，除了组织来宾参加正式的商务洽谈之外，会议还将有如下活动：迎送来宾、开幕式、闭幕式、晚宴、组织观看音乐会或地方戏剧、组织来宾浏览地方名胜景区、参观经济开发区。为此，白云文化发展有限公司行政部经理苏明给秘书高叶布置工作如下：

高叶：

这次招商引资大会的秘书处希望我们提供以下材料：

1. 拟订商务活动的礼宾次序方案。

2. 提供参加活动的着装建议。

3. 提供会议应急文案主要内容。

请你尽快把这三种资料准备好，于11月30日之前交给我。

行政经理：苏明

2008年11月21日

模块五 展 会

任务 展会的选择

知识目标

◆ 了解会展业的特证及作用。

◆ 熟悉企业参加展会的意义及展会的选择。

能力目标

◆ 能够根据不同的参会目的有效选择适合企业发展的展会。

任务引入

磐基公司总经理助理刘元最近收到了很多展会的邀请函，其中不乏一些国际上知名的展会。如：APEC中小企业技术交流暨展览会、中国青岛国际车展、华东（青岛）国际电子工业制造展览会等。磐基公司应该选择参加哪个展会呢？

任务分析

由于展会的经济效益激发了参展商的热情，选择展会不能盲目，要充分考虑经济效益。

知识要点

20世纪90年代以来，伴随着经济全球化的浪潮，世界经济快速发展，各国之间的技术、贸易、文化、经济等往来日益频繁，为全球会展业的发展提供了巨大的机遇。尤其是中国的会展业获得了前所未有的发展，以年均20%左右的速度递增。由此，会展业被称为21世纪的朝阳产业。同时，由于会展业的发展能够带动交通、旅游、餐饮、住宿、通信、邮政商业、物流等行业的发展，因此会展业又被视作新的经济增长点或经济发展的晴雨表。

一、会展业概述

会展业是指以会议、展览为媒介，以在一定时期内聚集大量的人流、物流、资金流和信息流为手段，达到经济、社会等方面发展的行业。

（一）展览的概念

展览往往是展中有会、会中有展、展会结合，所以也被称为展览会。从字面理解，展是指陈列、展示物品；览是指参观、观看；会是指为了实现某种目的集中在一起进行交流。对展览的界定，目前还没有统一。结合实际情况，我们认为所谓展览，是指参展商通过物品或图片的展示，集中向观众传达各种信息，实现双向交流，扩大影响，树立形象，达成交易、投资或传授知识、教育观众目的的一种活动。

（二）展览的类型

展览的类型很多，可以按照不同的标准进行划分。

(1) 展览按内容可分为综合展览和专业展览。专业展览在目前的展览中所占比例较大。

(2) 展览按目的可分为宣传类展览和贸易展览。

(3) 展览按面向的对象可分为贸易展览、消费者展览和综合展览。

(4) 展览按展品的来源可分为单独展览、多边展览和世界博览会。

(5) 展览按地域可分为国内展览、出国展览。

除了以上几种分类标准外，按是否赢利划分，展览可分为营利性展览和非营利性展览；按时间划分，展览可分为定期展览和不定期展览。定期展览有 1 年 4 次、2 次、1 次，2 年 1 次等。不定期展览则是根据需要而定。按场地划分，展览可分为室内展览、室外展览和网上展览。

（三）会展业的特征

(1) 会展业是经济发展的晴雨表。会展业通常被称为国民经济的“晴雨表”或者是“风向标”。

(2) 产业关联强，互动性能好，综合效益高。会展业具有较强的产业关联性，涉及交通、旅游、通信、建筑、广告、装饰等诸多部门和行业。也正因为如此，会展业越来越受到各地政府的重视，上海、北京、大连等城市已将会展业列为地方政府重点扶持和发展的产业。

(3) 信息积聚性好，利于降低买卖双方的交易费用。

（四）会展业的作用

当今，会展业遍及全球的各个角落，各国各个大小城市都有会展活动的举办。世界各地之所以争相举办各种会展活动，其重要原因是会展活动能够给举办地带来巨大的综合效益。

1. 对举办地经济效益的拉动作用

会展业是高收入、高赢利的行业，除了门票、场地租金等直接收入外，还有因会展活动所带来的交通、旅游、餐饮、住宿、通信、广告、物流、保险等相关行业的间接收入。

2. 就业机会的扩大作用

会展业作为服务业，直接、间接涉及的行业很多，因而就业乘数效应显著，能够吸纳较大数量的就业人员。

3. 信息的系统传播沟通作用

从科技发展史来看，许多划时代的发明创造，如电话机、留声机、蒸汽火车、电视机等都是在展览会上首先进行展示和推广的。

4. 经贸合作的促进作用

在大多数交易会、展览会和贸易洽谈会上都能签署一定金额的购销合同，以及投资、转让和合资意向书。

5. 城市基础设施建设的带动作用

会展是一种大型的群众活动，它要求有符合条件的会展场所，有一定接待能力、高中低档相配合的旅行社和酒店，便捷的交通和安全保障体系以及优美的旅游景点等，因此会展可以带动城市基础设施的建设。

6. 会展活动举办城市知名度的提升作用

会展业在国际上被称为“触摸世界的窗口”和“城市的面包”，会展业是联系城市与世界的桥梁。会展活动可以展示城市形象，提高城市在国际、国内的知名度。在国际上，衡量一个城市能不能跻身于国际知名城市行列，一个重要标志是看这个城市召开国际会议和举办国际展览的数量和规模，一次国际会议或展览不仅可以给举办城市带来相当可观的经济效益，更能带来无法估价的社会效益。

国际博览会联盟（UFI）发表的报告认为：“一个城市或地区如果基础设施相对完备、人均收入处于世界中等水平以上，服务业在GDP中的比重接近或超过10%，行业协会的力量相对较强，那么会展经济就会在该城市或地区得到强势增长，并发挥作用。”

虽然我国各地区和城市经济整体水平及其特点和会展业发展水平存在很大的地区差异，但就整体利益而言，各地区都在通过挖掘本地的资源优势，制订科学的、侧重点不同的会展经济发展规划，使各地区、城市的会展业得到协调、持续的发展。

随着世界经济全球化进程的不断深入，产品服务的细分化和市场竞争的激烈化，通过参加各种专业展会进行产品推广已成为企业重要商务活动之一。在电子信息迅速发展的时代，这一趋势非但没减弱反而有所加强，展会魅力所在是可以现场将产品的特色及时传递并与目标客户直接沟通，而在短的时间内达成商业合作的目的，这一点是其他任何媒体无可比拟的。全球每日都有各类展览会举办，其中哪种展览会是企业的首选呢？企业为什么要参加这些展会呢？近几年来各类展览会蜂拥而起，每天企业会接到无数各式各样不同类型展览会的资料、电话展览会邀请函，企业应该如何选择、参加展览会呢？

二、企业参加展览会的意义

1. 降低营销成本，拓展营销渠道

由于会展活动的针对性和直观性强，企业可以在很短的时间里面对面与专业客户或产品感兴越的目标客户直接沟通或建立联系。而在会展以外的场合完成同样量的销售宣传任务，则要花费几倍于此的时间和精力。据英联邦展览业联合会调查的结果，展览会是优于专业杂志、直接邮寄、推销员推销、公关、报纸、电视、电话等手段的最有效的营销中介体。若通过一般渠道找到一个客户需要成本 219 英镑，而通过展览会找一个客户成本仅为 35 英镑。

2. 树立企业形象，提高企业知名度

企业在参展的整个活动中，通过展位的设计与布置，通过各种现代化展示手段的展示，通过图片、文字资料的印发，以及举办新闻发布会、产品推介会、客商联谊会、会展旅游等活动，更能全面展示企业品牌、企业文化、企业实力、企业经营理念，能更好地塑造企业形象，提高企业知名度，从而为企业进一步发展积累有形与无形资产，增强企业竞争力。因此，尽管网络技术的发展确实为企业对外营销和交流提供了更多的便利，可供选择的途径和手段大大增加，但大多数企业仍认为展会活动的意义和作用并不会由此而降低。

3. 确定市场定位与企业地位

通过展会期间的观察与调研，企业可以收集到有关竞争者、分销商和新老顾客的市场信息与相关的技术信息，能够迅速、准确地了解国内外最新产品和发明的现状与行业发展趋势，了解主要竞争者的经营业绩、发展潜力和竞争价值取向，了解并明确本企业在行业中及竞争中所处的地位，还能接触到潜在的客户，并与这部分客户群建立一种初步的合作意向等。这一系列信息的收集，为企业的市场定位，为企业制定下一步发展战略提供了决策依据。

三、企业如何正确选择展览会

在现代的贸易交流中，“展览”已被所有商界公认为“最杰出的市场”之一。但是，企业并不是参加所有的展会都能达到参展的目的和预期的目标，甚至会是事倍功半或劳民伤财。全球每年举办的国际贸易展览会大大小小加起来有上万个之多，不同的主办者及其不同的操作能力使得不同的展览会呈现出良莠不齐的品质与水平。因此，正确选择展览会已成为参展成功的关键，要想做到这一点，必须要遵循以下几项要点：

第一，分析展会资料：重点了解展览会的性质、宣传推广方式、展会订位情况、展会场地情况等。

第二，探寻同业看法：即向竞争厂商及其他参展者探寻对该展会的看法及所碰到的问题，包括服务、展位布置、问题处理、买主稀少等。同时再向展会所在地或邻近地区的销售代理商探寻对该展会的看法。

第三，选择销售代理：如果企业在展会所在地或邻近地区还没有销售代理商的话，那么则要考虑企业是否有可能在展会所在地或邻近地区找到销售代理商。

第四，选择恰当时机：该展会的时机是否与特殊节假日或事件相冲突？企业的产品是否有特别的销售季节？如果有，尤需注意展览时间是否在销售旺季前有足够的时间展出，以使买主有充裕的时间来调整他的需要，同时，企业的生产线亦能配合。

第五，分析研究结果：在对展会作了细致分析之后，接下来就是作出决定，即是否参展？是要大展位还是小展位？是参观考察做市场调查还是搜集有关资讯？

四、企业如何在展览会上出奇制胜

1. 摊位地点的选择

选择合适的场地是参展计划中重要的一部分。首先须考虑的是人潮流动的方式，了解人潮在整个展览会场移动的方向，再依此挑选摊位。举例而言，通常人潮流量最高的地方是靠近入口及出口处、洗手间、休息室及饮食区，而展厅圆柱及上货区则有阻碍人潮的潜在问题。如果自己的摊位设在了竞争对手隔壁时，企业要将摊位有效利用，以展示自己产品有利于竞争的地方。如果在展览期间要使用悬挂牌示、加高架或罩盖等需架高物品，则须选择有足够高度的地点，避免其影响可见度。此外集团化公司或企业间也可组团参加展览，一来可壮大声势，扩大影响；二来也可在展览会场上开设专馆，展示品牌。

2. 展览人员的培训

通常展览人员都将注意力放在为参展者提供资料信息上，却忽视了企业参展的真正目的，将手册、赠品及样品摆放在桌上任参观者自动拿走后离开，这不仅无法有效了解客户及市场信息，也非参展的目的。工作人员常因缺乏发问技巧而错过一些重要信息。要避免这一问题就要进行展览前的培训及准备工作。很重要的一点是参与展览的人员要乐于跟陌生人交谈，并了解他们的需要，会将事先准备好的企业印刷品或精致小礼品适时发送给潜力客户，达到营销的最终目的。图片及公司手册可让参观者进一步了解展示产品以外的产品资讯。此外，企业还可在会场提供录像带、模型、产品展示名片（明确列出电话号码、网址、传真、邮寄住址等信息），扩大宣传效果。

3. 展台创意与装饰

大部分展览会提供给企业天花板聚光灯，或企业自己准备携带式照明系统。根据产业调查，照明可将展品认知度有效提高30％～50％。另外，选用少量、大幅的展示图片，以创造出强烈的视觉效果。太过密集或太小的图片都是不易读取的，同时限制了宣传文字的使用。要将图片在视线以上的地方开始放置，并且使用大胆而抢眼的颜色，避免使用易融入背景的中性色彩，这样使展台从远距离便可凸显出来。此外，企业在采用传统方式依赖大规模场地展览的同时，一定要突出创新设计以吸引观众。要依展台大小而选择合适的展示用品及参展产品，避免过度拥挤或空洞。

4. 展览前的广告宣传

广告宣传在整个展览过程扮演着重要角色，专业展览管理公司认为参展厂商须在展览前三个月，在专业杂志上刊登至少一篇以上的广告报道，然后将该篇报道的复印本寄给目前及潜在的顾客群，并加附信息，提醒顾客该项产品将于展览会中展出，同时也可附赠由展览会组织者提供的，印有本参展公司名称及摊位号码的展览贵宾卡。同时，现在越来越多的展览会及其赞助合作单位均提供参展厂商的网站连接，参展者可借此提高公司及其网站知名度，或事先约定展览会期间的商业洽谈。参展厂商还可在网页上刊登展览产品图片

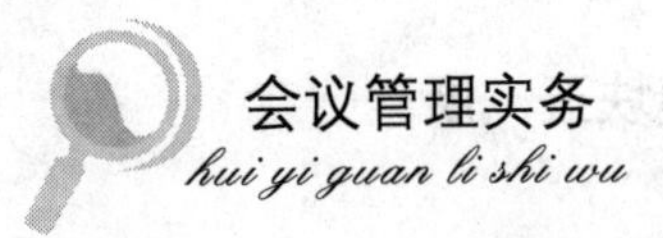

或主题，甚至更详细的产品资料，借此提高展览会现场辨识度。

随着中国经济的高速发展和改革开放的进一步深化，市场竞争日趋激烈。作为一个企业，如何不断提高企业知名度，使本企业产品快速进入市场或提高市场占有率，如何在激烈的市场竞争中求生存和发展，是任何企业都密切关注的大问题。参加展览会是企业最重要的营销方式之一，也应是企业开辟新市场的首选方式。在同一时间、同一地点使某一行业中最重要的生产厂家和购买者集中到一起，这种机会在其他场合是找不到的。通过参加展览会，企业可以迅速全面地了解市场行情，向国内外客户试销新产品、推出新品牌，同时通过与世界各地买家的接触，了解谁是真正的客户，行业的发展趋势如何，最终达到推销产品、占领市场的目的。

任务实施

经过考察，刘元向总经理江山提出：

1. 参加华东（青岛）国际电子工业制造展览会。其一，华东电子展会是环渤海地区规模最大、最有效果的电子盛会，磐基公司是一家电子制造企业；其二，该展会在青岛举办，磐基公司也在青岛，各方面的费用较低。

2. 不参加 APEC 中小企业技术交流暨展览会与中国青岛国际车展。第一，磐基公司是一家大型企业，与 APEC 的参加主体相去甚远；第二，磐基公司业务与汽车行业无关。

实务思考

以下是华东（青岛）国际电子工业制造展览会的相关参展信息：

参展费用

A. 展位规格：国际标准（9 平方米），三面或两面围板，公司楣板，一桌两椅，220V/500W 电源。

B. 展位收费：国内企业：7800 元人民币/展位；外资企业：9800 元人民币/展位；指定展位加收 10%。

C. 豪华展位收费：3m×3m（9 平方米），9888 元人民币/展位（配置：铺设地毯、彩色 KT 板（3m×50cm）、企业楣板、加配圆形玻璃桌一张、两把洽谈椅）。

D. 空场。

广告费用

E. 会刊：内容丰富、针对性强。

版面价格（人民币）

封面：10000 元，封底：8000 元，扉页：8000 元，普通彩版：2000 元，封二：6000 元，封三：3000 元，黑白面：1000 元，文字介绍：500 元。

F. 户外广告：

拱门：5000元（每个展期），升空气球：3000元（每个展期），门票广告：5000元（2万张）。

刘元与大会组委会招展办公室取得联系，请依据展览承办代理合同范本草拟一份参展合同。

展览承办代理合同（范文）

甲方：

地址：

电话：

账号：

开户行：

乙方：

地址：

电话：

账号：

开户行：

甲方委托乙方代理甲方主办/参加之×××展览/博览会。为此，甲、乙双方签署如下协议，共同遵守执行：

一、乙方代理项目

1. 展品运输/仓储

2. 展品布置

3. 展位布置/装修

4. 礼仪及展位人员培训

5. 展物保险代理

6. 参展人员住宿预定

7. 会展期间/后的商务考察安排代理

8. 返程票务预定

9. 展期交通安排

10. 展览秘书服务代理

11. 餐饮及商务酒会预定

二、代理项目标准

1. 展品运输/仓储

甲方之展品外包装尺寸为________×________cm，重量不超过________kg，适用□人工□小型装卸机械装卸。甲方自行通过□航班□铁路□公路运抵________，具体抵达________的时间为________月________日（以传真通知为准）。乙方接货地点为________，运输至________。仓储地点由双方确定。

此项服务费用为________元。

2. 展品布置

包括将展品从仓储地点运抵________，卸展品，按□甲方提供□乙方设计甲方认可之展览效果摆放展品。甲方工作人员固定并调试展品。

3. 展位布置/装修

展位的布置/装修按甲方效果图及施工图进行。材料由□甲方提供□乙方代购。具体材料要求及质量要求甲方另附文件。

布置/装修预算见附件。

4. 礼仪及展位人员培训

乙方为甲方提供礼仪人员□男________名□女________名。礼仪人员服务事项为：

■展位迎接及服务；

■酒会服务；

■参展嘉宾迎送服务；

■引导服务；

以上具体的服务程序、服务标准、服务时间见附件。

服务费用为________元。

■展位人员培训。

乙方为甲方参展人员提供培训，________学时，地点为____________酒店，时间为________月________日至________月________日。培训器材及培训师由乙方提供，培训内容见附件。

培训费用为________元。

5. 展物保险代理

乙方代理甲方购买展物保险，包括展品安全保险、火灾保险、参展人员伤害保险、展品失窃保险等。购买保值为________万元。保期为________月________日________时至________月________日________时。保费共计为________元。保险理赔办法按保险公司合同进行。附保险公司格式合同。

6. 参展人员住宿预定

甲方参展人员共计________人，其中男性________人，女性________人，乙方代理预定____________酒店标准间________间、行政套间________间，入住时间为________月________日至________月________日。费用总计________元。乙方承诺：甲方实际消费的酒店房间总数可以在预定总数的基础上增加或者减少________间，乙方在此范围内不要求甲方承担约定更改责任。

7. 会展期间/后的商务考察安排代理

乙方将代理甲方参展人员商务考察。

线路为：

交通工具为：

服务项目有：导游（语种、性别、人数）、礼品购置、旅程责任保险、考察主体联系安排、景区门票代购、旅程餐饮安排预定。

费用总计：________元。

8. 返程票务预定

为甲方参展人员提供返程票务代理，此项服务免费，但如果预定铁路车票，甲方须支付手续费卧铺40元/张；航空机票为明折明扣。乙方尽量但不保证按甲方要求满足时间确定或者等级、数量要求。

9. 展期交通安排

展览期间，乙方为甲方代理安排通勤交通车辆代理。车型是________，使用________辆，车辆形式范围________，使用形式，费用标准________元/天辆，费用总计________元。

10. 展览秘书服务代理

展览期间，乙方为甲方提供如下形式的秘书服务：

■翻译；

■餐饮安排/送达；

■资料发放；

■广告代理；

■快速印刷/平面设计；

■其他临时性事务。

本条款涉及的服务项目除翻译须明示外，其余均可在展期临时口头或书面协商，按市场价格约定费用，其费用不包括在本协议书内。翻译的使用期限为________月________日至________月________日，语种及人数为________语________名、________语________名、________语________名、________语________名、________语________名，性别要求为________，要求胜任____________________领域之□书面□口语翻译工作。

11. 餐饮安排代理

乙方代理甲方参展人员餐饮，共计________人，其中正餐________餐，早餐________餐。早餐：□中式自助餐□西式自助餐□围桌中餐□围桌西餐。正餐：□围桌□外卖直送□宴会。

费用分列、就餐地点、时间、交通服务及各式餐标食谱。

12. 新闻发布会及商务酒会代理

甲方委托乙方于________月________日________时在____________举办____________新闻发布会。乙方代理的事项有：

■场地布置；

■器材及线路安装；

■邀请嘉宾的商务用车；

■嘉宾的住宿及餐饮安排；

■会后酒会安排。

■各项代理的细则详见附件。

三、费用及支付方法

1. 总费用

以上各项服务费用总计为________元（人民币）。

2. 实际费用核定

乙方提供服务项目明细凭单（一式两份），乙方指定人员（该人员应对临时服务有认可权，双方认可之签收人笔迹）签收，乙方凭签收凭单与甲方人员核定实际费用。

3. 支付办法

本协议签署生效后，甲方承诺在签署之日起________个工作日内支付总费用的________%（即人民币________元），展览布置完成后立即支付乙方总费用的________%（即人民币________元）。其余部分在展览结束后双方审核并认可实际发生费用后甲方立即或者在________个工作日内一次性支付给乙方。

四、不确定事项约定

基于临时服务的不确定性，双方约定：

1. 甲方指派____________为甲方全权代表，负责联络乙方并对下达的临时服务要求负责。

2. 甲方提出临时服务要求且乙方已经完成后，应该书面签收服务凭单，凭单格式见附件。服务凭单将作为最后核算的依据之一。

3. 乙方指派____________为乙方全权代表，负责安排甲方下达的临时性服务要求。

五、生效、免责、变更及取消

本合同签署且甲方第一次付款到达后立即生效。合同生效后，如果甲方由于非免责原因（本合同第六款之规定事项）要求变更服务的，按下列条款处置：

1. 甲方确认：除非发生以下几种情况，否则甲方不存在撤销或变更本协议理由。如果撤销或变更，乙方将有权要求甲方支付撤销或变更给乙方造成的预期损失：

■战争或政治事件；

■甲方进入破产程序；

■甲方实体进入重组变更程序；

■由于政策或法律变化导致会议不可能举行。

2. 甲方可以在预定的期间内变更会议时间，但变更通知必须于预定期限前________天抵达乙方，乙方接到甲方通知后应在________个工作日内以（□传真□电邮□公函）方式回执确认，甲方在接到乙方确认文件后即表示甲、乙双方就会议时间的变更达成一致，双方间的协议除会议日期外，其余不作变更。

3. 乙方服务的变更：除非发生如下情形，否则乙方无权变更服务：

■乙方签约的下游服务商出现法律规定的破产、停业或者其他人力不可抗拒的服务中止事件，同时乙方更换的下游服务商不能满足甲方要求；

■会议地点出现重大自然灾害（包括急性传染病）；

■会议地点出现重大政治事件（包括政府征用会议场所）。

如果不是由于上述原因，乙方要求变更服务，将赔偿甲方由于服务变更而导致的预期损失。出现本条款所列事项时，乙方应该在第一时间内以书面形式通报甲方，并在甲方收到通知后作出变更预案供甲方选择。乙方保证变更的服务应当不低于原来协议水准。

基于友好合作的精神，所有变更事宜双方同意协商解决。同时双方约定：

■甲方变更或取消会议应当在协议生效后会议正式举办前一个工作日前通知乙方，除乙方已经支付的成本外（在甲方的预付款项中抵扣，不足部分乙方有权要求甲方补足，多余部分乙方同意返还甲方），乙方放弃预定收益的索赔；

■甲方变更或取消会议的决定如果在会议前________日通知乙方，甲方应赔付乙方预期利益的________%，并不退回预付金；

■甲方变更或取消会议的决定如果在会议前________日通知乙方，甲方应赔付乙方预期利益的100%，并不退回预付金；

■乙方由于非本条款原因要求改变服务或者取消的，于会议举办前________日通知甲方的，必须全额退还甲方预付款；

■乙方由于非本条款原因要求改变服务或者取消的，于会议举办前________日通知甲方的，除退还甲方预付款外，还必须赔付甲方本协议总金额的________%，如在________日前通知甲方，乙方必须全额赔付。

4. 双方约定，本协议规定的服务及费用核算原则如下：

■住宿、餐饮及车辆按协议标准结算，基于可以理解的原因，允许实际费用总量下浮5%，即如果甲方需要的服务低于预定的95%，按95%结算；高于95%的，按实际服务费用结算；

■除协议规定的服务总量以外，乙方同意按协议标准提供服务预留空间，但不超过总量的5%（指各单项服务）。甲方如果需要超过预定的服务，在5%范围内可享受协议标准，超过部分乙方尽量但不保证提供协议标准服务：

■双方确认，所有服务费用在________月________日前由甲、乙双方核算认可，甲方保证一次性将款项支付给乙方。如果超过约定期限，乙方有权要求甲方支付滞纳金，标准为总量的0.5%，按日计算。

六、生效

本协议自双方共同签章且甲方提供规定的预付金后生效。协议所提附件作为其不可分割部分，与协议主体有相同法律效力。协议一式四份，双方各执两份。

七、未尽事宜、仲裁

双方约定，如果对本协议执行出现争议，将首先协商解决；如果协商不能解决，双方将申请仲裁解决，仲裁地点为____________________。

参 考 文 献

[1] 纳德勒．成功的会议管理——从策划到评估［M］．刘祥亚，周晶，译．北京：机械工业出版社，2003.

[2] 王首程．会议管理［M］．北京：高等教育出版社，2003.

[3] 张丽琍．商务会议组织与管理［M］．北京：中国人民大学出版社，2004.

[4] 范立荣．国家秘书职业资格培训教程［M］．北京：海潮出版社，2003.

[5] 张晓彤．高效会议管理技巧［M］．北京：北京大学出版社，2004.

[6] 向国敏．现代会议策划与实务［M］．上海：上海社会科学院出版社，2003.

[7] 陆瑜芳．秘书学概论［M］．上海：复旦大学出版社，2001.

[8] 向国敏．现代秘书实务［M］．北京：首都经贸大学出版社，2005.

[9] 孟庆荣．秘书职业技能实训教程［M］．北京：清华大学出版社，2007.

附录 1　秘书国家职业标准（2006 年版）

1　职业概况

1.1　职业名称

秘书

1.2　职业定义

从事办公室程序性工作、协助上司处理政务及日常事务并为决策及实施提供服务的人员。

1.3　职业等级

本职业共设四个等级，分别为：五级秘书（国家职业资格五级）、四级秘书（国家职业资格四级）、三级秘书（国家职业资格三级）、二级秘书（国家职业资格二级）。

1.4　职业环境

室内、常温。

1.5　职业能力特征

具备文字与语言沟通能力、综合协调与合作能力、逻辑思维与分析能力等。

1.6　基本文化程度

高中毕业（或同等学历）。

1.7　培训要求

1.7.1　培训期限

全日制职业学校教育，根据其培养目标和教学计划确定。晋级培训期限：五级秘书不少于 220 标准学时；四级秘书不少于 200 标准学时；三级秘书不少于 200 标准学时；二级秘书不少于 150 标准学时。

1.7.2　培训教师

应具有本职业 2 年以上培训经验。培训五级秘书、四级秘书的教师应具有三级秘书及以上职业资格证书或相关专业中级及以上专业技术职务任职资格；培训三级秘书的教师应具有二级秘书职业资格证书或相关专业中级及以上专业技术职务任职资格；培训二级秘书的教师应具有二级秘书职业资格证书 3 年以上或相关专业高级专业技术职务任职资格。

1.7.3　培训场地设备

培训场地应具有可容纳 20 名以上学员的标准教室，并配备有电视机、VCD 机、录音机、录像机、摄像机、投影仪、计算机、打印机、复印机、传真机、碎纸机、光盘刻录机、数码相机、扫描仪等设备。

1.8　鉴定要求

1.8.1　适用对象

从事或准备从事本职业的人员。

1.8.2　申报条件

——五级秘书（具备以下条件之一者）

（1）连续从事本职业工作 1 年以上。

（2）具有中等职业学校本专业（职业）或相关专业毕业证书。

（3）经本职业五级正规培训达规定标准学时数，并取得结业证书。

——四级秘书（具备以下条件之一者）

（1）连续从事本职业工作 3 年以上。

（2）连续从事本职业工作 2 年以上。经本职业四级正规培训达规定标准学时数，并取得结业证书。

（3）取得本职业五级职业资格证书后，连续从事本职业工作 2 年以上。

（4）取得本职业五级职业资格证书后，连续从事本职业工作 1 年以上，经本职业四级正规培训达规定标准学时数，并取得结业证书。

——三级秘书（具备以下条件之一者）

（1）连续从事本职业工作 6 年以上。

（2）具有以高级技能为培养目标的技工学校、技师学院和职业技术学院本专业或相关专业毕业证书。

（3）取得本职业四级职业资格证书后，连续从事本职业工作 4 年以上。

（4）取得本职业四级职业资格证书后，连续从事本职业工作 3 年以上，经本职业三级正规培训达规定标准学时数，并取得结业证书。

（5）具有本专业或相关专业大学专科及以上学历证书。

（6）具有其他专业大学专科及以上学历证书，连续从事本职业工作 1 年以上。

（7）具有其他专业大学专科及以上学历证书，经本职业三级正规培训达规定标准学时数，并取得结业证书。

——二级秘书（具备以下条件之一者）

（1）连续从事本职业工作 13 年以上。

（2）取得本职业三级职业资格证书后，连续从事本职业工作 5 年以上。

（3）取得本职业三级职业资格证书后，连续从事本职业工作 4 年以上，经本职业二级正规培训达规定标准学时数，并取得结业证书。

（4）取得本专业或相关专业大学本科学历证书后，连续从事本职业工作 5 年以上。

（5）具有本专业或相关专业大学本科学历证书，取得本职业三级职业资格证书后，连续从事本职业工作 4 年以上。

（6）具有本专业或相关专业大学本科学历证书，取得本职业三级职业资格证书后，连续从事本职业工作 3 年以上，经本职业二级正规培训达规定标准学时数，并取得结业证书。

（7）取得硕士研究生及以上学历证书后，连续从事本职业工作 2 年以上。

注：相关专业是指行政管理、工商管理、信息管理、汉语言文学、新闻学、传播学、档案学、公共关系、英语等专业。

1.8.3　鉴定方式

分为理论知识考试和专业能力考核，理论知识考试采用闭卷笔试方式，专业能力考核采用笔试、录像等方式进行。理论知识考试和专业能力考核均实行百分制，成绩皆达 60 分及以上者为合格。技师还须进行综合评审。涉外秘书加试秘书英语考试，秘书英语考试采用闭卷笔试方式，成绩达 60 分及以上者为合格。

1.8.4　考评人员与考生配比

理论知识考试、专业能力考核和秘书英语考试考评人员与考生配比为 1∶20，每个标准教室不少于 2 名考评人员。综合评审委员不少于 5 人。

1.8.5　鉴定时间

理论知识考试时间不少于 90 分钟，专业能力考核时间不少于 120 分钟，秘书英语考试时间不少于 90 分钟，综合评审时间不少于 30 分钟。

1.8.6　鉴定场所设备

理论知识考试和秘书英语考试在标准教室进行。专业能力考核在具有计算机、电视机、录音机、录像机、VCD 机和投影仪等设备的标准教室进行。

2　基本要求

2.1　职业道德

2.1.1　职业道德基本知识

2.1.2　职业守则

（1）谦虚谨慎，文明礼貌。

（2）办事公道，热情服务。

（3）实事求是，讲究时效。

（4）兢兢业业，甘当无名英雄。

（5）忠于职守，自觉履行各项职责。

（6）钻研业务，掌握秘书工作各项技能。

（7）奉公守法，不假借上司名义以权谋私。

（8）承诺意识、客户意识、时限意识、精准意识、保密意识、权责意识、服务意识。

2.2　基础知识

2.2.1　文书基础

（1）应用文书的概念与制发程序。

（2）应用文书的格式。

（3）应用文书的要素。

（4）应用文书的表达方式。

2.2.2　办公自动化基础

（1）计算机基础知识。

(2) Windows XP 操作系统应用基础。

(3) Word 2003 应用基础。

(4) Excel 2003 应用基础。

(5) PowerPoint 2003 应用基础。

(6) 计算机网络应用基础。

2.2.3 沟通基础

(1) 沟通的基本概念与内容。

(2) 沟通的方法与技巧。

(3) 横向沟通与纵向沟通。

2.2.4 速记基础

(1) 速记概述。

(2) 手写速记知识。

(3) 计算机速记知识。

2.2.5 企业管理基础

(1) 企业管理常识。

(2) 企业文化。

(3) 企业人事管理知识。

(4) 企业公共关系知识。

(5) 企业经营知识。

2.2.6 相关法律法规知识

(1)《中华人民共和国公司法》相关知识。

(2)《中华人民共和国合同法》相关知识。

(3)《中华人民共和国反不正当竞争法》相关知识。

(4)《中华人民共和国劳动法》相关知识。

(5)《中华人民共和国知识产权法》相关知识。

(6) 世界贸易组织法相关知识。

3 工作要求

本标准对国家职业资格五级秘书、四级秘书、三级秘书和二级秘书的专业能力要求依次递进，高级别涵盖低级别的要求。

3.1 五级秘书（见附表 1）

3.2 四级秘书（见附表 2）

3.3 三级秘书（见附表 3）

3.4 二级秘书（见附表 4）

附表1

职业功能	工作内容	能力要求	相关知识
一、会议管理	（一）会前筹备	1. 能够发送会议通知 2. 能够制作会议证件和指示标识 3. 能够预订会议室 4. 能够预定、确认会议住宿 5. 能够确认最终与会人员	1. 会议的构成要素 2. 常见的会议种类 3. 会议通知的内容 4. 会议证件的样式 5. 会议指示的标识 6. 会议室预订知识 7. 会议接待工作的内容与基本程序
	（二）会中服务	1. 能够按要求接站 2. 能够完成签到工作 3. 能够引导与会人员就座	1. 接站的准备内容 2. 签到工作的内容 3. 引导与会人员就座的方法
	（三）会后落实	1. 能够安排与会人员返程 2. 能够清退会议文件资料 3. 能够整理会议室	1. 返程工作的服务要求 2. 清退文件资料的基本要求 3. 整理会议室的注意事项
二、事务管理	（一）接待	1. 能够按职业要求着装 2. 能够正确接听、拨打电话 3. 能够迎送来访者 4. 能够招待来访者 5. 能够设计、填写接待记录与电话记录表	1. 着装的要求 2. 仪态的要求 3. 接听、拨打电话的基本要求 4. 迎送来访者的礼仪要求 5. 接待的程序及要求 6. 电话记录表的设计要求 7. 接待记录表的设计要求
	（二）办公环境管理	1. 能够维护接待室、会议室等相关公共区域的环境 2. 能够维护上司的办公室环境 3. 能够维护本人的办公环境	1. 公共环境构成的知识 2. 上司办公室环境的要求 3. 个人办公环境的要求 4. 常用个人办公用品的种类 5. 常用公共物品的种类
	（三）办公室日常事务管理	1. 能够安排会议室 2. 能够安排用车 3. 能够处理邮件	1. 会议室登记的要求 2. 用车登记的要求 3. 签收邮件的流程 4. 传阅邮件的要求 5. 寄发邮件的要求
	（四）办公用品与设备的使用和管理	1. 能够发放办公用品 2. 能够使用打印机打印文档 3. 能够使用传真机收、发文件并对结果进行确认 4. 能够使用复印机复印文件 5. 能够使用碎纸机销毁文件	1. 常用办公用品的种类 2. 发放办公用品的手续 3. 打印机的种类及安装知识 4. 传真机的使用与维护常识 5. 复印机的使用与维护常识 6. 碎纸机的日常维护

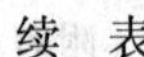

续 表

职业功能	工作内容	能力要求	相关知识
三、文书拟写与处理	（一）文书拟写	1. 能够拟写事项性通知 2. 能够拟写商洽函 3. 能够拟写传真稿 4. 能够拟写备忘录 5. 能够拟写请柬 6. 能够拟写邀请信 7. 能够拟写贺信（电） 8. 能够拟写感谢信 9. 能够拟写各种类型的启事	1. 事项性通知的概念、类型及拟写要点 2. 商洽函的概念、拟写要点及注意事项 3. 传真件的格式 4. 备忘录的格式 5. 请柬的格式 6. 邀请信的写作要求 7. 邀请信与请柬的区别 8. 贺信（电）的写作要求 9. 感谢信的写作要求 10. 启事的概念、种类、特点及写作要求
	（二）收、发文处理	1. 能够签收文书 2. 能够拆封文书 3. 能够登记文书 4. 能够分发文书	1. 文书签收的要求 2. 文书拆封的要求 3. 文书登记的要求 4. 文书分发的要求 5. 收文、发文处理程序
	（三）文档管理	1. 能够确定归档范围 2. 能够对文书进行立卷归档	1. 档案的概念、特点与种类 2. 立卷、归档、档案收集的含义 3. 归档制度的内容 4. 文书归档的要求 5. 档案装订的方法与要求

附表 2

职业功能	工作内容	能力要求	相关知识
一、会议管理	（一）会前筹备	1. 能够拟定会议议程、日程 2. 能够提供会议地点备选方案 3. 能够布置会场和安排座次 4. 能够发布会议信息 5. 能够安排会议食宿、车辆 6. 能够邀请嘉宾 7. 能够准备会议资料、会议用品 8. 能够安排会议礼仪服务 9. 能够检查会议常用视听设备是否正常	1. 会议议程、日程的内容 2. 会议地点选择的要求 3. 会场整体布局的要求 4. 主席台的座次和场内座次 5. 会议信息发布的内容与方法 6. 安排食宿的常识 7. 嘉宾邀请的要求 8. 会议资料和用品的类型和准备程序 9. 会议礼仪服务的知识 10. 会议常用视听设备检查的内容和要求

续　表

职业功能	工作内容	能力要求	相关知识
一、会议管理	（二）会中服务	1. 能够安排会议值班工作 2. 能够联系和接待新闻媒体 3. 能够进行会议记录 4. 能够收集与会人员对会议的意见和建议 5. 能够印发会议简报 6. 能够安排与会人员的集体合影	1. 会议值班工作的内容与要求 2. 接待新闻媒体的工作内容 3. 会议记录的特点 4. 会议记录的注意事项 5. 收集会议信息的要求 6. 会议简报的内容和要求 7. 反馈会议信息的内容与要求
	（三）会后落实	1. 能够收集、整理会议文件资料 2. 能够印发会议纪要 3. 能够结算会议经费 4. 能够收集、反馈会议精神的落实情况	1. 会议文件资料收集、整理的要求 2. 会议纪要的内容和要求 3. 会议经费结算的方法 4. 收集、反馈会议精神落实情况的方法
二、事务管理	（一）接待	1. 能够制订接待工作计划 2. 能够安排迎送来访团体 3. 能够安排来访者食宿、交通、行程 4. 能够安排来访者的参观、娱乐活动	1. 确定接待规格的方法 2. 接待计划的基本内容和要求 3. 中餐宴请礼仪的要求 4. 用车礼仪的要求
	（二）办公环境管理	1. 能够布置办公室 2. 能够检查办公室环境的安全状况 3. 能够对办公室安全隐患提出处理办法	1. 办公室的布置要求 2. 办公室的布置原则 3. 安全检查的内容与要求 4. 安全隐患表的填写要求 5. 设备故障表的填写要求
	（三）办公室日常事务管理	1. 能够编制工作时间表 2. 能够编制、管理工作日志 3. 能够管理印章和介绍信 4. 能够安排值班工作 5. 能够办理现金使用的手续 6. 能够办理上司的差旅事务 7. 能够办理上司临时交办的事项 8. 能够完成文字记录工作	1. 工作时间表的内容与编写要求 2. 时间管理的内容、工具与技巧 3. 工作日志的内容与编写要求 4. 管理上司工作日志的方法及注意事项 5. 印章的种类、样式、管理与使用要求 6. 介绍信的使用要求 7. 值班工作的内容、任务与要求 8. 现金提取、使用与报销要求 9. 办理差旅事务的要求 10. 上司临时交办事项的特点、范围 11. 文字记录的方法与要求

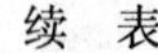
续表

职业功能	工作内容	能力要求	相关知识
二、事务管理	（四）办公用品与设备的使用和管理	1. 能够订购、接收、管理办公用品 2. 能够使用数码相机拍摄照片 3. 能够使用扫描仪扫描文件与图片 4. 能够使用光盘刻录机刻录光盘 5. 能够使用投影仪显示图文 6. 能够使用摄像机进行拍摄	1. 订购、接收、管理办公用品的常识 2. 数码相机的使用及维护常识 3. 扫描仪的安装与使用常识 4. 光盘刻录机的使用常识 5. 投影仪使用、保养的注意事项 6. 摄像机的使用与维护常识
	（五）信息管理	1. 能够收集信息 2. 能够筛选信息 3. 能够分类信息 4. 能够校核信息 5. 能够用各种方式传递信息 6. 能够登记、编码、排列、保管信息	1. 信息的含义、特征与种类 2. 信息工作的程序 3. 信息收集的方法、渠道与要求 4. 信息筛选的含义与要求 5. 信息分类的含义、方法与要求 6. 信息校核的含义、方法与要求 7. 信息传递的方向、要素、形式、方法及要求 8. 信息存储的载体、方式与要求
三、文书拟写与处理	（一）文书拟写	1. 能够拟写批转转发性通知 2. 能够拟写报告 3. 能够拟写请示 4. 能够拟写问答函 5. 能够制发简报 6. 能够拟写意向书 7. 能够拟写各种形式的订货单 8. 能够撰写商品说明书	1. 批转转发性通知的概念、类型、拟写要点 2. 报告的概念、特点、类型、拟写要点、注意事项 3. 请示的概念、特点、类型、拟写要点、注意事项 4. 报告与请示的区别 5. 问答函的概念、类型、拟写要点 6. 简报的概念、类型、特点、注意事项 7. 意向书的概念、特点、结构 8. 订货单的概念、特点、写作类型 9. 商品说明书的概念、特点、写作及注意事项
	（二）收、发文处理	1. 能够校对文书 2. 能够缮印文书 3. 能够传阅文书	1. 文书校对的要求 2. 文书缮印的要求 3. 文书传阅的要求

续 表

职业功能	工作内容	能力要求	相关知识
三、文书拟写与处理	（三）文档管理	1. 能够进行档案分类 2. 能够编制档案检索工具 3. 能够鉴定档案 4. 能够管理档案库	1. 档案分类的含义、方法与要求 2. 档案检索工作的内容 3. 档案检索工具的含义与类型 4. 档案鉴定的方法 5. 档案保管期限 6. 档案鉴定工作的内容与要求 7. 档案保管工作的内容与要求

附表 3

职业功能	工作内容	能力要求	相关知识
一、会议管理	（一）会前筹备	1. 能够拟订各种会议的筹备方案 2. 能够督查会务的筹备情况 3. 能够审核会议文件 4. 能够与上司沟通会议的有关事宜 5. 能够拟订会议的应急方案	1. 会议方案的内容 2. 电话会议及视频会议的知识 3. 会务机构的分工 4. 督查会务筹备的内容 5. 会议文件审核的内容及方法 6. 会前与上司沟通的内容 7. 会议应急方案的内容
	（二）会中服务	1. 能够提示会议按计划进行 2. 能够监督会议经费的使用 3. 能够处理会中突发事件	1. 提示会议进程的方法 2. 监督会议经费使用的方法 3. 处理会议突发事件的要求
	（三）会后落实	1. 能够对会议进行总结 2. 能够评估会议工作	1. 会议总结工作的内容和要求 2. 会议评估工作的标准
二、事务管理	（一）接待	1. 能够安排涉外礼宾次序 2. 能够安排涉外迎送仪式 3. 能够安排涉外会见、会谈和拜访 4. 能够安排涉外宴请 5. 能够选择馈赠礼品	1. 国际礼仪常识 2. 涉外接待的原则和要求 3. 涉外迎送仪式的要求 4. 涉外会见、会谈和拜访要求 5. 涉外宴请常识 6. 馈赠礼品的要求

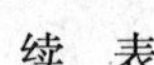
续 表

职业功能	工作内容	能力要求	相关知识
二、事务管理	（二）办公境管理	1. 能够选择办公模式 2. 能够提出办公室布局方案	1. 办公模式的种类及特点 2. 办公室的布局类型 3. 办公室合理布局的作用
	（三）办公室日常事务管理	1. 能够对办公流程提出改进建议 2. 能够提出预防及应对突发事件的措施 3. 能够督促、检查各项办公室日常事务工作的完成情况 4. 能够制订工作计划 5. 能够确定承办期限 6. 能够进行工作评估	1. 改进办公室日常事务工作流程的基本思路、注意事项 2. 突发事件的种类 3. 处理突发事件的原则 4. 督查工作的内容、特点、原则与方法 5. 工作计划的种类、内容与要求 6. 制订与实施工作计划的注意事项 7. 确定承办期限的要求 8. 工作评估标准 9. 工作评估的要求与方法
	（四）办公用品与设备管理	1. 能够制定办公用品和办公设备的采购程序 2. 能够编制采购办公用品和办公设备的预算方案 3. 能够调配办公资源	1. 采购办公用品和办公设备的程序化要求 2. 编制预算方案的注意事项 3. 办公资源调配与合理利用的基本要求
	（五）信息管理	1. 能够加工、编写信息材料 2. 能够提供并利用信息 3. 能够反馈信息	1. 信息开发的类型、形式、方法与要求 2. 信息编写的类型 3. 信息利用的方法与要求 4. 信息反馈的形式、方法与要求

续　表

职业功能	工作内容	能力要求	相关知识
三、文书拟写与处理	（一）文书拟写	1. 能够拟写通告 2. 能够拟写通报 3. 能够拟写决定 4. 能够拟写请批、批答函 5. 能够制订计划 6. 能够拟写总结 7. 能够拟写述职报告 8. 能够拟写讲话稿 9. 能够拟写市场调查报告 10. 能够拟写招标书 11. 能够拟写投标书	1. 通告的概念、类型、与公告的区别、拟写要点、注意事项 2. 通报的概念、性质、类型、拟写要点、注意事项 3. 决定的概念、特点、类型、拟写要点、注意事项 4. 请批、批答函的概念、类型、拟写要点、注意事项 5. 计划的概念和特点 6. 总结的概念、类型、注意事项 7. 述职报告的特点、注意事项 8. 讲话稿的特点、注意事项 9. 市场调查报告的概念和特点 10. 招标书的类型 11. 投标书的结构与写法
	（二）收、发文处理	1. 能够审核文书 2. 能够拟办文书 3. 能够承办文书 4. 能够催办、注办文书	1. 文书审核的要求 2. 文书拟办的要求 3. 文书承办的要求 4. 文书催办、注办的要求
	（三）文档管理	1. 能够提供并利用档案 2. 能够编写档案参考材料 3. 能够管理电子档案	1. 档案利用的概念 2. 档案参考材料的编写要求 3. 电子档案的管理要求

附表4

职业功能	工作内容	能力要求	相关知识
一、会议管理	（一）会前筹备	1. 能够拟订会议策划方案 2. 能够审核会议的筹备方案 3. 能够组织与培训会议工作人员	1. 策划会议方案的注意事项 2. 会议筹备方案的审核要求 3. 会议工作人员的培训内容和方法
	（二）会议组织	1. 能够主持会议 2. 能够督查会议决议的落实	1. 主持会议的技巧与要求 2. 落实会议决议的要求

续 表

职业功能	工作内容	能力要求	相关知识
二、事务管理	(一) 办公环境管理	1. 能够实施并监管组织的安全运营 2. 能够评估办公环境管理状况	1. 安全生产的法规 2. 办公环境应具备的条件
	(二) 办公室日常事务管理	1. 能够管理团队 2. 能够陪同协助上司工作 3. 能够拟订调研方案并组织实施	1. 团队管理的要求 2. 陪同协助工作的类型、特点及要求 3. 确定调查研究课题的方法 4. 调查研究的类型、方法及注意事项
	(三) 商务活动实施	1. 能够安排参观活动 2. 能够安排签字仪式 3. 能够安排典礼仪式 4. 能够安排展览活动 5. 能够安排商务谈判 6. 能够安排招商活动	1. 参观活动的目的、类型、注意事项 2. 签字仪式的类型 3. 典礼仪式的类型 4. 展览活动的目的及类型 5. 秘书在商务谈判中的注意事项 6. 招商活动的基本形式
	(四) 信息管理	1. 能够利用信息辅助决策 2. 能够制定信息工作制度	1. 决策的程序 2. 辅助决策的信息工作内容、方法与要求 3. 信息工作制度的内容及制定要求
三、文书拟写与处理	(一) 文书拟写	1. 能够拟写会议纪要 2. 能够拟写意见 3. 能够拟写合同 4. 能够拟写可行性研究报告	1. 会议纪要的概念、特点、类型、起草程序、拟写要点、注意事项 2. 意见的概念、特点、类型、拟写要点、注意事项 3. 合同的概念、特点、类型 4. 合同的主要条款、写作要求 5. 可行性研究报告的概念 6. 可行性研究报告的类型、写作要求
	(二) 文档管理	1. 能够制订档案管理制度 2. 能够选择档案管理模式	1. 档案管理制度的内容与要求 2. 档案管理模式的相关知识

4　比重表

4.1　理论知识（见附表 5）

4.2　专业能力（见附表 6）

附表 5

项　目	五级秘书（%）	四级秘书（%）	三级秘书（%）	二级秘书（%）
职业道德	10	10	10	10
基础知识	30	25	20	15
会议管理	15	15	20	25
事务管理	20	25	25	25
文书拟写与处理	25	25	25	25
合　计	100	100	100	100

附表 6

项　目	五级秘书（%）	四级秘书（%）	三级秘书（%）	二级秘书（%）
会议管理	30	30	30	30
事务管理	45	45	40	40
文书拟写与处理	25	25	30	30
合　计	100	100	100	100

附录2　博鳌亚洲论坛章程

本章程根据《博鳌亚洲论坛宣言》和《博鳌亚洲论坛章程指导原则》确立的精神制定。

第一章　总　则

第一条　名称

本组织的名称为“博鳌亚洲论坛”（以下简称“论坛”）（英文名称为 Boao Forum for Asia，BFA）。

第二条　性质

论坛为非官方、非营利性、定期、定址的国际组织。

第三条　宗旨

1. 立足亚洲，促进和深化本地区内和本地区与世界其他地区间的经济交流、协调与合作；

2. 为政府、企业及专家学者等提供一个共商经济、社会、环境及其他相关问题的高层对话平台；

3. 通过论坛与政界、商界及学术界建立的工作网络为会员与会员之间、会员与非会员之间日益扩大的经济合作提供服务。

第四条　法律管辖

遵守中华人民共和国宪法和法律法规，尊重当地的社会道德习俗。

第五条　会址

中国海南博鳌为论坛总部的永久所在地。论坛的注册地址为中国海南省琼海市博鳌金海岸大道1号。

第二章　业务范围

第六条　业务范围

论坛的业务范围包括：

1. 召开年会、研讨会以及其他学术讨论会，讨论亚洲和世界经济与社会发展，包括金融、贸易、投资及环境等领域的重要问题；

2. 提出地区性或全球性的倡议，促进和加强各国政府与商业实体之间在商贸和投资方面的合作关系；

3. 跟踪影响全球和地区经济的动向；

4. 甄别可能影响贸易、金融和社会发展的各种问题，搜集和发布相关信息，凸显地区经济合作机会；

5. 通过论坛建立起工作网络，增进区域内外企业间联系；

6. 创建和成为具有国际影响力的研究及培训中心，为商业团体提供先进的管理经验和技术；

7. 独立或合作开展有助于实现论坛宗旨的会议展览、信息交流、经济评估、教育培训、电子商务等各类活动。

第三章　会　员

第七条　会员类别

1. 论坛设正式会员和非正式会员。

发起会员、荣誉会员、钻石会员和白金会员为正式会员；普通会员为非正式会员。

2. 发起会员系指 26 个发起国按照各国所分配的名额（每个国家 2 名）派出的、参加论坛所有活动，包括决策过程的前政要、知名人士和非营利机构；

3. 荣誉会员系指为论坛的创建和发展作出重要和实质性贡献的个人、企业和组织，荣誉会员不超过 10 名；

4. 钻石会员和白金会员系指参加论坛所有活动包括决策过程且其申请已经被批准的个人、企业和组织；

5. 普通会员系指以出席、观摩论坛年会以及其他活动为目的且其申请已经被批准的个人、企业和组织。

第八条　会员条件

1. 有加入论坛的意愿；

2. 同意遵守论坛章程；

3. 在所从事的领域内具有一定的影响；

4. 愿意履行论坛会员义务。

第九条　加入

申请人按照论坛规定的程序，提交书面申请，由论坛有关机构审核批准。

第十条　会员权利

（一）正式会员享有以下权利：

1. 论坛会员大会发言权、表决权以及理事会理事的选举权和被选举权；

2. 对论坛年会及其他活动议题的建议权；

3. 参加论坛年会；

4. 与政府、商界及学术界领袖优先进行直接交流；

5. 获得论坛提供的信息，并经授权，优先使用论坛网站的经济信息数据库；

6. 通过论坛建立的工作网络寻求商机；

7. 就“企业诊断”寻求论坛帮助；

8. 委托论坛就其所关心的问题举办专题研讨会；

9. 委托论坛就其商业拓展计划进行市场分析和法律咨询；

10. 委托论坛推荐或培训人才；

11. 优先享有论坛举办各类活动的承办权或赞助权；

12. 经授权享有“博鳌亚洲论坛会员”的冠名权；

13. 得到具有国际资质的审计事务所提交的年度审计报告；

14. 享有博鳌水城给予论坛的各种优惠待遇；

15. 享有论坛理事会赋予的其他权利。

但如正式会员要享受7至10条的权利，博鳌亚洲论坛将收取适当费用。

（二）普通会员享有以下权利：

1. 出席论坛年会；

2. 获得论坛提供的信息，并经授权，使用论坛网站的经济信息数据库；

3. 通过论坛建立的工作网络寻求商机；

4. 优先参加论坛举办的有关商务活动；

5. 委托论坛推荐或培训人才；

6. 享有博鳌水城给予论坛的部分优惠待遇；

7. 享有论坛理事会赋予的其他权利。

第十一条　会员义务

会员义务包括：

1. 遵守并执行论坛决议；

2. 遵守论坛章程及有关规定；

3. 按时参加会员大会及论坛相关活动；

4. 保护论坛合法利益；

5. 依据论坛有关规定交纳会员费；

6. 向论坛提供真实可靠的资料与信息；

7. 论坛理事会规定的其他相关义务。

第十二条　会员退会

1. 会员有权利退会。

2. 会员决定退出论坛时，应提前2个月书面通知论坛秘书长。一旦接到秘书处书面确认，其会员资格即被视为终止。

3. 会员退会后，论坛将按以下规定退还会员所交纳的费用：

a. 一旦接到会员确认通知，会员费中30%将不再退还；

b. 剩余的70%会员费将按照会员入会时间的长短退费。若会员在入会后第一年退会，剩下70%会费将全额退还。从第二年开始，每年依次退还1/15。不满一年按一年计算。

第十三条　会员资格终止

任何会员有违法行为或与论坛失去联系两年以上，秘书处报经理事会同意有权终止其会员资格，但应事前通知该会员，该会员有权要求举行听证会。

第四章　组织机构与官员任免

第十四条　组织机构

论坛的主要组织机构如下：

1. 论坛会员大会；

2. 理事会；

3. 秘书处；

4. 研究培训院；

5. 咨询委员会。

第十五条　会员大会

（一）会员大会为论坛的最高权力机构，每年举行一次。会员大会由论坛秘书处负责筹备，有关会议事宜应提前通知所有会员。

（二）因不可抗力未能将召开会议的通知送达某一或某些会员的，或某一或某些会员因故未能参加会员大会，在符合法定人数的情况下，不影响会员大会的进程。

（三）会员大会的权力：

1. 审议通过论坛章程或章程修改议案；

2. 选举理事会理事；

3. 通过由秘书处提交并经理事会审议的年度工作报告和年度预算；

4. 讨论会议议程中规定的其他事项；

5. 讨论由正式会员提出的其他书面动议，该动议应由至少四分之一正式会员签署，并在会前两个星期提交论坛秘书处。

（四）会员大会决议由参加大会的全体正式会员简单多数通过。

（五）会员大会主席由理事长担任。如果理事长不能出席，应委托副理事长或一位其他理事代替其行使职责。此外，应在正式会员中产生若干联合主席。

第十六条　会员大会法定人数及投票

出席会员大会的法定人数为全体正式会员人数的三分之一。

所有正式会员在会员大会或会员大会特别会议上均有投票权。投票采取举手表决的方式，或经至少三名正式会员或一名理事会成员的要求采取不记名投票的方式进行表决。根据会员大会所制定的有关规则，允许会员指定代表进行投票。

第十七条　会员大会特别会议

在会员大会闭会期间，理事会有权根据四分之一以上正式会员的书面提议，召开会员大会特别会议，讨论不能延至下届会员大会处理的有关紧急事项。

第十八条　论坛理事会

1. 理事会为会员大会的最高执行机构，向会员大会负责；

2. 理事会理事由论坛正式会员在会员大会上以简单多数通过方式产生；

3. 理事会每年举行一次会议，与会员大会同期在论坛总部所在地举行；

4. 经三名以上理事提议，多数理事同意，理事长可以召开理事会特别会议。

第十九条　理事会组成

论坛理事会由十一名理事组成，第一届理事会的任期为 5 年，此后的理事会每届任期 3 年。

1. 七名理事从发起会员和基础会员中产生，可连选连任；

2. 两名理事从荣誉会员中产生，可连选连任；

3. 论坛秘书长和来自东道地的代表为理事会当然理事；

4. 不得有四位以上理事来自同一国家或经济体。

理事会理事人数经会员大会批准后可进行增减。

第二十条　理事长和副理事长

1. 理事会设理事长和副理事长。

2. 理事长和副理事长由出席理事会会议的三分之二以上理事选举通过产生，候选人的产生要注意地理区域均衡的原则。

3. 副理事长由东道地博鳌代表担任。

4. 第一届理事长及副理事长任期为5年，可连选连任。以后的理事会任期为3年。

5. 如若理事长因故无法担任其职务，副理事长应担任代理理事长，直至下一次理事会会议；该会议选举出的理事长之任期应为前任理事长余下之任期。

第二十一条　论坛理事会的职责

理事会的职责包括：

1. 对整个论坛的活动监督和管理；

2. 审议由秘书处向会员大会提交的论坛年度工作报告和年度预算；

3. 任命论坛秘书长和副秘书长；

4. 审议论坛章程修改议案；

5. 批准论坛重大的规章制度；

6. 决定会员大会的召开并审议通过会员大会议程；

7. 会员大会授权的其他职责。

第二十二条　理事会决议的产生

除本章程和有关规则另有规定外，理事会决议由出席理事会会议的全体理事以简单多数通过并生效。每个理事有一个投票权。

理事会也可采取非会议形式对论坛重大问题或紧急事项作出决议。

第二十三条　理事长职责

理事长职责应为：

1. 主持理事会会议和会员大会；

2. 监督有助于实现论坛宗旨，促进论坛利益的中、长期计划和项目的制定；

3. 经理事会授权，可代表论坛签署非协议性的、非约束性的和非行政性的往来文书和函件；

4. 向会员大会报告理事会的工作；

5. 行使理事会赋予的其他职责。

第二十四条　副理事长职责

1. 协助理事长行使职责；

2. 在理事长不能履行其职责时，代为行使理事长职责；

3. 行使理事会赋予的其他职责。

第二十五条　秘书处

秘书处为论坛常设执行机构，其职责如下：

1. 负责论坛所有会议的筹备；

2. 执行会员大会和理事会的决议；

3. 准备论坛年度工作报告和年度预算，提交理事会审议；

4. 负责论坛资金筹措和运作；

5. 负责起草或修改论坛的规章制度，并报理事会批准；

6. 负责会员入会、退会、日常联络等相关服务；

7. 在研究培训院的协助下，组织起草并发表与论坛业务相关的经济预测；待研究培训院运转正常，这一职能就转移到研究培训院；

8. 在研究培训院的协助下，负责为论坛年会、研讨会及其他专题会议提供智力资源；待研究培训院运转正常，这一职能就转移到研究培训院；

9. 在研究培训院的协助下，为会员和其他合作方提供人力资源培训；待研究培训院运转正常，这一职能就转移到研究培训院；

10. 在研究培训院的协助下，负责建立亚洲地区乃至全球范围内工作网络及信息交流中心；待研究培训院运转正常，这一职能就转移到研究培训院；

11. 负责理事会委托的其他事务；

12. 协助理事长履行其职责。

第二十六条　秘书长

秘书长为论坛的首席执行官并领导秘书处，任期 5 年，经理事会批准可延任。其职责如下：

1. 负责论坛的日常事务，对外代表论坛；

2. 负责主持除论坛会员大会及理事会会议之外的论坛所有会议；

3. 执行理事会批准的规章制度；

4. 聘用、提拔及解聘秘书处职员；

5. 提出调整秘书处职能部门或论坛办事处的议案，报理事会审议批准；

6. 负责执行理事会委托或授权的其他事务。

第二十七条　副秘书长

经理事会决定，论坛设副秘书长若干名。副秘书长可由秘书长提名，并由理事会任免。如其他理事提名副秘书长，在提交理事会批准之前，应得到秘书长同意。副秘书长任期 5 年，经理事会批准可延任。

副秘书长职责如下：

1. 协助秘书长处理有关日常事务；

2. 在秘书长无法履行其职责时，代为行使秘书长职责；

3. 受秘书长委托或授权处理其他事务。

第二十八条　秘书长、副秘书长职务终止

秘书长和副秘书长在下列情况下终止职务：

1. 提前三个月向理事长提出书面辞呈；

2. 理事会会议三分之二以上理事通过免职决议，在此情况下，其有权要求举行听证会；

3. 无法履行其职务；

4. 受到刑事处分。

第二十九条　研究培训院

研究培训院是论坛重要的智力支持机构。其主要职能包括：在对世界经济研究分析基础上，提出年会主题和议题；组织起草并发表与论坛业务相关的经济预测；负责为论坛年会、研讨会及其他专题会议提供智力资源；为会员和其他合作方提供人力资源培训；负责建立亚洲地区乃至全球范围内工作网络及信息交流中心；待研究培训院运转正常，上述职能由秘书处转移到研究培训院。

研究培训院院长通过公开招聘后，由秘书长提名，理事会任命。

第三十条　咨询委员会

1. 论坛设咨询委员会，由二十六个发起国的主代表组成；

2. 咨询委员会视论坛需要不定期举行工作会议，就与论坛相关的重要事务提出咨询和建议；

3. 咨询委员会成员没有报酬，但其受论坛委托从事与论坛相关事务的除外。

第五章　资产管理和使用

第三十一条　论坛经费来源

1. 会员费；

2. 参会费；

3. 捐款；

4. 政府资助；

5. 在论坛业务范围内开展活动或服务的收入；

6. 论坛资金的利息；

7. 其他合法收入。

第三十二条　经费的使用

论坛所有的经费应用于实现论坛宗旨，且在本章程及其相关细则规定的范围内使用。

第三十三条　财务管理

遵守国际公认的会计准则及东道国财务法规，确保所有会计资料合法、真实和完整。

每年应由具有国际认证资格的会计师事务所对论坛的账目进行审计。

论坛正式职员保险、福利及其他待遇，可参照东道国相关行政法规。

第六章　章程的修改

第三十四条　章程修改程序

1. 章程修正案应由秘书处提交给理事会审议，并由会员大会批准；

2. 章程修正案在会员大会通过后生效。

第七章　论坛解散

第三十五条　解散程序

论坛的解散应按照以下程序进行：

1. 论坛解散议案在经理事会审议后，提交论坛会员大会；

2. 会员大会根据上述议案，作出解散论坛的决议；

3. 解散论坛的决议须通知东道国注册机关。

论坛在解散之前，应根据国际惯例和东道国法律法规设立清算委员会，对论坛资产及债务进行清理。

论坛资产在偿付债务和退还会员费后，如有剩余，则应在注册机关的监督下，捐予或用于发展与本论坛宗旨相关的事业。

第八章　附　则

第三十六条　章程细则

本章程未尽事宜在相关细则中加以规定；该细则经理事会批准后生效。

第三十七条　语言

本论坛的正式语言为英文和中文。

第三十八条　解释

本章程的解释权属论坛理事会。

第三十九条　生效

本章程自 2003 年 11 月 1 日在中华人民共和国海南省博鳌召开的论坛会员大会上通过生效。